贵阳特色文化资源信息辑录

GUIYANG
TESE WENHUA
ZIYUAN
XINXI JILU

中国人民政治协商会议贵阳市委员会　编

孔學堂書局

图书在版编目（CIP）数据

贵阳特色文化资源信息辑录 / 中国人民政治协商

会议贵阳市委员会编 . -- 贵阳 : 孔学堂书局，2025. 1.

ISBN 978-7-80770-714-1

Ⅰ . G127.731

中国国家版本馆 CIP 数据核字第 2024SP7794 号

贵阳特色文化资源信息辑录
GUIYANG TESE WENHUA ZIYUAN XINXI JILU

中国人民政治协商会议贵阳市委员会　编

责任编辑：黄文华　　练　军

书籍设计：万　及

责任印制：张　莹

出版发行：贵州日报当代融媒体集团
　　　　　孔学堂书局

地　　址：贵阳市乌当区大坡路26号

印　　刷：深圳市新联美术印刷有限公司

开　　本：787mm×1092mm　1/16

字　　数：465千字

印　　张：20.75

版　　次：2025年1月第1版

印　　次：2025年1月第1次

书　　号：ISBN 978-7-80770-714-1

定　　价：128.00元

编委会

主　任：石邦林

副主任：黄成虹　龙　丛　陈雨青

主　编：何发兵　张继红　胡　琳　濮振远　郑荣晴

编　委：熊　列　邹　玲　郭　敏　周　星　王　勇

撰　稿：濮振远　郑荣晴　周儒凤　邓亚丽　朱　梅

图　片：陈季贵　濮振远　徐海燕

编　务：刘建伟

序言

　　打开贵阳市及贵安新区的史册，以下几处具有里程碑意义的考古发掘，值得我们永久记忆：

　　2003年，贵阳市开阳县南江布依族苗族乡苗寨村打儿窝发现史前遗址，这是一次抢救性考古发掘，出土的大量文物，将贵阳的人类历史追溯到3万年以前。

　　贵安新区先后发现了多处史前遗址，牛坡洞洞穴遗址于2017年4月入选"2016年度全国十大考古新发现"；招果洞遗址于2021年4月13日入选"2020年度全国十大考古新发现"，并于2022年4月22日入选"新时代百项考古新发现"。2023年3月，大松山墓群入选"2022年度全国十大考古新发现"。对这些遗址的发掘，将贵阳及贵安的人类历史追溯到3.8万年及4.5万年以上。

　　在这段漫漫的历史长河中，留下了诸多历史文化遗迹，有待我们去发掘。

　　中国是世界文明的发源地之一，有着5000年的文明史，与古埃及、古巴比伦、古印度一起并称为"四大文明古国"。这四大文明古国对所在区域产生了巨大的影响，带动了世界历史发展。其中，中国是唯一一个文化没有断流的文明古国，文化传承至今，其他三个文明古国的文化只在地球上留下了一些历史痕迹。

中国以华夏文明为源泉，以中华文化为基础，是世界上历史最悠久的国家之一。中华文明起源于黄河、长江中下游区域，历经多次民族交融和朝代更迭，形成了多民族和谐相处的大一统局面。中国文化源远流长、博大精深，影响广泛，形成了以中国古典文化为内核的"东亚文化圈"。

习近平总书记指出："中国有坚定的道路自信、理论自信、制度自信，其本质是建立在5000多年文明传承基础上的文化自信。""5000多年中华文明所孕育的伟大祖国、伟大民族，永远是全体中华儿女最深沉、最持久的情感所系。在这片辽阔、美丽、富饶的土地上，各族人民都有一个共同家园，就是中国；都有一个共同身份，就是中华民族；都有一个共同名字，就是中国人；都有一个共同梦想，就是实现中华民族伟大复兴！"

中国幅员辽阔，不同的地理、历史、民族、人文条件，乃至经济社会发展的水平不同，形成了各具地方特点的历史文化遗产。

明正德元年（1506），王阳明贬谪至贵阳修文龙场，创建"心即理""知行合一""致良知"为基本理论框架的阳明心学思想体系。历次革命战争，革命先烈给我们留下了许多可歌可泣的红色记忆，尤其是红军长征，播下了红色的种子，红色文化正在生根开花；贵阳是一个移民城市，历史上的人口迁徙，促进了各民族的文化交融，形成了多彩的民族文化；借鉴阳明文化的"知行合一"，形成了"知行合一，协力争先"的"贵阳城市精神"……这些具有地方特色的文化资源，无疑是我们文化自信的基础。

文化是一座城市的灵魂，是城市的综合实力和核心竞争力的源头活水。我们编写《贵阳特色文化资源信息辑录》，其目的是深入挖掘贵阳红色文化、阳明文化、民族文化等特色文化资源，彰显城市底蕴、留住文化记忆，尽显人文风情之醇；让广大读者了解在我们生活的这片土地上拥有的历史文化资源，尤其是特色文化资源，以增强我们的文化自信，从而为贵阳、贵安的经济社会发展提供精神动力和文化支持。

《贵阳特色文化资源信息辑录》编委会

2024 年 12 月

编写说明

一、本书分为上下两篇：上篇为特色文化资源，收录红色文化、阳明文化、民族文化三个部分的文化资源；下篇为其他历史文化资源，收录上篇三种文化之外的贵阳文物保护单位、历史建筑、非物质文化遗产和老字号等。

二、收录地域范围，原则上涵盖贵阳市现行行政区域和贵安新区。

三、本书收录的内容包括以下几个方面：

（一）不可移动文物。收录县及县级以上人民政府公布的文物保护单位，包含先民在历史、文化、建筑、艺术上的具体遗产或遗址。

（二）可移动文物。收录国家三级以上珍贵文物，即全国第一次可移动文物普查登录的定级文物。包含历史上各时代重要的代表性实物、艺术品、文献、手稿、图书资料等。

（三）市级及以上人民政府公布的非物质文化遗产和非遗项目代表性传承人。

（四）由贵州省人民政府、贵阳市人民政府及有关部委公布的相关名录：1. 贵州省人民政府公布的历史文化名镇、名村名录；2. 中华人民共和国住房和城乡建设部等部门公布的传统村落名录；3. 国家和贵州省民族宗教事务委员会公布的少数民族特色村寨名录；4. 贵阳市人民政府公布的历史建筑名录；5. 各级商务部门公布的老字号名录。

（五）贵阳市、贵安新区创作的公开放映或播放的影视剧、广播剧等，以及研发的文创产品。

（六）市级及以上部门举办的重大文化活动。

（七）贵阳市和贵安新区相关的市级文化机构和场所。

（八）被列入上述一至七条中其中一个名录的项目，收录时间下限为 2023 年 12 月 31 日。因特殊需要，适当延至 2024 年。

四、对历史文化名村、传统村落和少数民族特色村寨，若由于内容交叉而出现相同的条目时，保留级别较高的。

五、非遗项目中出现的同名条，但出自不同县（市、区）的，合并为一条撰写。

六、同名的老字号，保留级别较高的条目。

目录

上篇　特色文化资源

第一章　红色文化

第二章 阳明文化

第三章 民族文化

下篇 其他历史文化资源

第四章 文物资源和历史建筑

第五章 非遗和老字号

上篇
特色文化资源

　　本篇收录的贵阳贵安的特色文化资源，包含红色文化、阳明文化和民族文化三部分。各部分主要收录县级及以上人民政府已经公布的不可移动文物，全国第一次可移动文物普查认定的三级及以上文物；贵阳市人民政府公布的两批历史建筑名录和各级人民政府公布的市级及以上非物质文化遗产名录、非遗项目代表性传承人，以及商务部、省商务厅、市商务局等部门公布的老字号。同时录入贵阳市和贵安新区相关的市级文化机构和场所，以及文化产品、学术成果和开展的重大文化活动。另外，在民族文化部分，专门收录了贵州省人民政府公布的历史文化名镇、名村名录，中华人民共和国住房和城乡建设部等部门公布的传统村落名录，国家和贵州省民族宗教事务委员会公布的少数民族特色村寨名录。

第一章　红色文化

本章意在深入挖掘、整理、传播、弘扬具有鲜明地域特点的贵阳红色文化，呈现贵阳的红色印记，保存红色文化的历史资料。

所收录的贵阳市和贵安新区的红色文化，是指在新民主主义革命时期、社会主义革命和建设时期，在中国共产党的领导下由中国工农红军、中共贵州地下组织、一切先进分子和各族群众在贵阳市和贵安新区地域内共同创造的，具有中国特色和贵州特色的先进文化。主要包括以下四个方面：以红军长征为主的红军文化；以中共贵州省工委等党组织活动为主的地下斗争文化；以党组织领导统一战线下的抗日救亡运动为主的抗战文化；以共产党领导的新中国政治经济文化建设等文化。根据以上四个方面，本章收录的红色文化遗产有不可移动文物 83 处，可移动文物 26 件（套）；历史建筑 26 处；市级及以上非物质文化遗产名录 2 处。

贵阳是一座红色文化底蕴深厚的省会城市。1915 年开始在全国兴起的新文化运动，使贵阳的不少知识分子看到了光明。五四运动的风暴席卷省城贵阳，贵阳青年进一步觉醒，在贵阳的历史上留下了深刻的印记。九一八事变，更是唤醒了贵阳民众的爱国热情，抗日救亡运动造就了一大批思想进步、意志坚定并具有较高文化水平的先进分子。

　　1935 年 1 月，中央红军长征期间，党中央唯一批准建立了省级地下党的领导机构——中共贵州省工作委员会，贵州的革命进入了新的历史阶段。1935 年春和 1936 年初，中央红军和红二、红六军团先后长征三次路经贵阳，总行程千余公里，足迹遍及今开阳县、息烽县、修文县、白云区、南明区、乌当区、花溪区、清镇市的 80 个乡镇、170 多个村寨。红军在与国民党军展开战斗的同时，打击当地的土豪劣绅，救济贫困群众，开展了大量的宣传活动。红军所到之处，留下了众多的红色印记。

　　抗日战争爆发后，随着八路军贵阳交通站、《新华日报》贵阳分销处的成立，中国红十字救护总队移驻贵阳等，贵阳民众积极投身到抗日救亡运动之中。抗战期间，国民党在贵阳息烽设立了专门关押共产党人和爱国进步人士的秘密监狱——息烽集中营（挂牌为"国民政府军事委员会息烽行辕"），许多革命志士被关押在这里。以罗世文、车耀先等为首的中共党员在集中营内发起成立党的秘密支部，同敌人展开了长期艰苦卓绝的斗争。息烽集中营旧址被列为全国重点文物保护单位、全国爱国主义教育示范基地、全国 100 家红色旅游经典景区。

　　解放战争时期，中共贵州省工作委员会、贵阳特支（贵阳县委）先后恢复、建立后，发动群众广泛开展爱国民主运动及贵阳解放前夕的护城护厂斗争，迎接贵阳解放。有不少革命志士用鲜血和生命谱写了贵阳解放的战歌。

　　解放后的贵阳，在党的领导下与全国同步，开展了轰轰烈烈的社会主义革命和建设。

　　贵阳在各个历史时期的进程中，留下了许多红色文化印记。

一、文化遗产

（一）不可移动文物

红军标语

花溪高坡红军标语

1987年被列为贵阳市第三批市级文物保护单位，位于贵阳市花溪区高坡苗族乡街上村。1935年4月上旬，中央红军在高坡乡街上村休整期间，在当地民居外墙上留下"反对国民党的卖国政策""红军是人民的战士"两条标语。

息烽大寨红军标语

2019年被列为贵阳市第八批市级文物保护单位，位于贵阳市息烽县小寨坝镇大寨村中寨组。1935年3月29日，中央红军先头部队击退国民党在乌江南岸的守军，全军于4月1日前在乌江上搭设浮桥，南渡乌江进入息烽，途经大寨村时，红军宣传队在居民家堂屋墙板

🚩花溪高坡红军标语

上书写标语，主要内容是发动广大工农群众起来反抗，反对黔军军阀对群众的压榨。标语有6幅，其中2幅被中共贵阳市委党史研究室征收。现还存留的4幅，部分字迹已经模糊。

修文大木红军标语

2019年被列为贵阳市第八批市级文物保护单位，位于贵阳市修文县六屯镇大木村。1935年4月3日，中央红军从开阳白马洞翻山穿过马颈子进入六屯境，驻宿格都堡（今都堡村）、长田、大木寨一带。红军在布依族聚居的村寨——大木寨写下"红军是干人（穷人）的军队""取消一切高利贷""打土豪，分田地"等大幅宣传标语。

修文大木红军标语

开阳马头寨红军标语

2002年被列为开阳县第三批县级文物保护单位，位于贵阳市开阳县禾丰布依族苗族乡马头村。1935年4月4日至6日，红一、红三军团长征经过开阳，部队大部分进驻马头寨。红军在马头寨许多民居的墙上以及土司后裔宋荣昌宅、宋荣宗宅、宋耀玲宅刷写了大量的革命标语，至今保留较好的有"苏维埃是民众抗日的组织者，维护苏维埃！""红军是工农的军队！""红军是干人的大救星！""打倒卖国贼！"等。宋荣昌宅墙上留有"打倒卖国贼的国民党"；宋荣宗宅墙上留有"白军兄弟与红军兄弟联合起来一同打日本去"；宋耀玲家是红三军团驻地，留存红军标语最多，有20多条。

开阳久长红军标语

2002年被列为开阳县第三批县级文物保护单位，位于贵阳市开阳县高寨苗族布依族乡久长村。1935年4月4日，中央红军主力由扎佐经哪吒抵达开阳羊场境。5日，红一军团抵高寨宿营，在杨氏民宅外墙上书写了"红军是干人的军队"的宣传标语。2019年，标语被迁移至开阳县马头寨古建筑群文物保护所。

开阳龙岗红军标语

2002年被列为开阳县第三批县级文物保护单位，位于贵阳市开阳县龙岗镇一村许家巷。1935年4月4日，按照中央军委部署，红军主力逼近贵阳，红一军团司令部驻羊场(今龙岗镇)，红军在当地开展革命宣传活动，并在民宅外墙上书写了"国民党是自古以来最大汉奸帮凶"的宣传标语。

抗战标语

黄连抗日标语

2019年被列为贵阳市第八批市级文物保护单位，位于贵阳市乌当区羊昌镇黄连村黄连民族小学后门左侧的双狮岩石上，为1941年春书写的"还我河山"抗日标语。

🚩 黄连抗日标语

青岩镇思潜村抗战标语

2019年被列为贵阳市第八批市级文物保护单位，位于贵阳市花溪区青岩镇思潜村。1936年，在思潜村西侧墙壁上写有"日本人一来就要霸占我们的田地"的标语，落款为"乡师党工宣"。

旧址

息烽集中营旧址

由设于息烽县永靖镇猫洞村的本部和距集中营本部约 14 公里的天然洞——玄天洞组成，1988 年被列为第三批全国重点文物保护单位。前身是 1933 年设在南京军人监狱内用于关押中共党员及爱国民主人士的秘密监狱，后来搬入新修的"南京新监"。1938 年初，日军进逼南京，国民党当局先后将其迁到湖北武汉、湖南益阳，1938 年 11 月中旬迁至息烽，正式成立"息烽新监"，对外称"国民政府军事委员会息烽行辕"。息烽集中营从 1938 年 11 月建立至 1946 年 7 月撤销，先后关押过杨虎城、黄显声等抗日爱国将领，以及共产党员、进步人士等 1220 余人，其中有数百人被残忍杀害。

息烽集中营旧址

阳明洞

阳明洞是 2006 年被列为第六批全国重点文物保护单位——"阳明祠和阳明洞"的一部分。其中阳明洞位于贵阳市修文县，是明正德三年（1508）王阳明贬谪至贵州龙场时居住的山洞，王阳明将其改称"阳明小洞天"。阳明洞是王阳明悟道的最重要的历史遗迹，被学界称为王学圣地。1939 年 11 月至 1941 年 4 月，著名爱国将领张学良被囚禁于阳明洞王文成公祠内。

贵阳达德学校旧址

2019 年被列为第八批全国重点文物保护单位，位于贵阳市南明区中华南路。最早是明洪武年间（1368—1398）兴建的南霁云祠，祀唐代安史之乱中宁死不屈的忠臣良将南霁云。

明清时期改名忠烈宫。清末"西风东渐"，贵阳青年知识分子黄干夫、凌秋鹗等先在宫内成立算学馆，又办民立小学。民立小学先后更名达德两等小学堂、达德学校，成为贵州近代史上最早的小学之一，培养了王若飞等中国革命的先驱及一批推动社会进步的先进分子。

中共贵州省工委旧址

1982年被列为贵州省第一批省级文物保护单位，位于贵阳市云岩区文昌阁街道文笔街。原为建于清乾隆年间的贵阳高氏家族的大公馆——高家花园。1935年1月，中央红军长征到遵义，批准组建中共贵州省工作委员会，成为红军长征途中唯一批准建立的省级党组织。中共贵州省工作委员会以高公馆为主要活动据点，重要活动多在高公馆"楼外楼"进行，许多重要文件和革命书籍藏于高公馆"怡园"中，是中国共产党在贵州建立组织、开展地方工作的重要场所。

中共贵州省工委旧址（高家花园）

八路军贵阳交通站旧址

1982年被列为贵州省第一批省级文物保护单位，位于贵阳市云岩区民生路。1938年10月武汉失陷，国民政府西迁重庆，贵阳作为抗战后方重镇的战略地位凸显。在周恩来的直接领导下，1938年12月下旬，中共中央南方局经研究，决定在贵阳设立中国共产党的公开办事机构——国民革命军第十八集团军贵阳交通站（简称"八路军驻贵阳交通站"），1939年1月正式挂牌成立。交通站是党连接华南、华东、西南与延安的重要枢纽，担负与中共贵州地下组织、中国红十字特别支部的联系；转送军需物资和党的干部、进步青年到延安，开展统战工作等。1941年1月被国民党查封。1982年立八路军贵阳办事处牌。现有基本陈列。

《新华日报》贵阳分销处旧址

1982年被列为贵州省第一批省级文物保护单位，位于贵阳市云岩区富水北路。《新华日报》贵阳分销处成立于1938年，是中共贵州省工委领导下的负责党报发行的公开机构，其任务是开展《新华日报》在贵阳的发行工作，通过地下党组织建立的秘密运输线，源源不断地将《新华日报》送到贵阳读者手中。1940年皖南事变前夕，一些共产党人及进步人士相继被捕，党组织为了保存力量，决定结束《新华日报》贵阳分销处的工作。文物本体保存状况较好，内有复原展陈。

花溪西舍

1995年被列为贵州省第三批省级文物保护单位，位于贵阳市花溪区贵筑路中段北侧。1939年建中正公园（后改称花溪公园），同时建东舍，1958年于西侧修建西舍。20世纪五六十年代，朱德、周恩来、邓小平、董必武、陈毅等多位党和国家领导人视察贵阳都下榻西舍。

花溪西舍周总理与邓颖超雕像

贵州省博物馆旧址

2015 年被列为贵州省第五批省级文物保护单位,位于贵阳市云岩区北京路。1953 年筹建,1958 年建成开馆,是"一五"时期仿效苏联博物馆模式建设的贵州省唯一的省级综合博物馆。2016 年改建为贵州美术馆,省博物馆悉数搬迁至观山湖区新馆。

贵州省政法大楼旧址

2015 年被列为贵州省第五批省级文物保护单位,位于贵阳市云岩区延安西路,是 1955 年 10 月落成并投入使用的"仿苏建筑",原系贵州省人民法院、贵州省人民检察院、贵州省司法厅三家政法机关办公楼。

花溪青岩中央红军作战指挥所旧址

2018 年被列为贵州省第六批省级文物保护单位,位于贵阳市花溪区青岩镇歪脚村高寨河。1935 年 4 月初,中央红军长征经过青岩,与国民党军队发生战斗,将作战指挥所设于歪脚村高寨河刘家水碾房内。

贵阳毛公馆故宫文物南迁存放旧址

2018 年被列为贵州省第六批省级文物保护单位,位于贵阳市云岩区中华北路。建于 20 世纪二三十年代,为国民政府贵州省主席毛光翔官邸,是贵阳民国时期典型的中西合璧式建筑。1939 年初因抗战,故宫部分文物南迁,其中 80 余箱精品书画、瓷器等文物辗转到贵阳,短期存放于毛公馆。现毛公馆遗存四幢旧楼。

贵阳毛公馆故宫文物南迁存放旧址

贵州工学院旧址

2018 年被列为贵州省第六批省级文物保护单位，位于贵阳市云岩区蔡关路贵州理工学院校园内。始建于 1958 年底，是贵州工学院全院师生自力更生，历时三年修建而成的仿苏式建筑。

张学良将军幽禁处旧址

2003 年被列为贵阳市第五批市级文物保护单位，位于贵阳市开阳县双流镇刘育村，是专为幽禁张学良而建的行辕。1942 年 2 月至 1944 年 12 月，张学良被国民党当局幽禁于此。旧址内有张学良将军生平事迹图片展和中国建筑史学奠基人朱启钤生平事迹图片展。

花溪高坡中央红军驻地旧址

2019 年被列为贵阳市第八批市级文物保护单位，位于贵阳市花溪区高坡苗族乡街上村。1935 年 4 月，中央红军经高坡休整，居住在保长文应倍家。红军在板壁上书写"红军是干人"的标语及漫画。

花溪高坡中央红军驻地旧址

开阳坝子中央红军指挥所旧址

2019 年被列为贵阳市第八批市级文物保护单位，位于贵阳市开阳县龙岗镇坝子村。1935 年 4 月 3 日，中央红军陆续进入开阳县境，红一军团进驻开阳县底窝坝，4 日进驻开阳县羊场，在羊场坝子新场一民居内设红军总部指挥所。

息烽马鞍山中央红军临时指挥部旧址

2019 年被列为贵阳市第八批市级文物保护单位，位于贵阳市息烽县流长镇前奔村刘家寨组马鞍山半山腰上。1935 年 3 月底，中央红军主力南渡乌江后，在前奔村马鞍山一带驻扎，在当地一民居内设红军司令部临时指挥所。

修文月华山净慈寺中央红军军委指挥部旧址

2019 年被列为贵阳市第八批市级文物保护单位，位于贵阳市修文县六屯镇桃源村，旧址原为净慈寺，始建于明代。1935 年 4 月 3 日，毛泽东、周恩来和朱德率军委纵队由息烽安马庄取道开阳小田坝，进入修文县境龙潭坝，经流白水、高寨、板掌至腊鲊坝宿营，朱德总司令设指挥部于月华山净慈寺，次日，向开阳县王车方向进发。

吴剑平公馆旧址

2019 年被列为贵阳市第八批市级文物保护单位，位于贵阳市云岩区圆通街，为一砖木结构的民国建筑。抗日战争期间，吴剑平先后任国民革命军 121 师和 82 师师长，86 军和第 8 军副军长。七七事变爆发后，吴剑平是第一批出黔抗日的贵州青年，先后参加江阴、武汉、鄂西、桂林等战役。

中国红十字抗战救护总队图云关旧址

2019 年被列为贵阳市第八批文物保护单位，位于贵阳市南明区园林路图云关森林公园。中国红十字会抗战救护总队（以下简称救护总队）自 1937 年 12 月在汉口成立之始，就担负

中国红十字救护总队图云关旧址

起艰巨的抗战救护重任。1939 年 3 月初，救护总队部、卫生署战时卫生人员训练总所及 167 后方医院西迁图云关。在爱国华侨林可胜的带领下，在仁人志士、爱国侨胞和国际友人的支援下，组织起一支浩浩荡荡的抗战救护队伍，全面抗战期间，累计救治伤病兵民达 2000 多万人（次），谱写了一曲壮丽的人道主义、爱国主义、国际主义乐章。图云关是中华民族艰难抗战、争取国家统一和民族团结的历史见证，是中国革命历史不可复制的珍贵文化资源。为了纪念抗战救护总队在世界反法西斯战争中的丰功伟绩，经中央批准，在图云关修建了"贵阳图云关抗战纪念馆"。

清镇卫城红二、红六军团千人大会会址

2019 年被列为贵阳市第八批市级文物保护单位，位于贵阳市清镇市卫城镇交通路。1936 年 2 月 2 日，贺龙、萧克率红二、红六军团进入清镇卫城，在卫城黑神庙前召开千人大会，处决土豪劣绅，宣传抗日救国主张。2008 年，中共卫城镇党委、镇人民政府将原红二、红六军团召开千人大会的地方扩建后，称贺龙广场。

花溪青岩八路军家属住处

2019 年被列为贵阳市第八批市级文物保护单位，位于贵阳市花溪区青岩镇背街。1938 年，八路军驻贵阳交通站站长袁超俊护送并安排李克农、孟庆树、郭绍兴等及八路军家属 17 人，在青岩一清代建筑的陈氏民宅居住年余。

青岩杨振德曾居地

2019 年被列为贵阳市第八批市级文物保护单位，位于贵阳市花溪区青岩镇南街东侧，始建于清末民初。1938 年，八路军驻贵阳交通站站长袁超俊护送并安排杨振德等 20 余名革命家属到贵阳躲避战乱。1939 年 2 月 4 日，日军轰炸贵阳，八路军驻贵阳交通站将这批革命家属迁至青岩，分散到当地老百姓家中居住。当时杨振德（邓颖超之母）隐姓埋名居住在南街东侧的吴勇家。

周贻能曾居地

2019 年被列为贵阳市第八批市级文物保护单位，位于贵阳市花溪区青岩镇背街南端。1938 年，八路军驻贵阳交通站站长袁超俊护送并安排周恩来的父亲周贻能等人到贵阳躲避战乱。1939 年 2 月 4 日，日军轰炸贵阳，1939 年春，八路军驻贵阳交通站将周贻能等人转移到青岩，周贻能居住在丁国华家。

开阳煤矿火电厂旧址

2019 年被列为贵阳市第八批市级文物保护单位，位于贵阳市开阳县龙岗镇大鸭村。主厂房是一座在 1958 年按照苏联专家指导，用红色

开阳煤矿火电厂旧址

耐火砖建造的仿苏式建筑。这是贵阳地区最早的煤电企业之一。

中共贵州省工委北衙活动旧址

2021年增补为贵阳市第八批市级文物保护单位，位于贵阳市乌当区新光路街道办事处北衙村老房组。1935年"七一九"事件后，中共贵州省地下工委及贵阳部分地下党组织遭到国民党中统贵州特务室的破坏，省工委书记林青等19人被捕。为了安全，省地下工委采取"隐蔽、转移、分散"策略，从原省工委办公地点高家花园转移到北衙寨高公馆。

王伯勋故居

2010年被列为第四批花溪区区级文物保护单位，位于贵阳市花溪区贵溪路。王伯勋曾任国民革命军第19兵团副司令，1944年被任命为远征军第8军82师师长，全面抗战期间曾率军参加著名的松山战役。

遗址

修文红二、红六军团猫跳河索桥遗址

1982年被列为贵州省第一批省级文物保护单位，位于贵阳市修文县谷堡镇。索桥始建于明代。1936年2月，红二、红六军团从各师抽调侦察员120余人组成侦察大队，由修文荒田经索桥过猫跳河，搭建浮桥，后续部队分别通过索桥、浮桥和摆渡渡过猫跳河。遗址现仅存索桥石鼻和部分栈道。

猫跳河索桥遗址

红一军团及中央军委纵队南渡乌江遗址

2018 年被列为贵州省第六批省级文物保护单位，位于贵阳市息烽县流长乡前奔村和四坪村、鹿窝镇杨寨村交界的乌江两岸。由大塘中央红军南渡乌江渡口遗址、梯子岩红三军团南渡乌江渡口遗址、江口红五军团南渡乌江渡口遗址组成。1935 年 3 月 29 日，红一军团一师三团由梯子岩强渡乌江进入息烽，以势不可挡之势，突破敌军防线，占领大塘、江口渡口。随后军团工兵连在大塘、梯子岩、江口三处架设浮桥，红一军团主力过江。3 月 31 日，毛泽东、周恩来、朱德率领的中央军委第一、二纵队顺利渡江并进驻牛场（今息烽流长）指挥作战。

红一军团及中央军委纵队南渡乌江遗址

红二、红六军团鸭池河战斗遗址

2021 年将清镇市红二、红六军团鸭池河战斗遗址与黔西市红二、红六军团鸭池河战斗遗址合并，更名为红二、红六军团鸭池河战斗遗址，为贵州省第六批省级文物保护单位，位于贵阳市清镇市新店镇鸭池村。1936 年 1 月，根据中央战略转移黔西北，创建根据地的指示，红二、红六军团绕道黔北，直捣修文，奔袭鸭池河，于 2 月 1 日深夜占领北岸渡口，历时三天渡过鸭池河天险，将国民党军 99 师、23 师甩在鸭池河南岸，为创建川滇黔省革命委员会及革命根据地迈出了关键性的一步。1958 年鸭池河吊桥通车后，渡口废弃。

清镇红二、红六军团猫跳河观游渡口遗址

2021 年增补为贵州省第六批省级文物保护单位，位于贵阳市清镇市麦格苗族布依族乡

观游村小河组。1936年2月，红二、红六军团侦察大队由修文荒田经索桥过猫跳河，进入清镇观游，在距索桥上游约150米处河心露出水面的天然石头处搭建浮桥，后续部队分别通过索桥、浮桥和石三娘摆渡处渡过猫跳河。

息烽中央红军战斗遗址

2019年被列为贵阳市第八批市级文物保护单位，由青杠林战斗遗址、潮水战斗遗址、黑神庙马鞍山战斗遗址、底寨战斗遗址、阳朗战斗遗址等组成。分别位于贵阳市息烽县流长镇、小寨坝镇、永靖镇、西山镇等地。1935年3月底至4月2日，红一军团、红三军团先后在以上地区与国民党军队发生激烈战斗。

开阳红六军团清水河顺岩河渡口遗址

1985年被列为开阳县第二批县级文物保护单位，位于贵阳市开阳县高寨苗族布依族乡谷丰村。1936年1月20日，红二、红六军团接到中央军委"应以佯攻贵阳之势，速转黔大毕地区"的指示后，先后攻占平越和瓮安县城，27日攻占龙里洗马河。29日拂晓，红六军团十六师作为前卫从洗马河附近长寨向北进军，迅速到达顺岩河渡口南岸白崖山，抢渡顺岩河后迅速转向乌当、修文、清镇。渡口因大花水电站蓄水淹没，现存部分道路。

🚩 开阳红六军团清水河顺岩河渡口遗址

开阳红三军团洛旺河渡口战斗遗址

2002年被列为开阳县为第三批县级文物保护单位，位于贵阳市开阳县花梨镇清江村水井坎洛旺河中游。1935年1月5日，红三军团一部在此强渡洛旺河，为进占遵义创造条件。现渡口因构皮滩水电站蓄水淹没，现遗址仅存道路。

开阳中央红军抢渡乌江楠木渡渡口遗址

2002 年被列为开阳县第三批县级文物保护单位，位于开阳县楠木渡镇黄木村遵义和贵阳交界处的乌江南岸。渡口始建于明代。1935 年 1 月 3 日，红三军团遵照彭德怀的命令突破乌江，国民党黔军第五团和一个机炮营封锁江面扼险据守，阻止红军北进，但当红军进至乌江南岸茶山关、楠木渡、桃子台渡口时，敌军不战而逃。红军在当地民众的协助下，分别在三处渡口渡过乌江，进入今播州区。现存山顶至渡口古道。

开阳中央红军抢渡乌江茶山关遗址

2013 年被列为开阳县第四批县级文物保护单位，位于贵阳市开阳县楠木渡镇胜利村，开渡于明洪武年间。1935 年 1 月 3 日，红三军团五师 13 团集结茶山关渡口南岸，据守敌军不战而逃。红军在当地民众的协助下，全部渡过乌江。

🔴 茶山关红军抢渡乌江遗址

墓地陵园

谢六逸墓

2021 年增补为贵州省第六批省级文物保护单位，位于贵阳市云岩区枣山路黔灵公园内。谢六逸是一位在新闻、文学、翻译、教育等方面作出重大贡献的学者。他于清光绪二十四年（1898）出生在贵阳官宦之家，笔名有宏徒、鲁愚、无堂。少年时就读贵州模范中学，1917年官费留学日本，入早稻田大学学习文学，1922 年毕业回国，先在上海商务印书馆当编辑，

后又任神州女校教务主任,暨南大学、大夏大学教授。1930 年后,先是执教于复旦大学中文系,后任中文、新闻两个系系主任,同时着力研究日本古代文学和西方文学。全面抗战期间,大夏大学南迁贵阳,谢六逸任大夏大学文学院院长。1941 年又任贵阳师范学院国文系主任,并于贵州大学中文系兼课。1942 年任贵阳文通书局编辑所副所长,主编《文讯》月刊。谢六逸一生著作颇丰,著有《西洋小说发达史》《日本文学》《文艺思潮》等 21 种,选编《模范小说选》《国外新闻事业》《模范国文选》等 5 种,编译、翻译《古事记》《希腊传说》《罗马故事集》等 12 种,还校订《大战后之世界文学》。1945 年 8 月,谢六逸因病逝世,年仅 47 岁。

戴安澜将军衣冠冢

1987 年被列为贵阳市第三批市级文物保护单位,位于贵阳市花溪区贵筑街道办事处花溪公园内。戴安澜,生于清光绪三十年(1904),1926 年参加北伐,1933 年参加长城抗战。全面抗战爆发后,先后参加台儿庄、中条山、昆仑关、万家岭等重大战役。1938 年因战功升任副师长;同年 8 月,又参加武汉会战。1939 年升任国民革命军第五军 200 师师长,12 月参加桂南会战。1942 年 3 月率部赴缅甸参加远征军抗战,在同古保卫战中全体官兵坚守阵地,勇猛还击;5 月 18 日转战中身受重伤,在缅北的茅邦村牺牲,时年 38 岁。其骨灰转辗多地,先安葬于广西全州香山寺,1944 年,因其家属在贵阳花溪暂住,灵柩移至花溪公园葫芦坡。1948 年灵柩随家属迁回芜湖故里,花溪就地新筑衣冠冢。

平刚墓

1987年被列为贵阳市第三批市级文物保护单位，位于贵阳市云岩区黔灵镇沙河村向阳北路红边门外大营坡。1951年为纪念革命人士平刚而建。平刚是民国时期贵州政坛上的重要人物、同盟会员、民主革命斗士。平刚，字绍璜，贵筑县青岩人，生于清光绪四年（1878）。光绪三十年（1904）春，与张忞、彭述文创办寻常小学（后改乐群小学）；同年冬，慈禧70寿辰，朝廷粉饰太平，平刚剪去发辫以示抗议，成为贵州剪发第一人。光绪三十一年（1905）五月，流亡日本，参加了孙中山领导的同盟会。回国后担任中国同盟会贵州分会负责人，是贵州辛亥革命的重要领导人。1912年，中华民国临时政府成立，平刚为众议院秘书长，1917年任孙中山大元帅府秘书。新中国成立后，被任命为贵州省人民政府委员。他所写的《贵州革命先烈事略》，传播先烈事迹，具有深远的历史意义。1951年平刚逝世，终年74岁。现平刚墓地已不见封土，改为砖砌平台。

平刚墓

金芳云烈士墓

1997年被列为贵阳市第四批市级文物保护单位，位于贵阳市乌当区东风镇云锦村小龙井。金芳云原葬于沙河公墓，1968年迁葬于小龙井。金芳云，1928年生，贵阳人。曾完成地下党交给营救刘瑞模和掩护金宗舜安全转移的任务。1948年，参加中共地下党"神仙洞联络站"工作，1949 年被国民党当局逮捕后，杀害于贵阳沙河桥，牺牲时年仅 21 岁。

杜蓉烈士墓

1997 年被列为贵阳市第四批市级文物保护单位，位于贵阳市云岩区野鸭乡茶园村。杜蓉原葬于贵阳沙河桥，1965 年迁葬于茶园村。杜蓉，1923 年生，贵阳人，曾就读贵州大学历史系，在中国共产党领导下进行革命工作。抗日战争爆发后，积极参加抗日救国活动。1949 年 7 月被国民党当局逮捕，11 月 11 日被杀害于贵阳沙河桥。牺牲时年仅 26 岁。

花溪黔陶红军墓

2019 年被列为贵阳市第八批市级文物保护单位，位于贵阳市花溪区黔陶布依族苗族乡关口村翁垭寨。1935 年 4 月，中央红军经过关口村时，一名红军战士牺牲在关口村。当地村民将其葬于村中一山洞中。1960 年，关口村民兵连将烈士遗骸迁葬于翁垭寨东的一座山腰上。

花溪高坡红军墓

2019 年被列为贵阳市第八批市级文物保护单位，位于贵阳市花溪区高坡苗族乡高坡村。1935 年 4 月，中央红军经过高坡，一红军战士伤重牺牲，村民将其就地安葬，1963 年迁葬高坡村。

乌当新场红军墓

2019 年被列为贵阳市第八批市级文物保护单位，位于贵阳市乌当区新场镇新场村上街组红军山。1935 年 2 月，中央红军长征途经新场，一名红军战士因病留住当地农户家中，14 日夜，被反动分子罗明煊杀害于箐口山洞内。1968 年新场公社、王坝大队将这位红军战士遗骨移葬于新场乡，2008 年整修并立新碑。

息烽鹿窝红军墓

2019 年被列为贵阳市第八批市级文物保护单位，位于贵阳市息烽县鹿窝镇老窝村沟头组。1935 年，中央红军路过鹿窝，因伤病与部队失去联系的一名红军战士被当地地主武装杀害，村民将其就地埋葬。1967 年鹿窝公社党委将原就地散葬的红军战士迁葬于鹿窝村沟头组。

息烽保山红军墓

2019 年被列为贵阳市第八批市级文物保护单位，位于贵阳市息烽县永靖镇河坎村保山公墓。1935 年 4 月 1 日前，红军先头部队在乌江搭设浮桥，南渡乌江进入息烽。红军某侦察连指导员张禹川和两名战士在养龙司被国民党军袭击，牺牲于旧寨坝。2007 年息烽县修建保山公墓，将红军战士遗骸迁葬红军墓。

息烽流长红军墓

2019 年被列为贵阳市第八批市级文物保护单位，位于贵阳市息烽县流长镇前奔村慢阳坡。1935 年 4 月 1 日前，红军南渡乌江进入息烽，其中有战士在流长战斗中牺牲，还有几名因病掉队被地方武装杀害和病逝的战士，被当地百姓安葬于长涌、大水井、宋家寨等地。2015 年迁葬于慢阳坡新建的红军墓。

张露萍等七烈士墓

2019 年被列为贵阳市第八批市级文物保护单位，位于贵阳市息烽县永靖镇下阳朗村廖家湾组。张露萍，1921 年出生于四川，青少年时期受中共川西特委军委委员车耀先的影响，走上革命的道路。1939 年 10 月，她由延安经上海到重庆，受叶剑英和中共中央南方局军事组领导。张露萍和张蔚林、冯传庆、赵力耕、杨洸、陈国柱、王锡珍 6 名在军统内部的秘密中共党员组成中共特别支部，张露萍任特支书记，领导秘密斗争。1940 年 3 月，潜伏在国民党军统电讯处的中共地下特支 7 名中共秘密党员，先后被国民党当局逮捕，1941 年春被押送息烽集中营监禁。1945 年被国民党当局秘密杀害于快活岭，牺牲时年仅 24 岁。1984 年，张露萍等 7 名烈士遗骸迁葬烈士墓。

张露萍七烈士纪念碑

息烽板桥烈士墓

2019 年被列为贵阳市第八批市级文物保护单位，位于贵阳市息烽县温泉镇天台村新长组。1950 年，中共息烽县委书记王涌波率 40 余名干部战士进至温泉板桥一带剿匪，因敌众我寡，王涌波等 30 余名同志壮烈牺牲，葬于此。

红军杨顺清墓

2019 年被列为贵阳市第八批市级文物保护单位，位于贵阳市清镇市卫城镇上寨村。杨顺清 1936 年在修文县参加工农红军，1937 年到达陕北，赴抗日战场，1940 年在太行山抗日战场受伤，解放后回贵州工作。1992 年逝世，葬于花溪。2010 年迁葬于清镇。

花溪青岩红军墓

1991 年被列为花溪区第一批区级文物保护单位，位于贵阳市花溪区青岩镇歪脚村官众山半坡台地上。1935 年 4 月 10 日，红一、红三军团攻占青岩。红三军团第 10 团在狮子山与国民党吴奇伟部发生战斗，一名红军战士在战斗中牺牲，村民将其就地安葬。

马场五星坟

2001 年被列为平坝县县级文物保护单位，位于贵安新区马场镇马场中学校园左前侧。1951 年，为纪念解放初期牺牲于"清匪反霸"斗争中的李建华、许荣贵、杨雨时等烈士而建，1990 年后又将县境内的其他烈士墓迁葬于此。

秦天真墓

2015 年被列为云岩区第一批区级文物保护单位，位于贵阳市云岩区新添大道南段海天园内。秦天真 1935 年任中共贵州省工作委员会委员，以后历任组织部部长，中共豫皖苏二地委民运部、第二野战军第五兵团 18 军民运部部长。新中国成立后，历任中共贵阳市委书记、贵阳市市长、贵州省建设委员会主任、贵州工学院院长、贵州省科教办公室副主任、贵州省第四届政协副主席、贵州省副省长、中共贵州省顾问委员会副主任。1998 年逝世。

林青就义处

1987 年被列为贵阳市第三批市级文物保护单位，位于贵阳市云岩区环城北路江西坡。林青，生于 1911 年，原名李远方，又名李肃如，化名刘应生、茅戈，贵州毕节人。1929 年在上海加入中国共产党。1933 年回贵州，在毕节广泛开展抗日宣传。1934 年 1 月，担任在毕节建立的第一个党支部书记。1935 年 1 月，李维汉代表中央指示林青等人组成中共贵州省工作委员会，林青任书记兼遵义县委书记。1935 年 7 月，林青被国民党当局逮捕，9 月牺牲于江西坡，年仅 24 岁。林青牺牲时的安葬地已无法找到，1983 年在其牺牲处建"林青就义处"。

林青就义处

乌当百宜红军烈士陵园

2019 年被列为贵阳市第八批市级文物保护单位，位于贵阳市乌当区百宜镇沙坝村基昌坝。1935 年 4 月 3 日，红三军团的四个团从修文县进入乌当新场、新堡、羊昌，4 日进入百宜，当晚宿于百宜、沙坝、红旗等村寨。国民党军三个团尾追红军至百宜，5 日与红军发生战斗。红军撤离百宜后，当地群众将战斗中牺牲的 6 名红军战士安葬于石关井。红军墓 2004 年迁到石牛坡，2007 年迁葬于红军烈士陵园。

🚩 乌当百宜红军烈士陵园

息烽九庄红军烈士陵园

2019 年被列为贵阳市第八批市级文物保护单位，位于贵阳市息烽县九庄镇西门村共和组。1935 年 4 月 2 日，红三、红五军团各一部驻扎在息烽九庄，遭国民党飞机轰炸，百余名红军干部战士遇难。1968 年，九庄中小学师生在知情人谢文清的指认下，将烈士遗骨合葬于共和组祖师山上。

息烽没量坑红军烈士殉难处

2019 年被列为贵阳市第八批市级文物保护单位，位于贵阳市息烽县流长镇宋家寨村阳家沟组。1935 年 3 月底，中央红军四渡赤水后南渡乌江，进入息烽境内的牛场（今流长）。4 月 3 日，一名红军战士因生病与部队失散，在牛场宋家寨被地方反动武装"清乡团"杀害。2006 年中共息烽县委、县人民政府在没量坑修建纪念设施。

朱昌革命烈士陵园

2019 年被列为贵阳市第八批市级文物保护单位，位于贵阳市观山湖区朱昌镇金钟村营盘坡半坡。1950 年 3 月，中国人民解放军二野十七军四十九师工兵营 14 名干部战士在朱昌征粮返回途中遭土匪袭击牺牲。1993 年，墓葬迁至百花湖畔的营盘坡烈士陵园。

🏛 朱昌革命烈士陵园

开阳县烈士陵园

2019 年被列为贵阳市第八批市级文物保护单位，位于贵阳市开阳县城东郊东风湖畔云峰山。原为建于清道光七年（1827）的奎星阁，1946 年，被开阳县政府改建为忠烈祠，供奉开阳历代名宿和抗战死难烈士牌位。解放初期，为解放开阳而牺牲的革命烈士被安葬于此。1985 年，中共开阳县委、县人民政府将其改建为烈士陵园，1987—1996 年陆续建成。

白云区革命烈士陵园

2019 年被列为贵阳市第八批市级文物保护单位，位于白云区白云大道北段西侧白云公园。1950 年春夏之交，在一次剿匪战斗中，中国人民解放军指战员、中共贵州省委工作团和文工团成员 10 余人牺牲，当时分别安葬于鸡场和沙文两处。1987 年，白云区人民政府在白云公园西隅建烈士陵园，将鸡场、沙文两地烈士遗骸迁葬于此。

纪念碑

贵阳解放贵州革命先烈纪念碑

2019 年被列为贵阳市第八批市级文物保护单位，位于贵阳市云岩区黔灵公园黔灵湖东南岸黔灵山西北麓，1952 年开建，1956 年建成，以纪念解放贵州革命先烈。

解放贵州革命先烈纪念碑

贵州革命英烈纪念碑

2019 年被列为贵阳市第八批市级文物保护单位，位于贵阳市云岩区新添大道南段海天园内。红色碑体上塑有"贵州革命英烈纪念碑"，塑有王若飞、邓恩铭、周逸群等英烈的花岗岩雕塑。

贵州人民抗日战争纪念碑

2019 年被列为贵阳市第八批市级文物保护单位,位于贵阳市云岩区黔灵镇新添大道南段。1995 年 9 月建成，红色大理石碑体上镌刻的"贵州人民抗日战争纪念碑"，为时任中共贵州省顾问委员会副主任秦天真题写。

建筑群、塑像

花溪贵州大学近现代建筑群

2021 年增补为贵州省第六批省级文物保护单位，位于贵阳市花溪区贵州大学东校区。始建于 1942 年，基本为 20 世纪 50 年代建成的苏式风格建筑。

贵州师范大学近现代建筑群

2021 年增补为贵州省第六批省级文物保护单位，位于贵阳市云岩区宝山北路 180 号，始建于 20 世纪 50 年代，是苏式风格的代表性建筑。

毛泽东塑像群

2015 年被列为贵阳市第七批市级文物保护单位，由人民广场塑像、贵钢塑像和贵工塑像组成，分别位于贵阳市南明区遵义路北段东南侧、油榨街西段南侧和云岩区蔡家关贵州大学理工学院逸夫楼前，20 世纪 60 年代末期至 1970 年先后建成。2018 年，"贵州工学院旧址"被列为第六批省级文物保护单位，贵工塑像作为"贵州工学院旧址"的组成部分，列在其中。

■ 人民广场毛泽东塑像

林青烈士塑像

2019 年被列为贵阳市第八批市级文物保护单位，位于贵阳市南明区园林路市委党校内。1934 年林青与缪正元、秦天真在毕节建立党支部，林青担任党支部书记。1935 年，中央红军到达遵义，中央地方工作部部长李维汉代表中央会见林青等，承认贵州地下党的活动，并批准林青、秦天真、邓止戈组成贵州省工作委员会，林青任书记兼遵义县委书记。林青于1935年7月被国民党当局逮捕，9月壮烈牺牲。

其他红色文物

贵阳黔灵山

1982年被列为贵州省第一批省级文物保护单位，位于贵阳市云岩区枣山路黔灵山公园内。由弘福寺、麒麟洞和碑碣、摩崖组成，其中麒麟洞为一天然山洞，1941年5月，囚禁于修文"阳明洞"的张学良因患阑尾炎到贵阳做手术，术后在麒麟洞养病。著名爱国将领杨虎城也曾被囚禁在麒麟洞内。

万寿宫

2006年被列为贵州省第四批省级文物保护单位，位于贵阳市花溪区青岩镇西街北段西侧。始建于清乾隆四十三年（1778），是青岩古建筑群的重要组成部分，有山门、戏楼、前殿、两厢、后殿等，全面抗战期间，为浙江大学西迁办学点。

地母洞

2015年被列为贵阳市第七批市级文物保护单位，位于贵阳市云岩区黔灵镇鹿冲关森林公园内。1937年8月，全面抗战爆发后，保存于杭州文澜阁的《四库全书》安全受到严重威胁，为保护这一国宝，共计3.6万余册的《四库全书》被分装在140个大木箱里，于1937

地母洞

年 8 月向西南腹地转移，1938 年 4 月运抵贵阳，先后存放在贵州省立图书馆、张家祠堂，最后转移至地母洞。《四库全书》在地母洞存放 5 年 8 个月。1946 年，《四库全书》回到杭州西湖孤山文澜阁。

抗战建国摩崖

2015 年被列为贵阳市第七批市级文物保护单位，位于贵阳市南明区南厂路南岳山北侧山腰石壁上。摩崖坐南向北，从右至左横刻"抗战建国"4 个楷体大字，于 1939 年 7 月 7 日由国民政府军事委员会特务团立。

贵州省军区检阅台、大礼堂

2019 年被列为贵阳市第八批市级文物保护单位，位于贵阳市南明区南厂路贵州省军区大操场北端。大礼堂于 1951 年竣工，正门上方有邓小平题写的"贵州军区大礼堂"横匾。

花溪红军长征历史步道

2021 年增补为贵阳市第八批市级文物保护单位，由高坡乡街上村王坡、新安村、扰绕村、石门村至黔陶乡马场村段和高坡乡地坝至翁西关段两段组成，分别位于贵阳市花溪区高坡乡和黔陶乡。自 1935 年 4 月 9 日起，中央红军一、三、五军团及军委纵队从龙里、贵阳间跨越龙筑公路，主力部队两万余人分为三路先后进入花溪区境。

喇平渡槽

2014 年被列为乌当区第三批区级文物保护单位，位于贵阳市乌当区下坝镇喇平村，是 20 世纪 70 年代"农业学大寨"中典型的以农业灌溉为主的农田水利设施。它兼具水利工程遗产和农业文化遗产的双重属性，拓展了文化遗产保护的内涵，是研究特定历史时期水利和农业科技史的宝贵实物。

黔灵湖水库

2015 年被列为云岩区第一批区级文物保护单位，位于贵阳市云岩区头桥路街道办事处双峰社区枣山路黔灵公园内。1954 年，云岩区将大罗木村辟为蓄水区，截流筑坝置闸，敷设水泥管道到延安水厂，增加城市供水量。

（二）可移动文物

1917 年黄显声结婚照（镶相框）

一级文物，数量 1 件，时间为 1917 年，保存状况完整。现收藏于息烽集中营革命历史纪念馆。黄显声，1936 年 8 月经周恩来介绍入党的中共秘密党员，被捕前历任东北军骑兵第二师师长、五十三军副军长，中将军衔。

🔴 黄显声结婚照

1939 被国民党当局押解到息烽集中营。

1937 年杨虎城将军出国使用的皮箱

一级文物，数量 1 件，时间为 1937 年，保存状况基本完整。现收藏于息烽集中营革命历史纪念馆。杨虎城，1893 年生，陕西蒲城人，因暗中联络红军，联合张学良发动震惊中外的"西安事变"，被国民党当局囚禁 12 年。被关押在息烽县城以东的玄天洞期间，在狱中写下了"晋北大风起，东南战血多；誓摧铜马尽，还我旧山河"的慷慨悲歌。1949 年 9 月被杀害，终年 56 岁。

1945 年张露萍就义时连衣裙上的饰物

一级文物，数量 3 件，时代为民国时期，保存状况残缺。现收藏于息烽集中营革命历史纪念馆。

1945 年张露萍牺牲后留下的手表（残）

一级文物，数量 2 件，时代为民国时期，保存状况严重残缺（含缺失部件）。现收藏于息烽集中营革命历史纪念馆。

民国时期黄显声军用手提皮箱

二级文物，数量 1 件，时代为民国时期，保存状况残缺。现收藏于息烽集中营革命历史纪念馆。

民国时期黄显声用的笔

二级文物，数量 1 件，时代为民国时期，保存状况完整。现收藏于息烽集中营革命历史纪念馆。

民国时期黄显声军用保健盒

二级文物，数量 1 件，时代为民国时期，保存状况完整。现收藏于息烽集中营革命历史纪念馆。

民国时期黄显声使用的火柴盒架

二级文物，数量 1 件，时代为民国时期，保存状况完整。现收藏于息烽集中营革命历史纪念馆。

民国时期许晓轩被捕前使用的围巾

二级文物，数量 1 件，时代为民国时期，保存状况完整。现收藏于息烽集中营革命历史纪念馆。许晓轩，1916 年生，江苏人，1938 年 5 月加入中国共产党，曾任中共川东特委青委宣传部部长，重庆新市区区委书记。1940 年 4 月被国民党当局逮捕，辗转关押在重庆的白公馆看守所、贵州的息烽集中营。1949 年 11 月 27 日殉难，终年 33 岁。

1917 年黄显声结婚时用的被面

二级文物，数量 1 件，时间为 1917 年，保存状况完整。现收藏于息烽集中营革命历史纪念馆。

1937 年张露萍照片题诗

二级文物，数量 1 件，时间为 1937 年，保存状况完整。现收藏于息烽集中营革命历史纪念馆。

1943 年周养浩题"中山室"匾

二级文物，数量 1 件，时间为 1943 年，保存状况完整。现收藏于息烽集中营革命历史纪念馆。

1953 年追授张露萍（余慧琳）为烈士的烈士证

二级文物，数量 1 件，时间为 1953 年，保存状况残缺。现收藏于息烽集中营革命历史纪念馆。

张露萍（余慧琳）烈士证

民国时期黄彤光狱中用皮箱

三级文物，数量 1 件，时代为民国时期，保存状况基本完整。现收藏于息烽集中营革命历史纪念馆。黄彤光，1916 年生，福州人。1942 年，由于宣传抗日被国民党当局逮捕，1946 年才获自由。她是息烽集中营走出来的幸存者之一。2017 年逝世，享年 101 岁。

民国时期黄彤光狱中看病的处方签

三级文物，数量 1 件，时代为民国时期，保存状况基本完整。现收藏于息烽集中营革命历史纪念馆。

1928 年韩子栋地下工作时用的铜壳石心砚

三级文物，数量 1 件，时间为 1928 年，保存状况完整。现收藏于息烽集中营革命历史纪念馆。韩子栋，山东阳谷人。1932 年加入中国共产党，1934 年被国民党当局逮捕，先后被关押在北平、南京、武汉、益阳、息烽、重庆等地的国民党秘密监狱 14 年。1947 年 8 月 18 日机智出逃，历经 45 天的长途跋涉到达解放区。1992 年在贵阳病逝，享年 84 岁。

1928—1930 年黄显声东北军工作时的桌子

三级文物，数量 1 件，时间为 1928—1930 年，保存状况完整。现收藏于息烽集中营革命历史纪念馆。

1943 年黄彤光狱中（息烽集中营）竹签抄书

三级文物，数量 1 件，时间为 1943 年，保存状况完整。现收藏于息烽集中营革命历史纪念馆。

1943 年朱承永在息烽集中营所刻木质印章

三级文物，数量 1 件，时间为 1943 年，保存状况完整。现收藏于息烽集中营革命历史纪念馆。

1947 年冬韩子栋在山东时组织上配发的军大衣

三级文物，数量 1 件，时间为 1947 年，保存状况基本完整。现收藏于息烽集中营革命历史纪念馆。

1952 年颁发的阎继明烈士证

三级文物，数量 1 件，时间为 1952 年，保存状况基本完整。现收藏于息烽集中营革命历史纪念馆。阎继明，1904 年生，河北石家庄人，杨虎城将军的卫士。1937 年 11 月与杨虎城先后被国民党当局逮捕，辗转囚于贵州的息烽集中营和重庆杨家山囚室，1949 年 11 月 24 日被杀害于"中美合作所"的"梅园"附近，终年 45 岁。1950 年经重庆烈士资格审查委员会批准为革命烈士。

🔴 朱承永在息烽集中营所刻木质印章

（三）历史建筑

海关大楼主楼

2019 年被列入第一批贵阳市中心城区历史建筑名录，位于贵阳市南明区遵义路 9 号。

历史沿革：1987 年建成，建筑面积 5200 平方米，主楼共 12 层，高约 50 米。曾经作为贵阳市地标，见证了贵阳 30 年的发展与变迁。

特色价值：贵阳当代办公建筑的代表。建筑外墙为白色瓷砖，配浅蓝色玻璃，简单却不失雅致。建筑材料、结构、施工技术反映了当时的建筑工程技术水平，是 20 世纪 90 年代中期之前贵阳的地标之一。

■ 海关大楼主楼

原金华农场厂部

2019 年被列入第一批贵阳市中心城区历史建筑名录，位于贵阳市观山湖区观山湖公园内。

历史沿革：原为金华农场厂部，建于 20 世纪 50 年代，建筑面积 250 平方米，是观山湖区存留不多的苏式建筑。

价值特色：建筑造型优美，白色墙面，低矮的"尖顶"，是典型的苏式建筑风貌，现被茶馆租用，具有一定的历史纪念价值，是观山湖区少量原农场时期遗存的公共建筑。

花溪迎宾馆^①1 号楼

2019 年被列入第一批贵阳市中心城区历史建筑名录，位于贵阳市花溪区迎宾路 210 号。

历史沿革：建于 2004 年，是中共贵州省委办公厅下属自收自支的事业单位。建筑面积 10000 平方米，占地面积 4700 平方米。并有完善的配套设施。

价值特色：建筑形式简约优美，白色墙面，蓝色的坡屋顶，具有地方乡土特色，是当代贵阳公共建筑的优秀代表。

花溪迎宾馆群楼

花溪迎宾馆 2 号楼

2019 年被列入第一批贵阳市中心城区历史建筑名录。建筑面积 20000 平方米，占地面积 6500 平方米。

花溪迎宾馆 3 号楼

2019 年被列入第一批贵阳市中心城区历史建筑名录。建筑面积 20000 平方米，占地面

① 花溪迎宾馆共有 4 栋楼，总建筑面积 15 万平方米，2019 年，4 栋楼均被列入第一批贵阳市中心城区历史建筑名录，因地址、建筑时间和价值特色与花溪迎宾馆 1 号楼相同，2 号楼至 4 号楼不再赘述。

积 7500 平方米。

花溪迎宾馆 4 号楼

2019 年被列入第一批贵阳市中心城区历史建筑名录。建筑面积 6000 平方米，占地面积 3000 平方米。

花溪宾馆碧云窝饭店①1 号楼

2019 年被列入第一批贵阳市中心城区历史建筑名录。位于贵阳市花溪区迎宾路 210 号。

历史沿革：建于 20 世纪 60 年代末，建筑面积 700 平方米。最初是专为领导人视察贵州而修建的三层别墅，但并未使用。80 年代初，贵州省人民政府在贵阳市花溪宾馆举办全国性的《计算物理学》讲座，邀请陈景润参加，并安排居住于此。

价值特色：建筑小巧别致，与花溪自然山水融为一体，有一定的艺术价值和历史纪念意义。

花溪宾馆碧云窝饭店 1 号楼

花溪宾馆碧云窝饭店 2 号楼

2019 年被列入第一批贵阳市中心城区历史建筑名录。

———————————

① 共 7 栋楼，各栋楼的地址、建筑时间、价值特点均相同，因此只在 1 号楼下保留相关说明。

花溪宾馆碧云窝饭店 3 号楼

2019 年被列入第一批贵阳市中心城区历史建筑名录。

花溪宾馆碧云窝饭店 4 号楼

2019 年被列入第一批贵阳市中心城区历史建筑名录。

花溪宾馆碧云窝饭店 5 号楼

2019 年被列入第一批贵阳市中心城区历史建筑名录。

花溪宾馆碧云窝饭店 6 号楼

2019 年被列入第一批贵阳市中心城区历史建筑名录。

花溪宾馆碧云窝饭店 6 号楼

花溪宾馆碧云窝饭店 7 号楼

2019 年被列入第一批贵阳市中心城区历史建筑名录。

贵州医科大学第一住院部前楼

2019 年被列入第一批贵阳市中心城区历史建筑名录，位于贵阳市云岩区贵医路 28 号。

历史沿革：建于 1941 年，是全国创办较早的高等医学院校附属医院之一，由我国著名热带病学家、医学教育家，时任国立贵阳医学院院长，后调任北京协和医院院长的李宗恩教授创建。

　　价值特色：建筑平面布局上呈"工"字形，选用绿色坡屋顶，造型优美，一直为住院病房。建筑平面布局工整，有苏式建筑特征，屋顶又为中式传统屋顶，具有 20 世纪 50 年代的时代气息，是新中国成立初期贵阳医疗建筑的典型代表。

🏠 贵州医科大学第一住院部前楼

省委广顺路 15 号楼

　　2019 年被列入第一批贵阳市中心城区历史建筑名录，位于贵阳市南明区广顺路 1 号。

　　历史沿革：建于 20 世纪 60 年代，建筑面积 950 平方米。多位中共贵州省委主要领导人在贵州工作期间居住于此。

　　价值特色：作为中共贵州省委主要领导人的居住场所，具有重要的历史纪念价值。

省委广顺路 17 号楼

　　2019 年被列入第一批贵阳市中心城区历史建筑名录，位于贵阳市南明区广顺路 1 号。

　　历史沿革：建于 20 世纪 60 年代，建筑面积 840 平方米。多位中共贵州省委主要领导人在贵州工作期间的主要办公场所。

　　价值特色：作为中共贵州省委主要领导人的办公场所，具有重要的历史纪念价值。

贵州民族文化宫

　　2019 年被列入第一批贵阳市中心城区历史建筑名录，位于贵阳市南明区箭道街 23 号。

　　历史沿革：建于 2000 年，占地面积 13176 平方米，建筑面积 31000 多平方米，主楼高118 米，地上 24 层，地下 1 层。

价值特色：城区一处风格明显的仿古建筑，是了解贵州多民族文化的一个窗口。建筑主体是依贵州侗族鼓楼外观所建，轮廓曲线皆是少数民族建筑风格，三叉弧形，从每一个面看都形似汉字"山"，表示贵州多山地形，意为山里走出的多民族省份。

贵州民族文化宫

贵州大学南校区老图书馆

贵州大学南校区老图书馆

2019年被列入第一批贵阳市中心城区历史建筑名录，位于贵阳市花溪区贵州大学南校区松涛路东侧。

历史沿革：建于20世纪50年代，建筑面积2300平方米。原为贵州农学院图书馆，现为贵大南校区离退休活动中心。

特色价值：建筑造型优美，淡蓝色墙面，"三段式"结构，檐部、墙身、勒脚分明，有苏式建筑特征，屋顶又为中式传统屋顶。是一座已有60多年历史的贵州首批高校图书馆，充分体现了贵州大学历史文化的传承。

贵州大学南校区同心楼

2019年被列入第一批贵阳市中心城区历史建筑名录，位于贵阳市花溪区贵州大学南校区南湖路西侧。

历史沿革：建于20世纪50年代，建筑面积2450平方米。原为贵州农学院教学楼，现为贵大继续教育学院办公楼。

价值特色：建筑造型优美，米黄色墙面，"三段式"结构，檐部、墙身、勒脚分明，有苏式建筑特征，屋顶又为中式传统屋顶。是近现代贵州教育建筑的优秀代表，见证了贵州大学的发展历程，体现了贵州大学历史文化的传承，也是贵州高校建设发展的里程碑。

贵州大学南校区同德楼

2019年被列入第一批贵阳市中心城区历史建筑名录，位于贵阳市花溪区贵州大学南校区南湖路西侧。

历史沿革：建于1964年，建筑面积2900平方米，为原农学院行政办公楼，现为贵州百灵技术中心。

价值特色：建筑左右对称，平面规矩，米黄色墙面，连廊连接三栋建筑，其建筑造型优美，充分体现了贵州大学历史文化的传承。

贵州大学南校区同德楼

贵州大学南校区综合实验楼

2020 年被列入第二批贵阳市中心城区历史建筑名录，位于贵阳市花溪区贵州大学南校区松涛路东侧。

历史沿革：建于 1964 年，建筑面积 4900 平方米，为原农学院行政办公楼，现为贵州大学南校区综合实验楼。

价值特色：建筑左右对称，平面规矩，米黄色墙面，连廊连接三栋建筑，其建筑造型优美，充分体现了贵州大学历史文化的传承。

贵州理工学院综合楼

2020 年被列入第二批贵阳市中心城区历史建筑名录，位于贵阳市云岩区蔡关社区服务中心蔡关路 1 号。

历史沿革：建于 20 世纪 90 年代，建筑面积 18000 平方米，主楼共 13 层，高约 50 米，原为贵州工学院综合楼，现为贵州理工学院综合楼。

价值特色：贵阳高校建筑的典型高层建筑代表，见证了贵州工学院到贵州理工学院几十年的发展与变迁。

🏛 贵州理工学院综合楼

贵州理工学院逸夫楼

2020 年被列入第二批贵阳市中心城区历史建筑名录。位于贵阳市云岩区蔡关路贵州理工学院内。

历史沿革：建于 1998 年，是由香港著名人士邵逸夫先生捐资建设的项目。工程总建筑面积 4000 平方米，有正规的学术报告厅和室内体育训练场所，包含 1500 座会堂、436 座报告厅及健身房三个功能块。

价值特色：逸夫楼平面设计中体现了"依山就势，因地制宜，功能分块，相互联系"的思路，较好地协调了地形、环境、功能、资金、技术要求诸方面的矛盾。造型设计的朴实与局部墙面仿石材的细部处理，都使其显得大方、沉着；连廊两侧墙面上精心设计的浅浮雕，更使建筑物增添了文化内涵和艺术气息，符合大学校园的文化氛围。

貴 贵州理工学院逸夫楼

贵州理工学院图书馆

2020 年被列入第二批贵阳市中心城区历史建筑名录，位于贵阳市云岩区蔡关路贵州理工学院内。

历史沿革：建于 1986 年，原为贵州大学蔡家关分校图书馆馆舍，建筑面积 5915 平方米，阅览座位 1000 余个。

价值特色：建筑造型优美，见证了贵州工学院到贵州理工学院几十年的发展与变迁，承载着历史发展脉络，也是蔡家关办学精神延续的载体。

青山污水处理厂

2020 年被列入第二批贵阳市中心城区历史建筑名录，位于贵阳市南明区解放西路五眼桥北侧科普中心。

历史沿革：建于 2014 年，建筑面积 4106 平方米，是贵州省、贵阳市第一座地埋式生活污水处理厂，见证了中共贵阳市委、市人民政府践行生态文明理念，改善人居环境，提升城

貴 青山污水处理厂

市形象的历史，见证了贵阳市城市生活污水处理设施建设工艺水平的不断提升。

价值特色：采用改良 A^2/O 工艺、设计规模为 5 万吨 / 天。出水主要指标（COD、氨氮）达到《地表水环境质量标准》（GB 3838-2002）中Ⅳ类的要求，其余水质标准执行城镇污水处理厂污染物排放标准（GB 18918-2002）中的一级 A 标准，满足河道类观赏性景观环境用水的水质要求，项目提升了噪声和臭气处理工艺水平。地面以上建设为市政景观活水公园，免费对市民开放，并配建水环境保护科普教育中心，在集约用地和社会效益方面成效显著。

贵阳市中曹司大桥

2020 年被列入第二批贵阳市中心城区历史建筑名录，位于贵阳市花溪区中曹司。

历史沿革：1990 年 5 月建成通车，桥长 637 米、宽 12.5 米，上跨两条公路、两条铁路，是贵阳绕城公路南二环关键节点。

价值特色：主桥为 8 米 ×60 米等截面箱肋单波双曲拱桥，拱轴线为悬链线，矢跨比为 1/6，拱上建筑为梁式，采用圬工横墙支撑钢筋混凝土桥面板。采用钢管脚手架搭设空腹式拱桥现浇施工，居同期全省同类工程先列。

贵阳市中曹司大桥

（四）非物质文化遗产

红军长征过贵阳的故事（贵阳市）

2023 年被列入贵阳市第七批市级非物质文化遗产代表性项目名录。贵州是红军长征中征战时间最久、路程最长、传奇最多的省份，中央红军和红二、红六军团长征中先后三次经过贵阳，以"佯攻贵阳、声东击西"的战术，有效地钳制了敌人，摆脱了强敌的围追堵截，实现了西进的战略转移。红军足迹遍及今贵阳所辖的开阳县、息烽县、修文县、白云区、南明区、乌当区、花溪区、清镇市的 80 个乡镇，有近千名红军将士在贵阳牺牲。红军长征过贵阳的故事在民间广泛流传，生生不息。

杨顺清的故事（清镇市）

2023 年被列入贵阳市第七批市级非物质文化遗产代表性项目名录。杨顺清是一名出生于清镇市的红军战士。1946 年，他拖着病腿将老一辈无产阶级革命家陶铸的女儿陶斯亮从延安护送至吉林白城。途中遇到飞机轰炸、毛驴被抢，他沿路乞讨、揽活挣钱，挑着一对箩筐，一头装行李，一头装陶斯亮，历经各种劫难，耗时一年，辗转四五个解放区，几乎穿越整个中国北方地区，最后借道朝鲜，才将陶斯亮平安送达白城陶铸夫妇的身边。人们根据杨顺清的故事，总结提炼出"勇挑重担、一往无前"的"挑夫"精神，蕴含着的"服从—服务—服众""知恩—感恩—

🚩 杨顺清革命伤残军人证

施恩""诚信""忠诚"等丰富的精神价值内涵被广为传颂，人们耳熟能详。当地村民谢培初还将杨顺清的故事编成了布依族"三滴水"明歌调山歌《长流谈诗老红军》。

二、文化产品和机构场所

（一）文化产品

《苗岭风雷》

新编京剧现代剧。贵阳市京剧团 1963 年创作演出。编剧李云飞（执笔），执行导演赵师华，主演陈少卿、侯剑敏、李鸿韵、李俊昌、张晓虹。作品讲述了 1950 年解放大西南，进军苗岭的中国人民解放军某部副政委龙岩松，在 15 年前因为给红军带路，被反动苗王龙勒山迫害出走，参加革命的故事。《苗岭风雷》于 1964 年、1975 年两次进京参加全国京剧现代戏会演及调演，剧组在京期间受到毛泽东、周恩来、邓小平、彭真等党和国家领导人的亲切接见，获得文化部颁发的演出纪念奖。1977 年由峨眉电影制片厂拍摄成同名电影艺术片向全国发行放映。影片成为粉碎"四人帮"后搬上银幕的第一部京剧戏曲片。

🎭 京剧《苗岭风雷》剧照

《布依女人》

新编京剧现代戏。贵阳市京剧团 2005 年创作演出。编剧陈泽恺，导演谢平安，主演侯丹梅。作品讲述中央红军长征经过盘江到盘江解放的 15 年间，纯朴善良的布依女人盘秀儿在危难之中历尽艰难解救红军伤员和照料红军遗孤的感人故事，塑造了盘秀儿、梁安生、陈运江、船老二、老叔公等一系列生动的人物形象。《布依女人》入围 2006 年至 2007 年度国家舞台艺术精品工程"精品提名剧目"，在第五届中国京剧艺术节优秀剧目展演活动中荣获二等奖，2008 年获贵州省精神文明建设"五个一工程"入选作品奖。

🔺 京剧《布依女人》剧照

《王若飞》

新编评剧现代剧。贵阳市评剧团 1984 年创作演出。编剧袁家浚，导演张继林、江志功，主演李代中、周志英等。剧作取材于 1931 年 11 月至 1936 年期间王若飞被关押在绥远第一模范监狱的一段史实，再现了中国共产党早期领导人王若飞在狱中不屈不挠，宣扬共产主义理想，关心、争取、团结狱友与敌人顽强斗争的感人事迹。剧作采用"无场次"和"点线结构"相结合的表现形式，多侧面地塑造了王若飞的生动艺术形象。剧本获第二届"贵州戏剧文学奖"三等奖。

《烽火不熄》

话剧。贵阳市艺术中心 1999 年创作演出。编剧陈泽恺，导演赖汉培，主演董燕伟、葛雅玫、周惠成、李代中、耿奕、段明章等。作品通过"刻树铭志""将军持节""狱中恋情""梳妆就义"4 幕场景讲述被关押在贵州息

🔺 话剧《烽火不熄》剧照

烽集中营里的共产党党员和爱国将领及进步人士凭着坚定的信念、顽强的意志及高尚的人格，谱写的壮丽生命乐章。此剧获 2004 年第二届贵州省文艺奖二等奖。

《山寨火种》

彩色电影故事片，长春电影制片厂 1978 年拍摄。是一部较早的由贵阳本土作者编剧的故事片。由贵阳市劳动人民文化宫集体创作，导演刘中明，顾问王芳礼，主要演员尹福文、赵雅珉、王宇宁、方化、李文伟、王忠超等。影片讲述 1935 年春，红一军团军北上抗日途经贵州遵义布依山区，连长方刚奉命带领红军小分队到石门寨侦察，营救了被反动土司白山魈迫害的布依族姑娘刺莉。为扫清北上抗日障碍，方刚带领红军战士和赤卫队员巧妙利用"玩山跳花"的风俗活动实施调虎离山之计，一举歼灭了敌人，打通了红军北上的通道，刺莉射死了仇人白山魈。

《敌营十八年》

电视连续剧。1981 年中央电视台制作。编剧为贵州作家唐佩琳，导演王扶林，主演张连文、李小力、张甲田、刘玉等。连续剧讲述了中共地下党员江波凭着坚定的信念、过人的智慧和超凡的胆识，长期潜伏于国民党军队内，在不同的历史时期与各方势力巧妙周旋，为革命输送了大量军事情报的故事，表现了地下战线的中共党员的牺牲奉献精神。情节环环相扣，悬念迭生。主题歌《曙光在前头》广为传唱。此剧在央视播出后，反响强烈。

🚩 电视连续剧《敌营十八年》海报

《杨虎城的最后岁月》

电视连续剧。1999 年中央电视台影视部、贵州电视剧制作中心、贵阳电视台联合摄制。编剧李俊，导演刘元波、李柯，主演孙飞鹏、董凡、樊志起、许道临等。作品以抗日战争期间爱国将领杨虎城被蒋介石秘密关押、中华人民共和国成立前夕惨遭杀害的 12 年经历为主线，历史地再现了杨虎城将军刚正不阿、光明磊落的英雄气概和朴实善良的平民本色。作品同时表现了黄显声、张露萍等一批革命志士在息烽集中营内鲜为人知的斗争事迹。电视剧获 2000 年全国电视飞天奖、贵州省"五个一工程"奖、贵州省政府文艺奖。

《邓恩铭》

电视连续剧。2000 年中央电视台影视部、贵州电视剧制作中心、贵阳电视台联合摄制，共 4 集。导演邓刚，主演车悦、刘华、张厚荣等。邓恩铭出生在贵州黔南农村一个贫困的水族家庭，从小聪明好学，为了追求理想投奔在山东为官的二叔黄泽沛（原名邓国瑾）。在山东，邓恩铭结识了他生命中最重要的朋友王尽美，二人创办了齐鲁书社，创为《励新》，秘密成立了济南共产党组织。1921 年 7 月，邓恩铭出席中国共产党第一次全国代表大会。此后组织震惊全国的四方机厂、日商纱厂同盟大罢工；1929 年 1 月 19 日因叛徒出卖被捕入狱；1931 年 4 月 5 日被国民党当局残酷杀害。电视剧感人地表现了邓恩铭这位早期的中国共产党人为国为革命奉献的一生。剧作 2001 年获中宣部"五个一工程"评选重点剧目奖、贵州省"五个一工程"奖和"影视金曲"特别奖。

《周恩来在贵阳》

电视剧。2002 年由中共贵州省委宣传部、中共贵阳市委宣传部、中央电视台影视部、贵州电视剧制作中心、贵阳电视台联合摄制。编剧唐佩琳，导演都晓，主演孔祥玉。电视剧讲述了 1960 年 5 月周总理出访东南亚几国前，在贵阳作短暂停留的几天时间里，深入实际，调查研究，访贫问苦，关心人民群众生活的感人故事。电视剧通过一个个生动的故事细节，从不同的层面反映了周总理崇高的伟人风范和独特的人格魅力。此剧是贵州省向党的十六大献礼的作品，获第二十一届中国电视金鹰提名奖。

电视连续剧《周恩来在贵阳》剧照

《烽火不息》

电视剧。编剧唐佩琳、汤保华，导演都晓，主要演员冯国庆、刘冠军、荆明华等。故事以一个虚拟人物"我"的回忆为主线，以抗日战争为历史背景，以张露萍、罗世文、车耀先等为代表的共产党员，在由国民党军统在息烽设立的当时规模最大、等级最高、管理最严的被称为"大学"的秘密监狱里与国民党当局进行不屈不挠的斗争，历史地再现了以杨虎城、马寅初为代表的一批仁人志士为争取民族独立而进行的可歌可泣的斗争。

《辛亥贵州风云》

广播剧。中央人民广播电台和贵阳广播电视台于2011年联合录制。由贵州文学院供稿，主创及参与人员为苑坪玉、刘宝静、刘以农、邱奕、王玮等。此剧用音响的形式再现了百年前辛亥革命那场伟大的革命斗争，以及贵州那一段可歌可泣的革命史。为贵州的仁人志士唱了一曲动人的赞歌。此剧获第十二届贵州省"五个一工程"奖。

《虎啸玄天洞》

广播剧。贵阳广播电视台2006年录制。主创及参与人员有陈泽恺、林长风、潘世和、丁炼、李玲、周进等。广播剧讲述了为促进国共合作、推动抗日而献身的杨虎城将军的一段令人难忘的往事。此剧获2006年第六届中国广播剧研究会专家奖单本剧金奖。

《嗨起，打他个鬼子》

少数民族抗战题材故事片。2013年由贵阳艾美华星文化传媒有限公司出品，贵阳演艺集团有限公司、贵州京剧院有限责任公司协助拍摄。编剧杜奇泉，导演陶明喜，摄像唐裕太；主要演员侯桐江、袁奇峰、章馨心、杨紫茳、崔煜林、陈市。是贵阳第一部本土数字电影。影片讲述1938年南京国民政府西迁重庆后，贵阳成为战略重地，日军为打通西南通道，派遣小分队到贵阳腹地窃取情报，引发贵州少数民族英勇抗日的故事。影片所有场景都在贵阳拍摄。被国家新闻出版广电总局选入2013年第二批推荐影片片目，获2013年贵州文艺作品高端平台展示奖。

数字电影《嗨起，打他个鬼子》海报

《血染黔山换春来》

广播剧。2021年由贵州省广播电视局、贵阳市党史研究室、中共贵州省工委旧址纪念馆、贵州广播电视台、毕节市广播电视台联合出品。该剧以贵州地下党建立初期跌宕起伏的故事为背景，讲述了以林青烈士为代表的老一辈贵州共产党人为了革命不惜牺牲生命的精神，剧作风格肃穆大气，人物形象生动丰满，背景宏大，结构流畅，再现了贵州地下党人救亡图存、追求真理、浴血奋斗、视死如归的精彩故事。2021年7月入选中宣部文艺局、国家广电总局联合举办的"庆祝中国共产党成立100周年优秀广播剧展播活动"推荐剧目。

（二）文化机构和场所

息烽集中营革命历史纪念馆

位于贵阳市息烽县永靖镇阳朗村。息烽集中营是抗战期间国民党军统在息烽设立的秘密监狱，挂牌为"国民政府军事委员会息烽行辕"，军统内部称为"大学"。从1938年设立到1946年撤销，关押过杨虎城、罗世文、车耀先、张露萍、许晓轩、黄显声、马寅初等共产党人、爱国将领和爱国民主人士1200多人，其中600多人被秘密杀害和折磨致死。

■ 息烽集中营革命历史纪念馆

贵阳市达德学校旧址陈列馆

位于贵阳市南明区中华南路14号。学校旧址原为南霁云祠，始建于元代，是贵阳现存唯一的元代建筑。明景泰二年（1451）改称"忠烈宫"，是一座由三进院落形成两个四合院的古建筑群。1997年完成维修并对外开放。达德学校是贵州近代教育和民主革命的摇篮，具有重要的政治价值、教育价值和精神价值，现为贵州省爱国主义教育基地。

中共贵州省工委旧址

位于贵阳市云岩区文笔街 11 号。曾是贵阳高氏家族聚居之地，称"高家花园"。新民主主义革命时期，高言志投身革命，将高家花园的藏书楼——怡怡楼和楼外楼提供给贵州地下党作为秘密居住、工作和聚会之所。省工委建立后，在配合和支持红军转战贵州、发展党员、建立党的组织、组织游击武装等方面开展了大量卓有成效的工作，为贵州的解放作出了积极的贡献。

中国红十字会救护总队贵阳图云关抗战纪念馆

位于贵阳市南明区园林路贵阳市森林公园。2022 年 1 月 12 日，中国红十字会救护总队贵阳图云关抗战纪念馆免费向公众开放。图云关红十字会救护总队抗战遗址是中国红十字会百年历史上时间最长、人物故事最多、历史档案最完整的重要历史活动地之一。

中国红十字会救护总队贵阳图云关抗战纪念馆

第二章　阳明文化

贵阳作为阳明心学的发源之地，留存了与王阳明及其弟子活动轨迹有关的不可移动文物、可移动文物多处。本章收录的不可移动文物，为已被列为市级以上文物保护单位8处，以及第三次全国文物普查时登录的不可移动文物点1处；列为一般文物的可移动文物22件（套），以及2019年被列入贵州省非物质文化遗产代表性项目名录1处，2022年被列为贵州老字号1个。同时，为了充分保存王阳明在贵阳留下的文化痕迹，本章也收录了部分他曾经游历过，今天被列为文物保护单位的地方所写诗文。

明正德元年（1506），兵部主事王守仁因得罪宦官刘瑾，被廷杖四十，投入诏狱，贬为贵州龙场驿驿丞。他于正德三年（1508）到达

🔺 王阳明像

贵州龙场（今修文县龙场镇），在龙场三个年头（1508—1510）的孤独苦闷中，走上一条用生命体验来面对人生的悟道之路，为后期创建以"心即理""知行合一""致良知"为基本理论框架的阳明心学思想体系开始了最初的思考。他的思想从明朝中后期直至今日得到广泛传播，终成阳明文化。

王阳明（1472—1529），名守仁，字伯安，又号乐山居士，浙江余姚人。中国历史上杰出的思想家、教育家、文学家、军事家。因曾在浙江绍兴阳明洞侧筑室养生、讲学，被称为"阳明先生"。

明正德三年（1508）的春天，王阳明被贬谪到今贵阳以北40公里的龙场，在这山重水复之处，建立了自己的学术体系，开启了贵州新的学风，其思想对中国、日本乃至东南亚都产生了深刻的影响。

王阳明初到龙场，先是与随从自建简陋的草庵栖身，不久，在驿站东的龙冈山寻得一处山洞，当地人称为"东洞"，王阳明将"东洞"改称为"阳明小洞天"，也就是今天贵阳修文的"阳明洞"。

阳明洞牌坊

《易经》是王阳明长期研读的儒家经典，也是他思想的渊源之一。他在龙场著《五经臆说》，以新的观点重新审视孔孟之道、程朱理学，创立"心即理""知行合一"心学，并萌发"致良知"的思想。他在给友人顾东桥的信中说："若鄙人所谓致知格物者，致吾心之良知于事事物物也。吾心之良知，即所谓天理也。致吾心良知之天理于事事物物，则事事物物皆得其理矣。致吾心之良知者，致知也。事事物物皆得其理者，格物也。"

王阳明的学说，不是产生于繁华的京城，也不是产生于他那"水乡泽园"的故乡，而是产生于穷乡僻壤的贵州龙场，这是偶然中的必然，是特定的时间、地点、条件下迸发出来的思想火花。在贬谪龙场之前，他虽然沉浸于佛道的典籍中，但数年并无多大进步。来到龙场，由繁华京城突然流落到偏僻之地，在这里举目无亲，衣食无着，自感悲凉。他自知仕途无望，沉冤难申，万念俱灰，对着石墩哀叹："吾惟俟命而已。"在绝望中，淳朴善良的乡民帮他盖屋，给他衣物食品，使他感到了人间的温暖，鼓起了与命运抗争的勇气，更感到"良知"的可贵。他在小山洞里玩味《易经》，心境由烦躁转为安然，由悲哀转为喜悦，一种生机勃勃的情绪油然而生，得到了"悟道"的灵感，新的思想由此产生，创立了能与程朱理学抗衡的心学。

王阳明在龙场建"龙冈书院"讲授心学，传习第一批弟子。其《教条示龙场诸生》和《龙场生问答》，为王阳明教育思想奠定了基础。他教学专以致良知为主，远方学子闻风而至，贵阳诸生陈文学、汤伯元、叶子苍，湖南蒋信、冀元亨、刘秉鉴等莘莘学子皆至龙场求学于其门下。

王阳明学说主要是通过书院传播，贵州提学副使席书礼聘他到贵阳文明书院讲学，王阳明在这里首讲"知行合一"。他在贵州办龙冈书院，在文明书院讲学，离开贵州后，其弟

🏠 凯里下司阳明书院

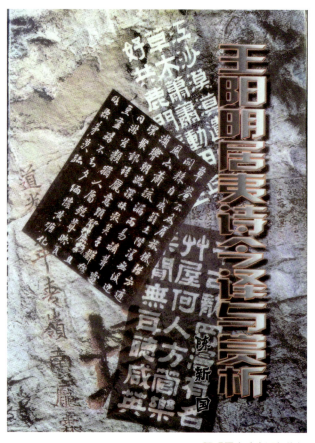

王阳明居夷诗今译与赏析

子和再传弟子在贵阳创办阳明书院、正学书院，继续传播王学。在龙场期间，王阳明到过贵阳及黔西、凯里、玉屏、镇远、施秉和黄平等地，行经之处，游玩名胜，传播讲解致良知学说。在其影响下，贵州相继建起书院20余所。

明正德五年（1510），刘瑾伏诛，王阳明获特赦，出任江西庐陵知县，闲暇之余，偕弟子在青原山讲"良知之学"，一时间大江南北王门弟子不远千里而来，青原山成为王学研讨中心，庐陵也因此被誉为"理学之邦"。以后王阳明官至都察院左都御史，巡抚南、赣、江、漳等地，开启江西剿匪、平定广西等地战乱的漫长岁月。在平乱剿匪中，王阳明讲学地遍布江西、广西、广东、江苏、浙江、福建、上海、北京、山东等地，其中最为著名的有江西吉安阳明书院（原九邑会馆、青原会馆）、赣州通天岩洞、大余县道源书院和庐山、九江等地。嘉靖三年（1524），王阳明在浙江绍兴建稽山书院，开展大规模讲学活动，学者翕然从之，其心学思想更是得到空前的传播。

王阳明一生著文甚多，有三篇被收入《古文观止》，其中《瘗旅文》和《象祠记》是在贵州所写；在贵州写的130首诗，后来集为《居夷诗》。特别是《瘗旅文》文辞凄戚动情，脍炙人口，作为古代散文名篇，与唐代李华的《吊古战场文》、韩愈的《祭十二郎文》合称为"祭文三绝"。贵州"三人坟"也因王阳明这篇出类拔萃的《瘗旅文》而有名，并被列入省级文物保护单位。

王阳明离开贵州再返仕途，官至南京兵部尚书、都察院左都御史。仕途中，他面对纷繁的矛盾和复杂事务，处理得游刃有余，无论是任军队统帅，还是地方大员，都成竹在胸，井然有序，得心应手，这和他在贵州的历练和思想飞跃不无关系。

嘉靖七年（1528）十一月，王阳明病逝于江西南安府（今江西大余）舟中。隆庆年间追赠新建侯，谥文成，故后人又称他王文成公。有《王文成公全书》传世。

一、文化遗产

（一）不可移动文物

阳明洞和阳明祠

2006 年被列为第六批全国重点文物保护单位。阳明洞位于贵阳市修文县龙场镇龙冈山（又名栖霞山）半山腰，是一天然洞穴，洞名为"东洞"。王阳明初到龙场时，先是住在小孤山下一个小岩石洞里，自名"玩意窝"，开始了他最初的悟道。后来，他在附近的山上发现较大的东洞，便移居东洞，并将东洞改称为"阳明小洞天"，也就是今天的阳明洞。王阳明写下了《始得东洞遂改为阳明小洞天》五言诗一组。第一首："古洞闷荒僻，虚设疑相待。披莱历风磴，移居快幽垲。营炊就岩窦，放榻依石垒。穹室旋薰塞，夷坎仍洒扫。卷帙漫堆

阳明洞

列，樽壶动光彩。夷居信何陋，恬淡意方在。岂不桑梓怀，素位聊无悔。"第二首："童仆自相语，洞居颇不恶。人力免结构，天巧谢雕凿。清泉傍厨落，翠雾还成幕。我辈日嬉偃，主人自愉乐。虽无荣戟荣，且远尘嚣聒。但恐霜雪凝，云深衣絮薄。"第三首："我闻莞尔笑，周虑愧尔言。上古处巢窟，抔饮皆污樽。洹极阳内伏，石穴多冬暄。豹隐文始泽，龙蛰身乃存。岂无数尺榱，轻裘吾不温。邈矣箪瓢子，此心期与论。"阳明洞是王阳明悟道及讲学的重要场所，是王学思想的萌生地和传播地，"知行合一""致良知"的思想由此而产生，作为王阳明龙场悟道的历史遗迹，被学界称为"王学圣地"。阳明洞周边的建筑也历经明、清、民国几百年历史，形成现有规模，包括阳明洞、玩易窝、龙冈书院、何陋轩、君子亭、宾阳堂等古建筑群。阳明洞外建有"中国阳明文化园"和"王阳明纪念馆"，纪念馆内展陈系统介绍了阳明先生"真三不朽"的一生。王阳明先生祠（简称阳明祠），位于贵阳市云岩区扶风山，为祭祀王阳明的专祠。阳明祠包含扶风寺、阳明祠、尹道真祠三座古建筑。这三座古建筑虽然建成时间相距百余年之久，但最终共同形成了具有厚重历史的"一寺两祠"的古建筑群，统称阳明祠。其中阳明祠始建于 1554 年（位于今省府路），于清嘉庆十九年（1814）移建扶风山，后因故中辍。嘉庆二十四年（1819）在原基础上续建。祠内以"真三不朽"为主题的展览，讲述王阳明先生"立德、立功、立言"的不朽功勋，并对外开放。

阳明祠

翠微园

翠微园是 2006 年被列为第六批全国重点文物保护单位——"文昌阁和甲秀楼"中甲秀楼的组成部分。甲秀楼位于贵阳市南明区翠微巷，含浮玉桥、涵碧亭、翠微园、拱南阁和龙门书院等几组建筑，其中翠微园始建于明弘治年间（1488—1505），原名南庵，后改为武侯祠、观音寺，1993 年修缮后改称翠微园。翠微园是王阳明游览并题诗的地方。明正德四年（1509），王阳明写《南庵次韵二首》和《徐都宪同游南庵次韵》，记游南庵事并抒发自己的游子思乡之情。《南庵次韵》二首，第一首："隔水樵渔亦几家，缘冈石路入溪斜。松林晚映千峰雨，枫叶秋连万树霞。渐觉形骸逃物外，未妨游乐在天涯。频来不用劳僧榻，已惯汀鸥一席沙。"第二首："斜日江波动客衣，水南深竹见岩扉。渔人收网舟初集，野老忘机坐未归。惭觉云间栖翼乱，愁看天北暮云飞。年年岁晚长为客，闲杀西湖旧钓矶。"《徐都宪同游南庵次韵》："岩寺藏春长不夏，江花映日艳于桃。山阴入户川光暮，林影浮空暑气高。树老岂能知岁月，溪清真可鉴秋毫。但逢佳景须行乐，莫遣风霜着鬓毛。"

蜈蚣坡古道

蜈蚣坡古道是 2013 年被列为第七批全国重点文物保护单位——茶马古道贵州段的组成部分，位于贵阳市修文县洒坪镇蜈蚣桥村。王阳明被贬谪至贵州龙场驿，于正德三年（1508）沿蜈蚣坡古道到达贵州龙场。蜈蚣坡古道必经之路的哨上村，立有王阳明写的《瘗旅文》碑刻，为清道光十九年（1839）县人捐资所刻。《瘗旅文》是明正德四年（1509），王阳明掩埋自京都赴任吏目主仆三人于蜈蚣坡后撰写的祭奠文章。

贵阳达德学校旧址

2019 年被列为第八批全国重点文物保护单位，位于贵阳市南明区中华南路。达德学校旧址始建于明洪武年间（1368—1398）的南霁云祠。南霁云，唐代忠臣良将，安史之乱时保卫睢阳（今河南商丘），宁死不屈，民间立祠祭祀。明末清初贵阳诗人吴中蕃《重修忠烈庙碑记》载，是南

蜈蚣坡古驿道

霁云后代在贵州做官，行善政，得到人民的爱戴，又为其祖先事迹感动，故建此祠。明、清两代，南霁云祠经多次修缮，改名忠烈宫，民间俗称黑神庙。清末在原址上始建达德学校。王阳明被贬谪至贵州龙场时，游览南霁云祠，并以诗《南霁云祠》颂赞南霁云。《南霁云祠》："死矣中丞莫谩疑，孤城援绝久知危。贺兰未灭空遗恨，南八如生定有为。风雨长廊嘶铁马，松杉阴雾卷灵旗。英魂千载知何处？岁岁边人赛旅祠。"

达德学校旧址

贵阳君子亭

1982 年列为贵州省第一批省级文物保护单位，位于贵阳市云岩区君子巷。贵阳旧有君子亭，为明嘉靖年间王阳明弟子、贵州总兵沈希仪所建，至清乾隆年间（1736—1795）亭子已毁。嘉庆十九年（1814），贵州巡抚许兆椿将亭修复，并题有一联："傍郭临池，坐揽烟波迟素月；浮香送馥，人来殿阁扇熏风。"君子亭前有数亩池塘，种有莲花，古人称莲花为君子之花。君子亭东面正对扶风山阳明祠，而王阳明谪居修文龙场时，将一小亭取名为"君子亭"，并作《君子亭记》，于是此亭被取名为"君子亭"，一是亭前开满君子之花，二是缅怀阳明先生。

修文三人坟

1985 年列为贵州省第二批省级文物保护单位，位于贵阳市修文县谷堡镇哨上村的蜈蚣坡。明代正德四年（1509）秋，一吏目带一子一仆，从京城到南边上任，途经龙场时，3 人相继去世于蜈蚣坡。王阳明得知此消息后，带人到蜈蚣坡将其安葬，并为逝者写了一篇祭文，题为《瘗旅文》。这篇祭文被收入《古文观止》。三人坟葬的是一位小吏及儿子和仆人，是再普通不过的人，却因王阳明为其写下祭文《瘗旅文》而出名。后来当地有人将《瘗旅文》刻成石碑，立于三人坟侧。20 世纪六七十年代，碑被毁，90 年代重刻《瘗旅文》，碑立于坟后垭口处。《瘗旅文》全文如下：

◆三人坟

维正德四年秋月三日，有吏目云自京来者，不知其名氏。携一子一仆，将之任，过龙场，投宿土苗家。予从篱落间望见之，阴雨昏黑，欲就问讯北来事，不果。明早遣人觇之，已行矣。薄午有人自蜈蚣坡来，云一老人死坡下，傍两人哭之哀。予曰："此必吏目死矣。伤哉！"薄暮复有人来，云："坡下死者二人，傍一人坐叹。"询其状，则其子又死矣。明日复有人来，云："见坡下积尸三焉。"则其仆又死矣。呜呼伤哉！

念其暴骨无主，将二童子持畚、锸，往瘗之，二童子有难色然。予曰："嘻！吾与尔犹彼也！"二童闵然涕下，请往。就其傍山麓为三坎埋之。又以只鸡、饭三盂，嗟吁涕洟而告之，曰：

呜呼伤哉！繄何人？繄何人？吾龙场驿丞余姚王守仁也。吾与尔皆中土之产，吾不知尔郡邑，尔乌为乎来为兹山之鬼乎？古者重去其乡，游宦不逾千里。吾以窜逐而来此，宜也。尔亦何辜乎？闻尔官，吏目耳，俸不能五斗，尔率妻子躬耕，可有也。乌为乎以五斗而易尔七尺之躯？又不足，而益以尔子与仆乎？呜呼伤哉！

尔诚恋兹五斗而来，则宜欣然就道，胡为乎吾昨望见尔容蹙然，盖不任其忧者？夫冲冒雾露，扳援崖壁，行万峰之顶，饥渴劳顿，筋骨疲惫，而又瘴疠侵其外，忧郁攻其中，其能以无死乎？吾固知尔之必死，然不谓若是其速，又不谓尔子尔仆亦遽然奄忽也！皆尔自取，谓之何哉！

吾念尔三骨之无依而来瘗尔，乃使吾有无穷之怆也。

呜呼伤哉！纵不尔瘗，幽崖之狐成群，阴壑之虺如车轮，亦必能葬尔于腹，不致久暴露尔。尔既已无知，然吾何能违心乎？自吾去父母乡国而来此，二年矣，历瘴毒而苟能自全，以吾未尝一日之戚戚也。今悲伤若此，是吾为尔者重，而自为者轻也。吾不宜复为尔悲矣。

吾为尔歌，尔听之。

歌曰：连峰际天兮，飞鸟不通。游子怀乡兮，莫知西东。莫知西东兮，维天则同。异域殊方兮，环海之中。达观随寓兮，奚必予宫？魂兮魂兮，无悲以恫！

又歌以慰之曰：

与尔皆乡土之离兮，蛮之人言语不相知兮。性命不可期，吾苟死于兹兮，率尔子仆，来从予兮。吾与尔遨以嬉兮，骖紫彪而乘文螭兮，登望故乡而嘘唏兮。吾苟获生归兮，尔子尔仆，尚尔随兮，无以无侣为悲兮！道旁之冢累累兮，多中土之流离兮，相与呼啸而徘徊兮。餐风饮露，无尔饥兮。朝友麋鹿，暮猿与栖兮。尔安尔居兮，无为厉于兹墟兮！

仙人洞

1983 年被列为贵阳市第二批市级文物保护单位，位于贵阳市南明区西湖路街道办事处水口寺社区。明正德年间（1506—1521），阳明先生游览仙人洞时写下《游来仙洞早发道中》和《来仙洞》两诗。仙人洞三清殿、三官殿保存状况较好，摩崖清晰，现为宗教部门使用，延续宗教功能。《游来仙洞早发道中》："霜风清木叶，秋意生萧疏。冲星策晓骑，幽事将有徂。股虫乱飞掷，道狭草露濡。倾暑特晨发，征夫已先途。湔米石间溜，炊火岩中庐。烟峰上初

仙人洞

日，林鸟相嘤呼。意欣物情适，战胜瘴色腴。行乐信宇宙，富贵非吾图。"《来仙洞》："古洞春寒客到稀，绿苔荒径草霏霏。书悬绝壁留僧偈，花发层萝绣佛衣。壶榼远从童冠集，杖藜随处宦情微。石门遥锁阳明鹤，应笑山人久不归。"

六广驿遗址

2015 年被列为贵阳市第七批市级文物保护单位，位于贵阳市修文县六广镇广城村。明洪武年间（1368—1398），彝族土司奢香夫人修"龙场九驿"，六广是其中第二个驿站，始建时用泥夯筑墙壁，留有南门和北门，王阳明在这里写有一首七言律诗《陆广晓发》。现残存南门遗址。"改土归流"后驿站弃用，现已变为耕地。《陆广晓发》："初日瞳瞳似晓霞，雨痕新霁渡头沙。溪深几曲云藏峡，树老千年雪作花。白鸟去边回驿路，青崖缺处见人家。遍行奇胜才经此，江上无劳羡九华。"

太慈桥

为第三次全国文物普查时登录的不可移动文物点，位于贵阳市南明区，亦称太子桥。建于明弘治十八年（1505），1929 年修建贵筑路时加固，桥为南北向，为横跨小车河的单孔石拱桥，是旧时经贵阳至广顺、惠水的必经之道。王阳明有《太子桥》一诗，记游太子桥事。该桥保存状况较好，后期在使用过程中在桥面两侧增设砖砌护栏，如今仍在发挥着桥梁通行作用。《太子桥》："乍寒乍暖早春天，随意寻芳到水边。树里茅亭藏小景，竹间石溜引清泉。汀花照日犹含雨，岸柳垂阴渐满川。欲把桥名寻野老，凄凉空说建文年。"

太慈桥

（二）可移动文物

清光绪印本《阳明先生集节本》十三卷

一般文物，数量 7 件，王守仁撰，清光绪三十四年（1908）上海教育图书馆印本，保存状况基本完整。收藏于贵阳市图书馆。

清光绪刻本《阳明先生集》

一般文物，数量 14 件，王守仁著，清光绪黔南刻版，存 15 卷（第二至第十六卷）。保存状况基本完整。收藏于贵阳市图书馆。

民国《王阳明全集》

一般文物，数量 1 件，王守仁著，1936 年出版。保存状况基本完整。收藏于修文县文物管理所。

（三）非物质文化遗产和老字号

王阳明传说

2019 年被列入贵州省第五批省级非物质文化遗产代表性项目名录。王阳明是中国历史上著名的哲学家、教育家、文学家，他的思想言行对后世产生了深远而且深刻的影响。"王阳明悟道传说"是王阳明离开龙场后，黔中王学弟子与当地的百姓口耳相传其在贵州悟道前后的事迹，表达了龙场人民对他的怀念与感恩。嘉靖《贵州通志》记载，龙场人大多能传唱他所教的歌词，留下了《车笠之交》《大义拒宵小》《三人坟传说》《读易山窝》等脍炙人口的故事和传说。

王阳明

2022 年被列为第五批贵州老字号。商标名称为"王阳明"，品牌所属企业是 2008 年成立的贵州荣和黔水坊酒业有限公司，注册地为贵阳市观山湖区。

二、文化产品和学术成果

（一）文化产品

《王阳明龙场悟道》

京剧。贵州京剧院创作的一部挖掘贵州历史文化名人，并具有贵州民族特色的京剧作品。由贵州省剧作家、国家一级编剧陈泽恺担任编剧，在十几年前《龙岗悟道》的基础上，经过二次改编，二度创作，于2022年更名为《王阳明龙场悟道》。作品讲述了王阳明被贬谪到贵州龙场后，得到当地老百姓的同情和热情帮助。为其结庐安身，送药疗疾，使他度过艰难困苦的日子。王阳明在纯朴善良的苗族同胞中认识到"愚夫愚妇"与"圣人"同的事实，从而拨动了通向心学之门的机杼，完成了"知行合一"的重大哲学命题。之后，他又在龙场与贵阳两处开办书院，开黔中教化之风，直至明正德五年（1510）离黔重返仕途。

京剧《王阳明龙场悟道》剧照

《王阳明龙场悟道》

纪录片。中华文化种子基因库项目之一，共4集，每集30分钟，于2021年3月在贵州广播电视台第六频道连续播出。

《知行合一王阳明》

广播连续剧（四集）。贵阳广播电视台运用广播剧形式出品，主要演员翟万臣、李野默、张帅、颜燕生等。

《王阳明》

电视连续剧。贵阳广播电视台、贵阳旅游文化产业投资（集团）有限公司2011年出品。总编剧欧阳黔森，编剧孟笑光，总导演郑方，导演陈晓雷；主演陆剑民、周海媚、达式常、袁郡梅、刘红雨、陈一诺等。电视剧围绕王阳明被贬谪至贵州龙场镇（今贵阳修文龙场）结庐悟道，创立"格物致知""知行合一"的心学理论这一主线，讲述王阳明

■ 电视连续剧《王阳明》剧照

反对奸宦、龙场悟道、贵州讲学、江西剿匪、平定"宸濠之乱"、创办书院、宣讲王学的故事，浓墨重彩地刻画了王阳明传奇的一生。

王阳明机器人

2016年11月，阳明文化（贵阳）国际文献研究中心联合北京甘为乐博科技有限公司研发王阳明机器人，创新阳明文化的传播形式和载体。王阳明机器人项目启动以来，相继构建了王阳明教学资源库、王阳明心学语录库、王阳明书法教学核心演示字体库，完成了王阳明机器人硬件平台、表演控制软件、书法控制软件的开发。实现了王阳明机器人书法功能、讲学功能、人脸识别功能及语音交互功能。2017年5月25—28日，王阳明机器人在2017中国国际大数据产业博览会上展出，现场展示了书法教学课程、扇面书法书写、智能问答、人脸识别等功能，引发北京日报、贵州日报、中国日报等十余家主流媒体聚焦报道。哲学家王阳明成为贵阳道德宣传新"名片"。

（二）学术研究成果

阳明文化（贵阳）国际文献研究中心联合国家图书馆，在全国12家图书馆普查王阳明文物文献，对国家图书馆馆藏166种文献典籍及国家一级文物进行复制，共计112382张书

影。构建王阳明藏书馆和王阳明文物文献陈列馆，总藏书量达 2659 种 7244 册。出版《王阳明馆藏文献典籍普查、复制和研究丛书》（4 卷），《王阳明研究文献索引全编》（10 卷），印发《王阳明研究重要文献选编》（107 卷），全面反映了阳明文化发展脉络及研究现状。已建成国内外有规模的王阳明馆藏文物文献资源库，藏书主要分为中、日、韩三种类型，包括以王阳明全集性质的著作集及《传习录》为代表的

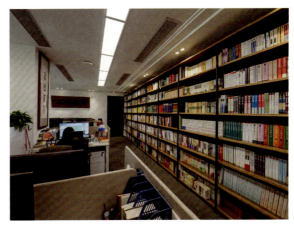

阳明文化（贵阳）国际文献研究中心

王阳明著作，阳明学专家学者的研究著作，以王阳明及其心学为主题的通俗读物以及与宋儒理学、王门后学相关的系列图书。日文图书中包括已有百年历史的孤本如《日本之阳明学》（1899），还有一些已绝版的日本阳明学研究书籍，如日本德川时期哲学家、日本阳明学派创始人中江藤树的经典著述集《中江藤树文集》（有朋堂书店，1921）、渡边芳雄的《王阳明言行录》（内外出版协会，1909）、阳明学研究会的《洞察阳明学》（文学书院，1910）和仑美藤加的《老子与王阳明》（朝香屋书店，1923）等珍贵书籍。韩文图书则包括了韩国阳明学的一些通俗读物，如《王阳明心的艺术，音乐以及音乐教育论》《阳明学的精神》《王阳明的生命哲学》等，还有重要期刊《阳明学》（共 49 期）以及其他图书。

数字王阳明资源库全球共享平台，是以阳明文化典籍文献为核心的数据库，由阳明文化（贵阳）国际文献研究中心联合国家图书馆和深圳太极云软技术股份有限公司共同建设，于 2017 年 9 月启动，2019 年 5 月 30 日正式上线运行。平台收录古今中外与阳明文化相关的古籍、图书画册、研究报告、期刊文章、学位论文、影像等文献资料，建成典籍库、索引库、全文库、法帖库、乐童库、专家库、阳明百科、藏书馆、事记等子数据库及一个 app，共数字化处理和存储古籍文献 166 种，文献索引 5 万余条，核心文献 2500 余篇，全面系统地展示了阳明文化文物文献的现实状况和阳明心学理论研究成果。

1. 典籍库，收录了国家图书馆藏从宋、元、明直至新中国成立前的古籍文献，包括善本、普古、拓片、法帖等类型，内容涉及家谱传记、思想渊源、弟子著述、后人阐释等。

2. 索引库，共收录中国、日本、韩国和欧美地区阳明文化相关文献索引 5 万余条，包括古籍、近现代著作、期刊文章、学位论文、报刊文章、析出文献等文献类型，囊括 12 个学科。

3. 全文库，共收录核心文献 2500 余篇。

4. 法帖库，包含阳明法帖、阳明碑拓、读古籍·学经典和阳明文创 4 个板块，其中"读古籍·学经典"展示一系列与 166 种王阳明馆藏文献典籍相关的内容解读、版本故事、专题

阳明文化（贵阳）国际文献研究中心图书资料阅览室

知识等优质短视频。

5.乐童库，包括乐童艺术、书法大赛和朗诵大赛三个板块，为阳明中心和贵阳研究院近年来面向贵阳市小学生举办的公益活动获奖作品。

6.专家库，以创建国内外阳明学研究者与爱好者交流互动和学术共享平台为目标，除展示专家简介、学术成果和学术动态外，还开发了向专家提问功能，读者可通过该功能与专家实现在线交流。

7.阳明百科，是一个以普及阳明学知识为目的的开放式互动百科数据库，可通过创建词条、编辑词条等功能，对阳明学相关知识进行补充和完善，为阳明文化的传承和传播贡献智慧力量。

8.藏书馆，是基于阳明中心王阳明藏书馆和北京阳明书院馆藏书籍为基础的数字化平台，可通过检索和翻页浏览，查询目标书籍。

9.数字王阳明资源库，全球共享平台是传统文化与新媒体技术融合发展的重要成果，是让古籍文献得以充分利用的重要平台，不仅为阳明文化研究者和爱好者提供便利，也推动中华优秀传统文化的创造性转化和创新性发展。

《阳明先生集要三编》

三、重大活动和机构场所

（一）重大文化活动

中国·贵阳（修文）国际阳明文化节

1999 年，修文县举办首届阳明文化节，2002 年改为中国贵阳（修文）国际阳明文化节。第三届升格为中共贵阳市委、市人民政府主办。从第六届开始，由中共贵州省委宣传部指导，贵阳市委宣传部主办。到 2023 年已举办六届，成为全国阳明文化的著名品牌之一。

🔖 中国·贵阳（修文）第六届国际阳明文化节

问道向黔：探寻阳明悟道之路

2019 年、2020 年，中共贵州省委宣传部（省新闻出版局）连续两年邀请省内外知名专家和记者举办"问道向黔：探寻阳明悟道之路"阅读推广暨文化传播活动，提炼王阳明贵州活动重要节点，在中国北京国际文化创意产业博览会发布"阳明·问道十二境"经典游学线路，引起较大反响。

贵阳市小学生"王阳明诗文名篇""乐童艺术"书画、朗诵大赛

阳明文化（贵阳）国际文献研究中心联合贵阳市教育局、北京阳明书院等单位，在全市开展的公益活动，以此推广和弘扬以阳明文化为核心的中华优秀传统文化。大赛自2014开始，每年定期举办一次，至2023年，已连续开展10次。活动采取线上线下相结合的方式，营造全民参与的良好氛围，成为贵阳市具有代表性的阳明文化校园赛事。大赛主要围绕《王阳明龙场悟道图参考诗文》《王阳明诗文名篇集》《王阳明龙场悟道图单元故事》等内容，鼓励学生通过书写、朗诵、绘画等多种形式阐述自己心目中的"阳明故事"。其中，书法大赛分硬笔书法和软笔书法两组，学生以王阳明诗词、楹联、文、赋为内容进行书写，通过书法艺术的形式，呈现阳明思想的哲学内涵。朗诵大赛分个人朗诵和集体朗诵两组，学生从精选的100句王阳明语录、100首王阳明诗歌、10篇王阳明名篇中选择内容进行朗诵，使阳明文化焕发时代生机。绘画大赛让学生采用水墨国画技法，以王阳明龙场悟道图的50个单元主题故事为背景进行创作，勾勒出故事情境、人物动作、风光景色等，生动展现王阳明在贵州期间的行迹路线、结交游历，及其所见所闻、所思所感。

贵阳市小学生"王阳明诗文名篇""乐童艺术"书画、朗诵大赛

（二）文化机构和场所

贵阳学院阳明学与黔学研究院

公共文化类机构。位于贵阳市南明区见龙洞路 103 号贵阳学院内。前身是成立于 2005 年 12 月的贵阳学院王阳明研究所。2007 年 12 月，更名为阳明学与地方文化研究中心，下设阳明学研究所、地方文化研究所、传统文化与德育研究所等研究机构。2016 年，又更名为阳明学与黔学研究院。2018 年，获批哲学一级学科硕士学位授予权，成为贵州省省级重点学科。研究院已经取得一批阳明学与地方文化的重要科研成果，组织编写了《阳明学研究丛书》与地方文化研究丛书。主要研究成果有《阳明先生集要》《王文成公全书》《王阳明居黔思想与活动研究》《心·学·政——明代黔中王学思想研究》（获贵州省社科一等奖）等著作。获得国家社科重点课题"阳明心学诠释史研究"、国家社科课题"王阳明与道家美学思想比较""明朝西南驿递制度研究"等 10 余项国家项目。

贵阳孔学堂文化传播中心

公共文化类机构。位于贵阳市花溪区溪北街道办事处董家堰村麦达寨。2012 年 9 月成立，为继承和发扬中华优秀传统文化提供管理和服务，举办孔子公祭、先贤祭祀活动，开展各种传统礼仪活动，收藏、展陈与孔子相关的文献、文物等，尊奉孔子及董仲舒、朱熹、王阳明等儒学大家，展示贵州、贵阳当地文化（阳明文化、少数民族文化等）等。

贵阳孔学堂

阳明文化（贵阳）国际文献研究中心 （简称"阳明中心"）

公共文化类机构。位于贵阳市观山湖区恒大新世界翡翠山。是中共贵阳市委于 2015 年 10 月 20 日批准成立的非营利性研究咨询机构，致力于推进中华优秀传统文化的创造性转化、创新性发展，立足贵阳，打造国内以及世界知名的文化品牌。阳明中心自成立以来，主要对海内外已出版的阳明文化典籍和研究成果进行普查、挖掘和整理，开发建设数字王阳明资源库全球共享平台。

贵州龙场王阳明研究院

公共文化类机构。位于贵阳市修文县。2021 年成立，旨在深入挖掘整理、研究开发、传播弘扬阳明文化，进一步彰显"龙场悟道"的历史地位和"知行合一"的时代价值，打造"阳明心学·龙场论坛"学术品牌，深入推动阳明文化创造性转化和创新性发展，加大阳明文化文创产品开发力度。

王阳明纪念馆

公共文化类机构。位于贵阳市修文县龙场镇阳明文化园。王阳明纪念馆毗邻阳明先生谪居龙场所居住阳明洞，阳明洞迄今留存文物古建筑 9 座、摩崖石刻 43 处、碑刻 23 通，是珍贵的阳明历史遗迹。纪念馆与阳明洞相互衬托，是弘扬传承阳明文化的重要载体。

阳明文化园

GUIYANG

TESE WENHUA
ZIYUAN
XISHU ILUU

第三章　民族文化

　　贵阳市与贵安新区是多民族地区，有56个民族，其中汉族、苗族、布依族、土家族、彝族、侗族、仡佬族、白族、回族、满族、壮族、水族12个民族是世居民族，苗族、布依族是人口最多、分布最广的两个少数民族。从分布上看，贵阳市10个县（市、区）和贵安新区都有少数民族居住，形成了小聚居、大散居的民族分布特点。各民族在长期生产生活中，创造了丰富多彩的民族文化，留下了众多文化遗产。

　　本章收录的民族文化遗产，有不可移动文物26处，可移动文物26件（套），历史文化名镇（村）4个，传统村落5个，少数民族特色村寨65个，非物质文化遗产名录115处，非遗项目代表性传承人78个，老字号企业6个。

一、文化遗产

（一）不可移动文物①

遗址

茶马古道（贵州段）

2013年被列为第七批全国重点文物保护单位。分别位于贵阳市白云区都拉布依族乡黑石头村长坡岭组、清镇市青龙镇黑泥哨村、修文县洒坪镇蜈蚣桥村和花溪区青岩镇，包括长坡岭古道、清镇黑泥哨古道（含刘氏贞节坊）、蜈蚣坡古道（含蜈蚣桥）和青岩古道，是茶马古道（贵州段）的重要组成部分，其中蜈蚣坡古道（含蜈蚣桥）和长坡岭古道是明洪武年间，奢香夫人以水西为中心开置的"龙场九驿，水西十桥"的重要组成部分。

茶马古道（贵州段）青岩桥

---

① 部分不可移动文物因位于少数民族村寨内，而被列入本章。

雷神坡排洞遗址

2015 年被列为贵阳市第七批市级文物保护单位，位于清镇市流长镇杨院村雷神坡。杨院村是一个以穿青人、苗族为主的少数民族村寨。东洞至西洞为一排 5 个洞，东洞也称牛洞，洞内大部分堆积遭破坏严重，经发掘有烧骨，初步鉴定为旧石器时代晚期。

雷神坡排洞遗址

躲兵洞化石点

2002 年被列为开阳县第三批县级文物保护单位，位于贵阳市开阳县禾丰布依族苗族乡长红村，为更新世化石点。出土的化石属广义的华南大熊猫——剑齿象动物群。

幺佬寨遗址

2002 年被列为开阳县第三批县级文物保护单位，位于贵阳市开阳县高寨苗族布依族乡平寨村，为旧石器时代遗址，1985 年发现。出土有人牙、门齿、犬齿和臼齿，属晚期智人。

孟关关山猫洞遗址

2010 年被列为花溪区第四批区级文物保护单位，位于贵阳市花溪区孟关苗族布依族乡石龙村，遗址为旧石器时代晚期遗存。有 3 个岩洞，均发现并采集到石片、石核、骨骼等标本 30 余件，洞壁遗存岩画 40 余幅，洞内还发现清代炼硝遗址。

"黔陶"遗址

2010 年被列为花溪区第四批区级文物保护单位，位于贵阳市花溪区黔陶布依族苗族乡黔陶村，黔陶因出产陶瓷"享誉黔省"得名。"黔陶"遗址是乡境内最早、最密集的窑址群，现存窑址二处，窑址上残存大量的"黔陶"残件。

古建筑

马头寨古建筑群

2006 年被列为第六批全国重点文物保护单位，位于贵阳市开阳县禾丰布依族苗族乡马头村，始建于宋代，最初为毛南族先民杨黄族所居的杨黄寨，因明代为水东宋氏土司直辖的底窝马头而改名马头寨并沿用至今。2008 年和 2012 年，马头寨先后被列为中国历史文化名村和中国传统村落。马头寨现存明清民居的古建筑近百栋，主要为三合院、四合院民居，以及祠庙、水井、石板路等；核心建筑包括祠庙和典型民宅。祠庙是中国目前仅存的古代土司家庙水东宋氏朝阳寺、中国目前仅存的布依族马头祠庙马头寺（兼底窝宋氏马头家庙）、元明底窝总管府遗址和清末底窝宋氏土司祠堂遗址等；典型民宅有宋荣宗宅、宋荣昌宅、宋耀玲宅、宋升素宅、涂世奎宅等，整个核心建筑占地 100 余亩。马头寨是中国现存最古老的土司官寨，也是目前贵州省唯一集全国重点文物保护单位、中国历史文化名村、中国传统村落和贵州十大特色民族建筑于一身的独特民族村寨。

宝王庙

2006 年被列为贵州省第四批省级文物保护单位，位于贵阳市开阳县双流镇凉水井村。始建于明代，其最早是仡佬族供奉朱砂神的庙宇，后来成为佛道合一的寺庙，是国内唯一保存至今的朱砂神庙，现存山门、戏楼、前殿、观音殿等。

中曹长官司旧址

1991 年被列为花溪区第一批区级文物保护单位，位于贵阳市花溪区黔陶布依族苗族乡半坡村，始建于清康熙年间，咸丰年间重建。旧址坐东向西，原有朝门、二门、两厢、正房等，现存正房、南厢等。

石刻

画马崖

1985 年被列为贵州省第二批省级文物保护单位，位于贵阳市开阳县高寨苗族布依族乡平寨村画马崖，年代待定。现画马崖共有三处岩画，两处分别位于清水江西岸"画马崖"南北小崖口和大崖口，一处位于清水江西岸梯子岩。小崖口岩画有赭色涂绘太阳、马、人等图像；大崖口岩画赭色涂绘星辰、太阳、人、马、鹤、洞等图像；梯子岩岩画赭色涂绘星辰、太阳、人、马、鹤、洞等图像。

画马崖

蓝秧碑

2015 年被列为贵阳市第七批市级文物保护单位，位于贵阳市开阳县高寨苗族布依族乡平寨村。立于清代。蓝秧碑也称苗汉和谐碑，共有三通。总碑立于高寨苗族布依族乡平寨村新寨，分碑分别立于上蒲窝和后寨。总碑为青石质，由苗民蓝阿秧等立于清乾隆二十六年（1761）。上蒲窝分碑立于清乾隆二十六年（1761），后寨分碑为光绪年间重立。碑文楷书阴刻，完整记录了开阳蒲窝历史上苗汉之间长达 50 年的土地纠纷在苗汉人民友好协商及官府主持调解下和平解决的重要历史事件。

瓦窑勘界碑

2019 年被列为贵阳市第八批市级文物保护单位，位于贵阳市白云区牛场布依族乡瓦窑村，立于清道光二十一年（1841）。碑为青石材质，楷书，阴刻。额题"永垂千古"，碑文约 220 字，有"清道光二十一年季春立"等字样，记载了瓦窑布依族村民自发搬迁议事决议。

蓝秧碑

新寨跳场规约碑

2000 年被列为观山湖区区级文物保护单位，位于贵阳市观山湖区金华镇苍坡村，立于清道光二十七年（1847）。青石质，方首无座，额刻"各寨公议"四字，碑文竖向楷书阴刻，记附近诸寨苗民公议"跳场"的条规。

高寨"招民复业"碑

2010 年被列为花溪区第四批区级文物保护单位，位于贵阳市花溪区高坡苗族乡高寨村，立于清雍正九年（1731）。青石质，圆首，额题"碑记"，碑文楷书阴刻，记大平伐长官司招民复业事。

批摆晓谕碑

2010 年被列为花溪区第四批区级文物保护单位，位于贵阳市花溪区高坡苗族乡批林村，立于清光绪七年（1881）。方首，青石质，额题楷书阴刻"永定章呈"，碑文竖向楷书阴刻，对"批摆等处应纳余银事"进行规定并晓谕。

民族墓葬

甲定苗族洞葬

1997年被列为贵阳市第四批市级文物保护单位，位于贵阳市花溪区高坡苗族乡甲定村，明清墓葬。洞葬是高坡红簪苗族支系的丧葬习俗，一个家族一个洞穴，其中甲定王姓苗族洞葬规模最大，洞内存棺木120余具，井字支架，两层叠放。棺内可见部分陶质器皿。

甲定苗族洞葬

蒲窝岩墓

2002年被列为开阳县第三批县级文物保护单位，位于贵阳市开阳县高寨苗族布依族乡平寨村，清代墓葬。当地叫棺材洞，是典型的苗族洞葬，洞口西向，洞内天然平台上原有70余具棺材，现存棺板30余块。

马鞍山洞葬

2010年被列为花溪区第四批区级文物保护单位，位于贵阳市花溪区孟关苗族布依族乡石龙村马鞍山组马鞍山西侧，时代为宋明时期。洞内有木棺六具及散落木棺构件，木棺外有散落人体骨骼。棺木形制特殊，均为原木整体刻凿，每个棺木单体为上、下两部分合扣而成。

安贵荣墓遗址

2016年被列为修文县第三批县级文物保护单位，位于贵阳市修文县大石布依族乡大屯村。20世纪60年代，生产队修建保管房和晒坝，墓室石料被取用，已铲平为农户农田。

2005年第四期《贵州民族研究》刊登的《明代贵州宣慰使安贵荣墓考》记载，推测此墓为安贵荣墓。

营盘古堡

水塘躲反洞遗址

2015年被列为贵阳市第七批市级文物保护单位，位于贵阳市花溪区高坡苗族乡水塘村，明代遗址。有南北两个洞口，南洞洞内筑有石墙，北洞筑有石墙，设步道、垛口、射击孔等。洞内现存房基数十处以及煤坑、炉灶、残钵、碎瓦等生活遗迹。

高仓古堡遗址

2019年被列为贵阳市第八批市级文物保护单位，位于贵阳市修文县龙场镇高脚仓村，始建于清康熙十年（1671），是当地苗族同胞为躲避土匪骚扰而建。整个古堡呈不规则长方形，南北向，块石垒砌，堡内残存屋基一座，灶一孔，新中国成立后废弃。现存石围墙、寨门和房屋基础。

高寨营盘

1991年被列为花溪区第一批区级文物保护单位，位于贵阳市花溪区高坡苗族乡高寨村，建于清道光年间（1821—1850）。遗址平面呈椭圆形，以青石砌筑，设东、西门。

高寨营盘

古代石桥

马铃石拱桥

2015 年被列为贵阳市第七批市级文物保护单位，位于贵阳市花溪区马铃布依族苗族乡马铃村，建于清乾隆四十一年（1776）。桥为单孔石拱，南北向，跨马铃河，桥西处立功德碑一通。

杨方大桥

2002 年被列为开阳县第三批县级文物保护单位，位于贵阳市开阳县禾丰布依族苗族乡大桥居委会，始建于清雍正六年（1728）。大桥为三孔石桥，东西向，横跨清河上。清乾隆五十一年（1786）所立的建桥碑已残缺，现存于禾丰布依族苗族乡文化站。

▲ 杨方大桥

修文玩易古桥

2016 年被列为修文县第三批县级文物保护单位，位于贵阳市修文县龙场街道新春村，建于明代。为单孔石拱桥，属奢香建"龙场九驿"时所建，目前桥体保存完好，桥的东端仍保存着较好的驿道。桥为东西向，青石修砌，驿道为不规则的青石板铺装。

下水石桥

2018 年被列为白云区第三批区级文物保护单位，位于贵阳市白云区都拉布依族乡上水村下水寨，建于清乾隆五十年（1785），东西向，横跨下水河下游，为单伏单券单孔石拱桥。

（二）可移动文物

民族绣服

清台江施洞苗族平绣牛龙鱼麒麟纹上衣

二级文物，数量1件，时代为清代，保存状况基本完整，现收藏于贵阳市文物保护中心。

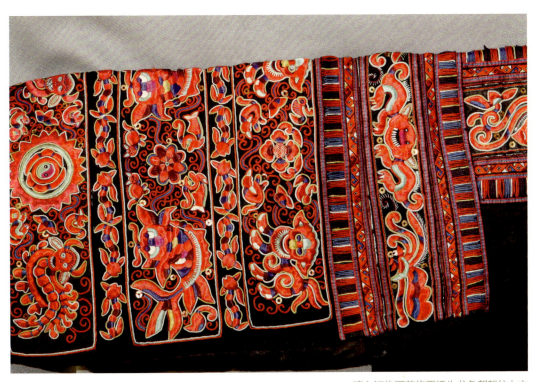

■ 清台江施洞苗族平绣牛龙鱼麒麟纹上衣

清台江施洞苗族平绣花鸟纹上衣

二级文物，数量1件，时代为清代，保存状况基本完整，现收藏于贵阳市文物保护中心。

台江施洞苗族平绣花鸟纹上衣

二级文物，数量1件，时代为清代，保存状况基本完整，现收藏于贵阳市文物保护中心。

清台江施洞苗族平绣龙鸟纹上衣

二级文物，数量1件，时代为清代，保存状况基本完整，现收藏于贵阳市文物保护中心。

清台江施洞苗族平绣人物鸟纹上衣

三级文物，数量1件，时代为清代，保存状况完整，现收藏于贵阳市文物保护中心。

清台江台拱苗族绉绣连环套花蝶纹上衣

三级文物，数量1件，时代为清代，保存状况完整，现收藏于贵阳市文物保护中心。

清台江施洞平绣牛龙麒麟纹上衣

二级文物，数量1件，时代为清代，保存状况基本完整，现收藏于贵阳市文物保护中心。

清台江施洞苗族平绣花鸟纹上衣

三级文物，数量1件，时代为清代，保存状况完整，现收藏于贵阳市文物保护中心。

现代台江施洞苗族破线绣蝴蝶纹上衣

三级文物，数量1件，时代为中华人民共和国，保存状况完整，现收藏于贵阳市文物保护中心。

现代台江施洞平绣兽纹女衣

三级文物，数量1件，时代为中华人民共和国，保存状况完整，现收藏于贵阳市文物保护中心。

现代台江施洞平绣花鸟纹上衣

三级文物，数量1件，时代为中华人民共和国，保存状况完整，现收藏于贵阳市文物保护中心。

现代台江施洞苗族平绣龙凤纹上衣

三级文物，数量1件，时代为中华人民共和国，保存状况完整，现收藏于贵阳市文物保护中心。

现代丹寨苗族蜡染螺旋纹上衣

三级文物，数量1件，时代为中华人民共和国，保存状况完整，现收藏于贵阳市文物保护中心。

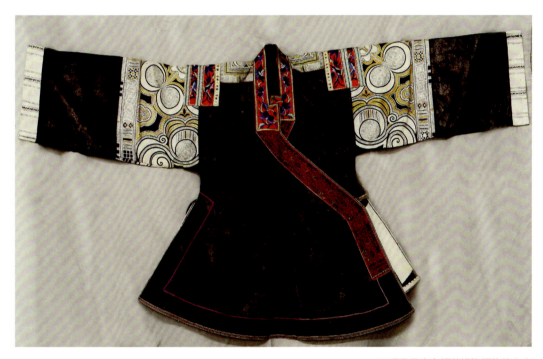

🏛 现代丹寨白领苗蜡染螺旋纹上衣

现代榕江侗族绉绣龙纹衣

三级文物，数量1件，时代为中华人民共和国，保存状况完整，现收藏于贵阳市文物保护中心。

现代凯里丹溪苗族贴绣八角如意纹上衣

三级文物，数量1件，时代为中华人民共和国，保存状况完整，现收藏于贵阳市文物保护中心。

现代苗族挑菱形纹衣服绣片

三级文物，数量1件，时代为中华人民共和国，保存状况完整，现收藏于贵阳市文物保护中心。

绣品围腰

清凯里丹溪苗族贴绣太阳纹围腰

三级文物，数量1件，时代为清代，保存状况完整，现收藏于贵阳市文物保护中心。

民国黄平僮家挑绣方格纹饰蜡染围腰

三级文物，数量1件，时代为民国，保存状况完整，现收藏于贵阳市文物保护中心。

民国台江施洞苗族织锦鸟牛人纹围腰

三级文物，数量1件，时代为民国，保存状况完整，现收藏于贵阳市文物保护中心。

民国台江施洞苗族织锦鸟龙纹围腰

三级文物，数量1件，时代为民国，保存状况完整，现收藏于贵阳市文物保护中心。

现代榕江侗族轴绣龙纹围腰

三级文物，数量1件，时代为中华人民共和国，保存状况完整，现收藏于贵阳市文物保护中心。

绣品背扇

民国黄平僮家挑菱形背扇

三级文物，数量1件，时代为民国，保存状况完整，现收藏于贵阳市文物保护中心。

民国黄平僮家挑菱形勾连纹背扇心

三级文物，数量1件，时代为民国，保存状况完整，现收藏于贵阳市文物保护中心。

十字花贴绣背扇

三级文物，数量1件，时代为20世纪60年代，保存状况完整，现收藏于贵州花溪镇山布依族生态博物馆。

莲鱼刺绣背扇片

三级文物数量1件，时代为20世纪60年代，保存状况基本完整，现收藏于贵州花溪镇山布依族生态博物馆。

民国黄平僮家挑菱形勾连纹背扇心

狗头童帽

缀银饰八仙刺绣儿童狗头帽

三级文物，数量1件，时代为20世纪50年代，保存状况完整，现收藏于贵州花溪镇山布依族生态博物馆。

（三）历史文化名镇（村）

历史文化名镇

青岩古镇

位于贵阳市花溪区青岩镇，始建于明洪武十年（1377），2005年被列为"中国历史文化名镇"。明初，在青岩设屯堡。明天启四年至七年（1624—1627），布依族土司班麟贵建青岩土城，领七十二寨，控制八番十二司。作为军事要塞和所占的特殊地理位置，其后数百年，经多次修筑扩建。青岩古镇人文荟萃，有历史名人周渔璜、清末状元赵以炯（贵州历史上第一个文状元）等。镇内有近代史上震惊中外的青岩教案遗址、赵状元府第、平刚先生故居、红军长征作战指挥部等历史文物。周恩来的父亲、邓颖超的母亲、李克农等革命前辈及其家属均在青岩秘密居住过。

青岩古镇

清镇市卫城镇

2009 年被列为贵州省第三批省级历史文化名镇。位于贵阳市清镇市卫城古镇，主要少数民族有苗族、布依族、彝族、仡佬族等。始建于明崇祯三年（1630），原名镇西卫，是明朝节制水西的一个屯兵卫所。卫城镇有东、南、西、北四道城门，有 9 个炮台，高大的古城墙依山而建成，城墙全是用方枕石砌成，以前就有"一网罩九龟"之说法，城墙将整座古镇包得固若金汤，易守难攻。卫城的民宅建设，多为木结构、小青瓦建筑，大多采用"金包银"的建造方式，这样建造的房屋，不仅坚固耐用，且山尖两头墙高于屋脊，又利于防火，有效地延长了房屋的使用年限，最为突出的是一进四合院式、二或三进四合院。2008 年建成的"贺龙广场"被清镇市委评为"清镇市爱国主义教育基地"。

历史文化名村

花溪区马铃布依族苗族乡凯伦村

2009 年被列为第一批贵州省历史文化名村。初名凯蜡，位于贵阳市花溪区西南部马铃乡凯伦村，始建于明万历年间，是布依族和苗族聚居地。全寨分上、下两部分，总面积 5.8 平方千米，古寨共有面积 50 公顷。《金氏家谱》载：金密定后裔中有一支于万历四十八年（1620）移居凯蜡附近开寨，修石墙，建住宅，兴庙宇，金家寨因此得名。寨中房屋多为三叠纪古生物化石砌成，是名副其实的化石寨，村寨建筑古朴，房屋的墙壁、屋顶都用化石板建成，其"九重天"布局、"五间二堂屋"联体房屋更为少见，独具特色。此外，金家寨还有明清石拱桥遗址、水碾坊遗址和苗族服饰、芦笙舞和斗鸟，布依服饰、民歌和酿酒技艺，以

🔲 花溪区马铃乡凯伦村金家寨

及腊肉香肠、干豆腐、糯米花等文化遗产。

乌当区新堡布依族乡王岗村

2009 年被列为第一批贵州省历史文化名村。明末清初布依族罗氏、花氏等相继迁入王岗，逐步形成布依村寨，村寨辖五个村民组，寨内布依青瓦木楼特色民居错落有致，风格保存完好，一般以双斜面顶的瓦房居多，建筑材料均就近取材，多利用当地所产的竹子、杉木和松木建盖，民居建筑盛行干栏，古朴典雅，别具特色，寨内保存了部分明清建筑。王岗村依山傍水，青瓦木楼与山水相映，寨前龙泉河蜿蜒绕寨流过，寨后绿树成荫，其中有"含笑树"和"摇钱树"等珍稀古树，形成贵阳罕见的百年古树群。王岗村布依族保存有布依铜鼓舞、民歌、服饰、竹竿舞，六月六、三月三等非物质文化遗产，其中尤以"布依庖汤"和"布依八大碗"等布依美食名扬省内，成就了"布依庖汤第一村"的美名。

（四）传统村落

花溪区高坡苗族乡批林村

2012 年被列入第一批中国传统村落名录。位于高坡乡南面，距离高坡苗族乡人民政府13 公里，形成于元代以前，批林村民族风情浓郁，苗族射背牌、银饰加工、芦笙制作及芦笙舞等非物质文化遗产赋予了它蓬勃生机和无限魅力。属苗族村寨，村辖 6 个村民小组，6个自然寨。

花溪区高坡乡批林村

开阳县南龙乡佘家营村营上组

2019 年被列入第五批中国传统村落名录，是清咸丰至同治年间当地团总佘仕举为了抵御少数民族起义领袖何德胜（又名何二王）而修建的。除地势险峻、悬崖绝壁外，还有石砌人字形营墙，四个石拱营门，现完好无缺。佘家营是咸同之乱时期开州（今开阳）28 营之最著名者，在 28 营中以地势最险要、营墙最坚固，几年未被黄号军攻破而闻名遐迩，故佘仕举被推举为 28 营总团首，并授总兵，实任副将，成为贵州平定咸同起义后因功授官职务最高者之一，因此载入咸同军事史册。佘家营是人工营墙与天然绝壁天人合一的军事堡垒，外墙以条石镶嵌成规范的斜"人"字形，是咸同时期贵阳地区唯一未被攻破的营盘，因此成为咸同军事史上的代表性堡垒和经典军事设施。

开阳县楠木渡镇黄木村付家湾组

2019 年被列入第五批中国传统村落名录。付家湾组距离楠木渡镇黄木村 2 千米，距离楠木渡镇政府 6 千米，属黄木村管辖，约明末清初时期，族人祖辈为躲避战乱，从江西迁往此处定居。当时村寨内付姓人家户较多，付家湾因此而得名。村落自建制以来无重大变迁，多数付姓人家已搬离此处村寨，村寨姓氏不断增加。

🏠 开阳县楠木渡镇黄木村付家湾组

开阳县南龙乡东官村湾子寨组

2019 年被列入第五批中国传统村落名录。东官的历史最早见于咸丰《贵阳府志》，初名官庄，因为是明代水东宋氏土司官的庄田而得名。明崇祯三年（1630）在官庄建有长庆寺，南明隆武元年（1645）重庆铜梁人周师皋任开州知州时，由于开州城及州衙等几乎全部毁于明崇祯十六年（1643）的布依族起义，周师皋便扩建长庆寺作临时州衙，因其父周南率子侄等在长庆寺避过张献忠屠川之难，周师皋后来一直居于长庆寺并尽力扩建，因此被尊为长庆寺开山祖师。官庄从清末民国作为村名一直沿用至 2017 年才改名为东官村。

开阳县毛云乡毛栗庄村新庄组

2019 年被列入第五批中国传统村落名录。新庄，明代属水东宋氏清江马头，清代属开州信里，民国时期隶属开阳县第二区茅云联保第一保，新中国成立后属羊场区毛云乡，1962 年土改时才有新庄之名，1992 年以来属开阳县毛云乡。道光年间胡氏祖先为避战乱，由江西逃荒至此安居，以姓氏命名为胡家寨；光绪年间杨姓祖先为躲避战乱，不远千里迁徙到此安居。

（五）少数民族特色村寨

乌当区偏坡布依族乡偏坡村

2014 年被列为第一批中国少数民族特色村寨。民族文化底蕴厚重，布依族"六月六"、祭布洛陀大典、布依上梁习俗等；有营盘遗址、解放军烈士墓群、布依服饰、布依婚宴盘古歌、布依古法酿酒等文化遗产；布依民歌、刺绣、酿酒、木刻等民族习俗和民间工艺源远流长。乡村产业融合发展，村内乡村旅游业态丰富多彩，农家乐、民宿、文创工作室应运而生。偏坡村相继荣获"国家级乡村旅游重点村""中国美丽休闲乡村""第一批中国少数民族特色村寨""全省三个一文化产业示范村""省级旅游度假区"等荣誉称号。

乌当区偏坡乡偏坡村

乌当区偏坡布依族乡下院村

2014 年被列为第一批中国少数民族特色村寨。原生态物质和非物质文化保存完好，村寨依山而建，生态环境宜人，布依民居错落有致，特色鲜明，韵律古朴十足，布依文化底蕴深厚，民风淳朴。布依民歌、刺绣、酿酒、木刻等民族习俗和民间工艺源远流长，布依米酒一条街风情浓郁，人与自然和谐相处在这里体现得淋漓尽致。下院村相继荣获"第六届全国文明村镇"、国家民族特色村寨、省级民族特色村寨、省级生态村、省级民族团结进步创建活动示范村、贵州省卫生村寨、贵州省文明村寨等荣誉称号。

花溪区青岩镇龙井村

2014 年被列为第一批中国少数民族特色村寨，是典型的布依村寨。明永乐二十年（1422），龙井寨就已存在，建村已有 600 多年的历史。村寨历史文化和民族民俗文化底蕴浓厚，建筑都是沿袭干栏式风格，多以木头作为主结构，家家户户白墙灰瓦，窗户为木质镂空雕花，不少人家的房屋还依古树而建，非常古朴典雅。曾先后荣获"全国文明村镇""中国少数民族特色村寨""全国美丽宜居示范村庄"等数十项荣誉。

清镇市红枫湖镇大冲村虎山彝寨

2014 年被列为第一批中国少数民族特色村寨，有"黔中第一彝寨"的美称，寨子中95% 以上是彝族。寨子依山傍水，寨前是红枫湖，寨后是大青山。大青山形如一只时欲啸搏樵的卧虎，所以人们称其为"虎山"。古彝族人以"虎"为图腾，自称为"虎的民族"，寨子也因背倚虎山而得虎山彝寨之称。目前，虎山彝寨已被评为贵州省最具魅力的民族村寨，2016 年大冲村荣获 CCTV"中国十大最美乡村"称号。

开阳县南江布依族苗族乡龙广村

2014 年被列为第一批中国少数民族特色村寨，全村 24 个村民组，该村积极调整产业结构，将凤凰寨、坪寨两个村民组的基础设施进行完善，大力发展乡村旅游和农家乐。一方面依托南江大峡谷景区的辐射带动作用，另一方面依托清龙河十里画廊的旅游资源优势，瞄准乡村旅游这一产业，把富硒农产品摆上餐桌，供游客品尝，现已发展农家乐 32 家。龙广村被列入第五届全国文明村镇和第一批国家森林乡村名单。

花溪区石板镇镇山村

2017 年被列为第二批中国少数民族特色村寨，是一座有着悠久历史的布依族古村寨，2019 年镇山村入选第七批中国历史文化名村。镇山村以屯墙为界，分为上寨和下寨。上寨是李仁宇屯兵的遗址。上寨的南北两座寨门，均由巨石雕凿垒砌而成，城墙由大块的石墩构筑。下寨是李仁宇夫人班氏原居住的布依寨，原位于湖下方，1958 年因修建花溪水库搬至围墙之下"椅子形"地带，呈阶梯状布局，分布在四级台地上，并向两侧延伸。房屋为木结构建筑，石板镶嵌。围墙始建于明万历年间，于清咸同年间补修。围墙依山势而建，东段和南段均以悬崖为屏而砌墙，全长 700 余米，高约 4 米，全用条石垒砌，至今保存完好。1993 年被列为"贵州镇山民族文化保护村"，1995 年被列为"贵州省级文物保护单位"。

2000 年中挪（威）签订了奥斯陆协议，在挪威政府资助下建成镇山村布依族生态博物馆。

花溪区董家堰村麦翁寨

2017 年被列为第二批中国少数民族特色村寨，全寨布依族占全寨人口的 79%。麦翁寨布依族文化元素突出，建筑主要由木料、泥土和青砖、青瓦构成。麦翁寨历史悠久，布依族文化底蕴深厚。每逢重大节日村民都会走亲串友，以酒会友、以歌传情。布依族欢庆六月六时，每户人家都会包粽粑、打糍粑，用来款待亲朋好友。年过半百的妇女则以刺绣鞋垫、制作布依族服饰为主，以此继承老一辈的传统。2011 年被贵州省布依学会批准为"贵州省布依族'六月六'活动基地"。

乌当区羊昌镇黄连村

2017 年被列为第二批中国少数民族特色村寨，是由布依族和苗族两大少数民族组成的自然行政村。黄连村少数民族风情浓郁，布依民居保存完好，有回旋鼓乐、坐夜筵等非物质文化遗产，"布依语歌""三月三""六月六""布依元宵会"等布依传统流传至今。红色文化底蕴厚重，有红军桥、"还我河山"标语、临时党支部旧址等历史遗迹等。

乌当区新堡布依族乡陇上村

2017 年被列为第二批中国少数民族特色村寨，全村辖五个村民组，分别是庄坡组、陇上组、渡寨组、大坝组、杨柳组，渡寨组坐落于新堡布依族乡陇上村阿渡河畔，素有"高原农民画之乡"的美誉，阿渡河畔的"播娜摩"簸箕画最为代表性，寨中乡贤名士、民间艺人居多，他们对布依文化进行了传承和挖掘，在簸箕画、瓢画、布贴画、葫芦画、剪纸艺术、创意假山中不断摸索和创新，吸引了来自五湖四海的朋友宾客，也为陇上村旅游发展经济作出了贡献。

乌当区新堡布依族乡马头村

2017 年被列为第二批中国少数民族特色村寨，全村辖四个村民组，分别是马头组、新寨组、团坡（老寨）组、松树林组，布依族人口达 95% 以上，是一个典型的少数民族村。马头村属香纸沟省级风景名胜区阿渡河片区地带，旅游资源富集。

修文县小箐镇岩鹰山村

2017 年被列为第二批中国少数民族特色村寨，辖 19 个村民小组。岩鹰山村至今依然完整保存着苗族的建筑风格，以木质结构吊脚楼为主，与自然环境极其融洽。岩鹰山村保留了苗族与彝族的部分生活习俗。节庆习俗有苗族的牯藏节、苗年节和彝族的十月彝族节、火把节等。歌舞有苗族的锦鸡舞、反排木鼓舞和彝族的"踏歌""撮泰吉"等。饮食有苗族的酸汤、糍粑和彝族的骟鸡点豆腐、八卦鸡等。2016 年，岩鹰山村成功打造了省级景区——岩鹰花海乡村旅游景区。

修文县小箐镇岩鹰山村

开阳县禾丰布依族苗族乡穿洞村穿洞街上组

2017 年被列为第二批中国少数民族特色村寨，是一个布依族与汉族杂居的自然村寨。村寨具有浓郁的民族特色和较高的文化保护价值，民居建筑以仿木质结构为主，特色民居比例占全村的 60%，村寨民居充分体现了布依族文化元素。穿洞村穿洞街上组历史沿革可追溯至明代，有 700 多年历史。布依族的山歌、舞蹈最为有名，民族节庆有"三月三""六月六"等活动。民族文化广场充分体现了民族特色，是地方特色的标志性建筑。

开阳县南江布依族苗族乡苗寨村

2017 年被列为第二批中国少数民族特色村寨，全村辖 19 个村民小组，布依族占全村人口的 39%。民居建筑形式以布依族传统干栏式建筑为主，由大房、厢楼、朝门组成封闭的四合院。民居建筑以仿木质结构为主，特色民居占比约 55%。苗寨村人民勤劳，民风淳朴，有群山拥抱的洗泥坝盆地，有古老的盐井，有着"一里三盐井""一里三座庙""一里三座桥"的美誉。村内资源丰富，本地特产有富硒枇杷、富硒红米、小花生、大米、辣椒、油菜等。民族节庆有春节文化活动"六月六"布依风情节等。苗寨村于 2015 年获贵州省"省级民族团结创建示范村"。

清镇市王庄布依族苗族乡小坡村

2019 年被列为第三批中国少数民族特色村寨。先后荣获"全国民主法治示范村""省级脱贫攻坚先进集体""全省支部标准化规范化建设示范点""省级民族特色村寨"等荣誉称号，入选贵州省"十县百乡千村"乡村振兴示范工程示范村。

🏠 清镇市王庄乡小坡村

修文县六屯镇大木村

2019 年被列为第三批中国少数民族特色村寨，下辖 14 个村民组，为以布依族居多的少数民族村。元代属蛮夷长官司；明朝初属贵筑长官司；明末属新贵县；清代属贵筑县北上里；民国四年（1915）划入县境，为东区六保；2013 年 3 月并村，原大木村、小木村、全心村合并为现在的大木村，一直为市、县、乡重点打造的少数民族村寨。至今保存完好的红军标语"红军是干人的军队"是非常珍贵的革命文物遗存，为红色文化教育基地。村传统有春节联欢晚会文艺汇演、斗鸡、斗画眉、斗牛、布依族山歌比赛活动、布依族"六月六"活动；饮食以大众化黔味为主。

花溪区高坡苗族乡扰绕村

2016 年被列为贵州省第一批少数民族特色村寨。是高坡乡唯一的一个布依族村寨，具有 400 多年历史，布依族占全村人口的 92%。有资料记载，扰绕布依族先民于明洪武年间由江西赣州迁入，形成以罗姓为主体的布依族村。布依族大多依山傍水而居，穿着打扮主要是以藏青色为主。村内布依文化保留较为完整，寨内有一家蜡染工作室及竹艺坊，每逢布依族传统节日寨内都热闹非凡。地处高原台地的扰绕村拥有广袤梯田和红岩峡谷，绚丽的峡谷风情带给游客非凡感受。扰绕村内有明清时期遗留营盘古堡，多处营盘地基保存完好。

花溪区高坡乡扰绕村

花溪区马铃布依族苗族乡谷中村

2016 年被列为贵州省第一批少数民族特色村寨，由原谷增、中寨两村于 2013 年合并而成，下辖自然村寨 21 个。谷中村盐井石拱桥历史悠久，据考证，盐井石拱桥修建于明清时期，距今已有 300 多年历史，相传徐霞客曾经过此桥。谷中村集山、水、林、地、石等自然景观和乡村风貌、民族风情、人文故事、特色民居等人文景观于一体，恰似人间仙境、世外桃源。2015 年荣获"全省文明村寨"光荣称号；2017 年荣获"全国文明村镇"荣誉称号。

花溪区马铃乡谷中村石拱桥

白云区都拉布依族乡上水村

2016 年被列为贵州省第一批少数民族特色村寨，下辖上水组、下水大寨组、下水小寨组、朱劳组四个村民组，布依族人口占总人数的 98%，是典型的布依族村寨。近年来，上水村抢抓"蓬莱仙界"大景区、美丽乡村建设、贵阳市首届农业嘉年华活动等机遇，将全村打造成为看得见山，望得到水，记得住乡愁的世外桃源、人间仙境。先后被评为贵州省第一批少数民族特色村寨、贵州省卫生村寨、贵阳市卫生村寨、贵阳市生态文明村寨、贵阳市"提高型"美丽乡村示范点。

白云区牛场布依族乡瓦窑村

2016 年被列为贵州省第一批少数民族特色村寨，下辖 3 个村民组，布依族占全村村民的 99%，是典型的布依族村寨。有史以来，布依民族在这片土地上勤劳耕耘，孕育了独具特色的民族文化。每年的"六月六"期间，周边诸多县（市、区）的布依儿女，身着盛装来此举行活动，喜庆民族节日。全村先后荣获"贵州省少数民族特色村寨""贵州省卫生村"等荣誉称号，并于 2019 年被评为"国家级森林乡村"。

白云区牛场布依族乡瓦窑村

清镇市麦格苗族布依族乡麦格村麦格布依寨

2016 年被列为贵州省第一批少数民族特色村寨，全村辖 13 个村民组，是一个多民族聚居村寨，居住着布依、苗、仡佬、彝等少数民族，少数民族占村总人口的 33.6%。特色民居保存完好，80% 以上民居建筑单体保存完整，建筑及周边环境基本上原貌保存较完好且分布连片，仍有原住居民居住，建筑造型、结构、材料或装饰等具有本民族一般特征，代表了本民族文化与审美，美学价值较高。民居建筑内部居住条件便利，舒适度较高。麦格村注重民族文化继承与发展，国家通用语言文字和少数民族语言文字学习使用情况良好。麦格村的传统体育项目、歌舞等保护发展较好，有一定延续性，民俗文化活动较丰富，民族文化具有一定的传承活力。

开阳县高寨苗族布依族乡平寨村

2016 年被列为贵州省第一批少数民族特色村寨，是少数民族聚居村，全村辖区 14 个村民组，37 个自然村寨。平寨村旅游资源丰富，有古老神奇的画马崖、蒲窝岩墓、大花水库区、正月十五和正月二十五斗牛节。高寨乡平寨村苗族同胞每年清明节前后要举行规模宏大的杀鱼活动，每次活动都有成千上万的人参加，杀鱼节成了苗族同胞独特的盛大节日。苗族芦笙跳圆舞，是居住在开阳县高寨乡平寨村的苗族传统的集体文娱活动，每年的正月间，逢苗族跳圆节，苗家儿女都要欢快地跳起跳圆舞。

开阳县禾丰布依族苗族乡马头村水头寨

2016 年被列为贵州省第一批少数民族特色村寨，为底窝八寨之一，是第四批中国历史文化名村，也是第三批全国农业旅游示范点清龙十里画廊八大景点之"水调歌头"，均为罗姓布依族，是贵州典型的布依民族村寨。其民居以公路和串寨路为界呈三级分布，层次分明，村寨布局错落有致，房屋保存着特色鲜明的布依民居风格，至今仍保留完整的有朝门两道，老宅 1 栋，护寨神树 1 株，村寨公约石碑 1 块，保存若干老农具及布依民歌。寨中古木屋 32 栋，砖木屋瓦屋 3 栋，平顶新式砖房 3 栋。其中，更为难得的是，有保存完好的石院落一个、细雕花院墙一面、雕花柱石一对、雕花石水缸一个、雕花石擂钵、踏脚石等，还有石磴口、石火坑等，都是远近少见的石雕文物。其寨中的布依礼仪、布依风俗、布依民歌，风情浓郁。农家小吃以粽粑、糍粑、黄糕粑、年糕等为主。

🏠 开阳县禾丰乡马头村水头寨

开阳县禾丰布依族苗族乡穿洞村

2016 年被列为贵州省第一批少数民族特色村寨，下辖 14 个村民组，先后获得了全国文明村、中国少数民族特色村寨、全国民主法治示范村、省和市级"五好"基层党组织、全省先进基层党组织、全国乡村治理示范村、贵州省乡村旅游重点村等荣誉。2021 年被确定为贵阳市第一批特色田园乡村·乡村振兴集成示范点。

开阳县南江布依族苗族乡龙广村凤凰寨

2016 年被列为贵州省第一批少数民族特色村寨，是试行"水东乡舍"旅游项目的地点之一。布依族居于若隐若现的林荫丛中，全寨 23 户 90 多人，全系陈姓布依族。清龙河流经此地"绕了个弯",形成三面环水一面环山的特色风景,村寨前前后后修起了索桥、浮桥、钢架桥、凤凰桥,形成错落有致的田园风光。

开阳县南江布依族苗族乡苗寨村岩脚寨

2016 年被列为贵州省第一批少数民族特色村寨。经济以农业和乡村旅游业为主,南江大峡谷和清龙河十里画廊位于村境内。民居建筑以布依族传统干栏式建筑为主,由大房、厢楼、朝门组成封闭的四合院。民居建筑以仿木质结构为主,特色民居占比约 55%。苗寨村人民勤劳,民风淳朴,有群山拥抱的洗泥坝盆地,有古老的盐井,有着"一里三盐井""一里三座庙""一里三座桥"的美誉。村内资源丰富,本地特产有富硒枇杷、富硒红米、小花生、大米、辣椒、油菜等。民族节庆有春节文化活动、六月六风情节等。

息烽县青山苗族乡冗坝村

2016 年被列为贵州省第一批少数民族特色村寨,下辖有马洞坡,构一组,构二组,构三组,冗一组,冗二组,冗三组等 10 个村民组,少数民族占 30% 以上,属少数民族聚居相对多的村,发展乡村旅游的资源优势明显。发展思路主要是充分挖掘少数民族特色,大力弘扬少数民族文化,不断完善乡村旅社及乡村体验园设施,大力发展乡村旅游。

息烽县青山苗族乡青山村

2016 年被列为贵州省第一批少数民族特色村寨,全村辖 12 个村民组,是青山苗族乡少数民族居住最为集中的村。整个村基础设施较为完善,民族氛围十分浓厚,每年都要举办苗族"二月跳花场""四月八"等节庆活动。活动期间,不但要举行较为神秘的祭祀仪式,还有丰富的歌舞表演及斗牛、斗鸟、斗鸡等民俗活动，吸引成千上万的群众参与。辖区建成民族风情园一个，民族文化传习所一个。此外，息烽少数民族文化的两朵奇葩——芦笙舞蹈和苗族刺绣都产生在该村。

息烽县青山苗族乡青山村

修文县扎佐镇新柱村

2016 年被列为贵州省第一批少数民族特色村寨，由原来的新民村和石竹村于 2014 年合并而成，位于扎佐镇南面，海拔 1200 米左右，距扎佐镇中心城区 3 千米，东接万江社区、乌当区、白云区，南连三元村和大兴村，西抵龙场镇营官村，北邻红桥居委会和高潮村，地理区位优势优越，交通便利，210 国道、贵遵高速公路、同城大道、川渝铁路、渝贵高铁贯穿全境，地势平坦，四面环山，四季分明，气候宜人，发展潜力巨大。

乌当区下坝镇下坝村

2017 年被列为贵州省第二批少数民族特色村寨，辖 10 个自然村寨，13 个村民组，全村少数民族约占总人口的 32.2%。居住有汉族、布依族等民族。布依文化积淀深厚，附近有下坝古道、川主庙、普渡桥、喇平渡槽、万民沾恩碑、下坝古道等文化遗产，先后获得 2008 年先进集体，2009 年度目标管理，2008—2010 年文明村寨，2010 年"五好"基层党组织，2011 年荣获过先进基层党组织等。

清镇市红枫湖镇芦荻哨村

2017 年被列为贵州省第二批少数民族特色村寨，是贵州为数不多发现汉墓的地方，曾轰动一时，除此以外，芦荻哨村还有三国墓群、南朝墓群、宋墓群、明墓群四处古墓群。清代，芦荻哨曾属清镇定里四甲；民国时期，设立芦荻乡驻芦荻哨；新中国成立后，1958年开始筑坝修建红枫湖，湖水淹没滇黔公路导致交通不便，芦荻乡政府迁至簸箩，改称簸箩乡。芦荻哨与龙滩坡、安家院组成芦荻村。2014年，芦荻村与邻近的龙井村合并成为如今的芦荻哨村。芦荻哨村抓住农业产业结构调整和红枫中国农业公园建设契机，大力发展农旅融合，助力农业现代化、旅游产业化。

清镇市红枫湖镇芦荻哨村

修文县龙场镇幸福村九组

2017年被列为贵州省第二批少数民族特色村寨，居住有青苗和花苗两个苗族支系，其中青苗有70余户，主要居住在幸福村9组（尖坡脚）。该村的苗族坚持不与外族通婚的传统，只与周边的本支系苗族进行通婚，较完整地保存了本支系苗族的语言、文化、风俗及服装文化，尤其是青苗服饰，具有很高的民族真实性和完整性，已作为修文县苗服的项目点选入省级非物质文化遗产保护名录。生活在幸福村尖坡脚的青苗同胞自清代迁入此地就一直居住在此，它以王姓家族为组成核心，已经生活了5代，逐渐形成了现有的居住群落。每逢阴历四月初八这一天，村里的苗族人民就会披戴银饰，穿戴新衣，在村里齐聚举行苗族人民的传统节日，又称为亚努节。

修文县六屯镇独山村

2017年被列为贵州省第二批少数民族特色村寨，由原独山村、西冲村合并而成，辖9个村民组，即独山一组、独山二组、独山三组、独山四组、炮打岩组、下西冲组、上西冲组、大路边组、马骆田组。少数民族风情浓郁，传统文化有苗族芦笙舞、布依山歌、坐夜筵、花棍舞、耍龙灯等，传统文化节日有"三月三"和"六月六"等。

开阳县南江布依族苗族乡龙广村河湾组

2017年被列为贵州省第二批少数民族特色村寨。积极调整产业结构，将基础设施进行完善，大力发展乡村旅游和农家乐。一方面依托南江大峡谷景区的辐射带动作用，另一方面依托清龙河十里画廊的旅游资源优势，瞄准乡村旅游这一产业。

🏠 开阳县南江乡龙广村河湾组

开阳县南江布依族苗族乡苗寨村芭蕉寨组

2017年被列为贵州省第二批少数民族特色村寨。经济以农业和乡村旅游业为主，南江大峡谷和清龙河十里画廊位于村境内。民居建筑形式以布依族传统干栏式建筑为主，由大房、厢楼、朝门组成封闭的四合院。民居建筑以仿木质结构为主，特色民居占比约55%。苗寨村人民勤劳，民风淳朴，有群山拥抱的洗泥坝盆地，有古老的盐井，有着"一里三盐井""一里三座庙""一里三座桥"的美誉。村内资源丰富，本地特产有富硒枇杷、富硒红米、小花生、大米、辣椒、油菜等。民族节庆有春节文化活动、六月六风情节等。

马场镇场边村

2017 年被列为贵州省第二批少数民族特色村寨,包括场边和关口两个自然寨,共 300 多户,主要为布依族和苗族。东连羊艾农场,南接马场村,西至三台村,北抵凯洒村,面积 6 平方千米。

马场镇平寨村

2017 年被列为贵州省第二批少数民族特色村寨,有平寨、龟山、新寨、旧寨、克酬等 8 个自然寨,是典型的布依族民族村寨。位于贵安新区马场镇平寨村东连新村,南接川心村,西至普贡村,北抵加禾村,面积 9.2 平方千米。2019 年入选贵州第一批省级乡村旅游重点村。因交通便利,气候宜人,拥有秀美的山水田园风光,因此平寨素有"黔中桃源"美誉。

贵安马场镇平寨村

高峰镇毛昌村

2017 年被列为贵州省第二批少数民族特色村寨,全村包括毛昌堡、柏杨山、栗木寨、鸡窝寨四个自然村寨,分六个村民小组,是高峰镇较为典型的布依族村寨,布依族人口占总人口的 99%,民族特色鲜明,原房屋大多为砖木结构的四合院,现随社会的进步,多数改为平房或新颖的小楼房。每年的正月十三在该村的鸡窝寨,正月十六在毛昌堡举行放厂活动,放厂主要是唱民歌、山歌,跳民族舞蹈,同时举办赛马、篮球、拔河等活动。

党武镇摆门村

2017年被列为贵州省第二批少数民族特色村寨，全村分为四个村民小组，该村村民除了发展水稻、玉米等传统种植业外，还种植一些经济作物，主要以辣椒为主。苗族、汉族两个民族世代居住在此。

乌当区新堡布依族乡大寨村

2018年被列为贵州省第三批少数民族特色村寨，辖大寨组、龙井组、麻窝组、岩脚组、榜上组四个村民组，龙井、大寨、湾子、榜上、沟坎、麻窝、岩脚七个自然村寨，大寨村布依文化底蕴深厚，布依风情浓郁，乡村风光秀美，经常有贵阳市民周末游和夏季避暑游的游客，且逐年呈上升趋势。

花溪区高坡苗族乡批林村

2018年被列为贵州省第三批少数民族特色村寨，形成于元代以前，村辖六个村民小组，六个自然寨。该村主要以苗族居住为主，民族风情浓郁，苗族射背牌、银饰加工、芦笙制作及芦笙舞等非物质文化遗产赋予了它蓬勃的生机和无限的魅力。2012年被列入第一批中国传统村落名录。

花溪区高坡乡批林村银饰

修文县谷堡镇平滩村皮家寨

2018年被列为贵州省第三批少数民族特色村寨。2013年由平滩村与红星村合并而来，下辖11个村民小组，有两个自然村寨，以汉族为主，还有四印苗族等民族。当地每年都有四印苗族的迎花节、搂查节以及猕猴桃发展大会两节一会的民俗特色文化。主产猕猴桃，养殖猪、牛、鸡。服务业以销售服务业为主。

息烽县九庄镇新沙村下环山组

2018年被列为贵州省第三批少数民族特色村寨。该地区世代传承着芦笙舞、山歌、刺绣、唢呐等特色民族文化。苗寨内旅游资源丰富，有龙滩洞、出水洞、喳口洞、龙洞沟等，村内风景优美、民风淳朴。该地区建筑建于1995年，房屋主体为砖混结构，青瓦房顶。

开阳县南江布依族苗族乡龙广村长官司

2018年被列为贵州省第三批少数民族特色村寨，是开阳首批建成的"四在农家·美丽乡村"建设示范点之一，主导产业为种植枇杷、樱桃、葡萄、猕猴桃、金刺梨。葡萄采摘园、精品客栈、农家乐建设等产业项目的打造让长官司旅游业变得更火热。

花溪区黔陶布依族苗族乡马场村

2018年被列为贵州省第三批少数民族特色村寨，下辖三个村民组。现依托万亩茶园，万亩香葱基地的建设，以及距红岩峡谷较近的地理优势，发展观光旅游产业。近年来，全村经济社会得到了较快发展，村民的生活水平稳步提高。马场村是花溪区南线旅游景点（高坡草原）的必经之地，也是红岩峡谷的中转站，是自驾游的好去处。

花溪区黔陶乡马场村

开阳县南江布依族苗族乡毛家院村迎龙寨

2018 年被列为贵州省第三批少数民族特色村寨，主要居住着汉、布依、苗、土家等民族，主要产业为种植、养殖业和旅游业。

高峰镇王家院村

2018 年被列为贵州省第三批少数民族特色村寨，属贵安新区。下辖王家院、七甲、硐元、坪上、庄上、各屯坡、下大坡、麻窝、青鱼塘 9 个自然村寨，分 11 个村民小组，主要民族有汉族和苗族。村民以农业为主，主要种葡萄、大米、蔬菜，葡萄，草莓，蔬菜等是该村名特产。2017 年，该村获评中国最美村镇生态奖。

马场镇松林村

2018 年被列为贵州省第三批少数民族特色村寨，下辖松林、鸡窝、新寨三个自然村寨，主要民族成分为汉族、苗族。主要经济产业为种植业和养殖业，名特产品有果蔬。

■ 贵安新区马场镇松林村

花溪区马铃布依族苗族乡马铃村水车坝

2019 年被列为贵州省第四批少数民族特色村寨，是一个仅有百十户人家的布依山寨。在马铃河上，有建于清乾隆年间的水车坝石拱桥和无可考证的盐井石拱桥，是古代青岩通往广顺等地的古驿道。徐霞客的游记中就有过水车坝古桥，寻找关于建文皇帝踪迹的记载。

修文县大石布依族乡大石村

2019 年被列为贵州省第四批少数民族特色村寨，下辖小屯、对门寨、木踏石、街上、坡脚、上大坝、丫口田 7 个村民组，布依族较多。

修文县久长镇石安新村 12 组

2019 年被列为贵州省第四批少数民族特色村寨。石安历史悠久，元至元二十年（1283）属落邦札（扎）佐长官司，明洪武五年（1372）属扎佐长官司，明崇祯三年（1630）废扎佐长官司，村境属修文守御千户所。

修文县久长镇石安新村 12 组

息烽县石硐镇大洪村

2019 年被列为贵州省第四批少数民族特色村寨，下辖上白岩脚、下白岩脚、茨元门、林场、木弄、上排坡、下排坡、瓦房寨、韦家寨、新寨 10 个村民组。以水稻、玉米、马铃薯等传统农作物种植为主要产业。

清镇市流长苗族乡腰岩村

2019 年被列为贵州省第四批少数民族特色村寨，是下辖落桂田、岩脚、云盘、三岔、白泥、中寨组 6 个村民组的苗族聚居村寨。村内以"歪梳苗"居多，保存有完整的苗族语言和服饰。民族节有农历正月十八跳花坡，节日当天有织金县、黔西县（化屋）、清镇市（站街、龙窝）等地的苗族芦笙歌舞队共度佳节。民族乐器主要有芦笙和口弦，歪梳苗口弦还为贵阳市级非物质文化遗产。

清镇市麦格苗族布依族乡大谷佐村

2019 年被列为贵州省第四批少数民族特色村寨，是一个有 800 多户四印苗族聚居的村落，2013 年由原大谷佐村与小坝村调整合并而成，下辖 7 个村民组。

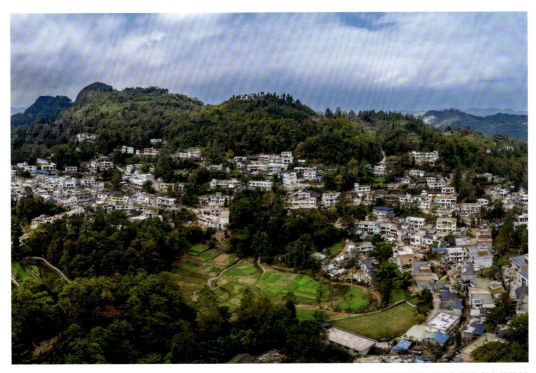

🏠清镇市麦格苗族布依族乡大谷佐村

清镇市麦格苗族布依族乡龙滩村

2019 年被列为贵州省第四批少数民族特色村寨，2013 年由原来的龙滩河村与钟其村调整合并而成，全村 11 个村民组。龙滩村包包组，岩脚组，塘坎一、二组，猴亮坪组，下寨组为苗族聚居村寨，有着少数民族文化的独特传统。

清镇市红枫湖镇民乐村新院组

2019 年被列为贵州省第四批少数民族特色村寨，主要以回族为主。新院组中间青龙山上有明洪武年间清威卫芦荻哨所烽火台旧遗址、寨后有平坝卫至清威卫的古驿道。新院回民一直沿袭老辈回族先民的优良传统，肉食主要以经阿訇宰的牛、羊、鸡、鸭、鹅为主。

贵安新区湖潮乡平寨村

2019 年被列为贵州省第四批少数民族特色村寨，下辖桐木、黑土、平寨、韭菜塘 4 个村民组，少数民族人口占 80% 以上。2011 年，平寨村被评为"全国文明村镇"。

贵安新区党武镇龙山村

2019 年被列为贵州省第四批少数民族特色村寨，有汉族、苗族两个民族世代居住。

2013 年启动"四在农家·美丽乡村"创建工作，现为贵州省"四在农家·美丽乡村"省级示范村寨。

白云区都拉布依族乡冷水村

2020 年被列为贵州省第五批少数民族特色村寨，下辖大寨组和小寨组两个村民组，主要居住有布依族。

清镇市卫城镇坪寨村

2020 年被列为贵州省第五批少数民族特色村寨，现有 9 个自然村寨，共 11 个村民组，是一个多民族聚居村寨，居住着苗族、布依族、仡佬族、彝族等多个少数民族。特色民居保存较好，80% 以上民居建筑单体保存完整，建筑及周边环境原貌保存较完好。

清镇市流长苗族乡油菜村

2020 年被列为贵州省第五批少数民族特色村寨，有 5 个村民组，13 个自然村寨，居住着苗族等少数民族。油菜村自然环境良好，特色民居占比较大，与周边环境完美结合，保持良好的传统格局，体系完整。

清镇市巢凤街道办事处平原哨村

2020 年被列为贵州省第五批少数民族特色村寨，是一个由汉族、布依族、苗族等 10 个民族交错居住的自然村寨，辖 3 个村民组。平原哨村历史悠久、文化丰厚、资源富集，有突出的屯哨文化和浓郁的民族文化，至今仍保留有布依族、苗族等婚俗习惯，以及"四月八""六月六"等传统节庆活动。

修文县大石布依族乡大屯村

2020 年被列为贵州省第五批少数民族特色村寨，居住有布依族等少数民族，辖 3 个村民组。其白檐口、小青瓦民居独具民族特色，有四树连根、三棵树、三眼井等景点。

修文县久长镇双堡村三组

2020 年被列为贵州省第五批少数民族特色村寨，共辖 15 个村民组，其中下堡、石硐口、半边街是少数民族聚居地，主要居住有苗族等少数民族，是"斗牛舞"的传承基地。

息烽县永靖镇河坎村

2020 年被列为贵州省第五批少数民族特色村寨，全村下辖 8 个村民小组，属于多民族村寨，居住有汉族、苗族、彝族、布依族、土家族和侗族等。

开阳县禾丰布依族苗族乡王车村大寨组

2020 年被列为贵州省第五批少数民族特色村寨，属于多民族村寨，居住有汉族、布依族和苗族等。

（六）非物质文化遗产

千古传说

苗族古歌（《簪汪传》）（清镇市）

🚩 唱诵苗族古歌

2021 年列入第五批国家级非物质文化遗产代表性项目名录，为四印苗进行重大活动时唱诵的民间口头文学，其无文字记载，世代口口相传，是四印苗族群众最为重要的历史和文化载体。簪汪古歌现今翻译的内容生动地反映出该民族生产、生活、迁徙、战争等内容。歌师在该民族重大传统活动，如正月跳年场、十二年一次的祭鼓节、丧葬祭祀等场合唱诵。古歌唱诵低沉回环，有生动的场景描写，百态千姿的人物关系，具有浓郁民族特色的农耕、渔猎细节。古歌传唱成为该族民间文学最为活态的一部分，是记载四印苗族群迁徙史、生活史、文化变迁史的"活化石"。

簪汪古歌（修文）

2015 年被列入贵州省第四批省级非物质文化遗产代表性项目名录，是苗族支系四印苗进行重大活动时，唱诵的民间口头文学，无文字记载，世代口口相传，是四印苗族群众最为重要的历史和文化载体。四印苗古歌以民族英雄"簪汪"为叙述核心，古歌描述了人类的起源、战争迁徙、生产生活、民俗禁忌等场景，其迁徙部分的战败后从"北京"（泛指北方）出发经历百余个地方（地名），艰难迁徙到达清镇，这是苗族其他支系古歌中没有的。四印苗古歌内容十分丰富，有英雄簪汪赞颂歌、建房希望歌、出生祈福歌、出嫁祝福歌、去世引路歌等。

榜郎歌（花溪区）

2019年被列入贵州省第五批省级非物质文化遗产代表性项目名录，为花溪高坡苗族在杀水牯牛祭祀时唱诵的祭祀性礼仪古歌，是高坡苗族的神圣经典，对天、地、神、人和动物的来源作了阐明，对一年12个月的文化意义和生产生活与行事作了阐释，指导着苗族的祭祀、生产、生活，指出生命的来源和最终的归宿，是高坡苗族对世界的存在与事物的生存构建的认知体系。在杀牛祭祀当天，中午开始在杀牛祭祀的主人家里唱诵榜郎歌，持续唱诵到第二天中午左右，时间一般持续长达24小时。另外，还在杀牛祭祀的前后，到姑妈家里分别唱诵。

榜郎歌

米花古歌（花溪区）

2019年被列入贵州省第五批省级非物质文化遗产代表性项目名录，为2018年9月才被外界发现的一部苗族口头传唱的史诗，是苗族人对于宇宙自然、民族变迁、自然灾害最为原始的解读，充满了神秘浪漫的人文气息，展现了民族在发展初期朴素的唯物观。米花古歌由

30 段左右的唱段组成，各段可独立成篇，又有机联系成为一个主体，每次唱诵可灵活选择唱段，内容有盘古开天辟地、嘎阿登缪制人烟、杨鲁（亚鲁王）断案、杨家将，以及民间流传的各种人物故事。米花古歌唱诵活动镶嵌在丧葬仪式中，是葬礼的一个必不可少的环节。

布依族叙事歌（花溪区）

2007 年被列入贵阳市首批市级非物质文化遗产代表性项目名录，最早始于清朝，由原江浙一带的少数民族音乐与贵州本土民间音乐相结合而形成。它经历了一个从发展期—形成期—成熟期—盛行期—衰落期的过程。花溪布依族叙事歌主要分为情歌、时政歌、风俗仪式歌、猜歌等。其中情歌又分为交情歌、抒情歌、爱情歌等；风俗仪式歌又分为筷子歌（结婚时用）、孝歌、立房歌等。形式上分为独唱、对唱、齐唱等。

唱布依族叙事歌

偏坡布依族婚宴盘古歌（乌当区）

2009 年被列入贵阳市第二批市级非物质文化遗产代表性项目名录，以唱歌的方式，一问一答，对某一事物从起源到结果进行问答式的盘问。比如盘问古人仓颉造字、孔子育人、蔡伦造纸的发明，文化从何处来，敬酒则要盘问杜康先师酿酒到安桌安凳，没有鲁班又从何说起等。它们的内容相互衔接，互为根源，所以称之为盘根问古、盘古歌。盘古歌内容极为丰富，有严格的规律性，甚至很讲究韵脚，当中有古代流传的，也有根据近代历史名人名事新编而成的。

民族节日

大狗场吃新节（贵安新区）

2005 年被列入贵州省首批省级非物质文化遗产代表性项目名录，为生活在贵安新区高峰镇大狗场村的仡佬族每逢农历七月新谷成熟之时，都要采摘新谷祭祀祖宗的传统节日，又叫尝新节、献新节。吃新节活动以祭祀活动为主，由上一代老摩公主持。每年农历七月初七，仡佬人聚集在村寨的古树下，在老摩公主持下进行仪式，仪式一般分为迎客、开荒辟草、采新、打糍粑、祭祖、送祖、分食糍粑和聚餐娱乐等。

仡佬族吃新节（贵安新区）

2007 年被列入贵州省第二批省级非物质文化遗产代表性项目名录。为仡佬族传统节日，又称尝新节、献新节，多在农历七月初七举行。当天除准备好鸡鸭鱼肉外，人们从田里采摘黄熟的少许新谷、瓜果煮饭，先祭祖，后自食。具体的过节形式各地稍有不同。贵阳清镇、花溪等地的吃新节与全省各地的大致相同。

仡佬族吃新节

苗族"四月八"（贵阳市）

2007 年被列入贵州省第二批省级非物质文化遗产代表性项目名录，是以贵阳市云岩区喷水池为活动地点、辐射整个贵阳及周边县市的苗族传统节日活动，主要是纪念为民族利益而在今贵阳喷水池一带战死的先辈英雄祝狄弄。"四月八"这天，与贵阳邻近的惠水、龙里、开阳、修文、清镇等地的苗族，各家各户都要将蒸好的黄、绿、紫三种颜色糯米饭（或黑白二色，俗称乌米饭）送给来过四月八的亲朋好友。青年男女则背着乌米饭，携带笛子，成群结队地汇集到贵阳喷水池附近举行纪念活动。

苗族"四月八"

苗族"四月八"（息烽县）

2009 年被列入贵州省第三批省级非物质文化遗产代表性项目名录，主要是为纪念苗族同胞起义首领杨六（鲁）而形成的民族节日。每年农历四月初八，在美丽的青山湖畔，成百上千的苗族同胞都会聚集到这里玩场，这里是一个重要的社交场所，也是苗族青年男女恋爱的好地方，身着盛装的苗家女更是引人注目。其娱乐内容除了传统的对歌、跳芦笙舞等项目，近年来还新增了斗牛、斗鸡等民族传统体育表演项目以及篝火晚会、歌舞表演活动。

布依族"三月三"（开阳县）

2009 年入选第三批省级非遗项目名录。传说古时有一庄稼汉，发现年年春播之后都有许多地蚕将幼苗咬死，他用了许多方法祭祀都不灵验。后来，他在春播时炒苞谷花去喂地蚕，结果保住了幼苗，这个消息很快传到远近的布依人家，布依族同胞为了保护农作物，争取获得丰收，于每年三月初三都开展这样的活动。如今农历"三月三"这天，有的村子里往往要杀鸡宰羊祭祀山神和水神，以求风调雨顺和国泰民安。布依族男女青年则要在这天，举行盛大的游山、对歌和交友活动，有许多男女青年通过这些活动建立了爱情关系。

"三月三"布依歌会

布依族"六月六"（开阳县）

2009 年入选第三批省级非遗项目名录。相传底窝坝有个布依后生名叫阿江，经常到清龙河边上唱歌，有个姑娘经常到河对岸听阿江唱歌，日子久了，两人便建立了深厚的感情。一年的农历六月初六，阿姊又来与阿江隔河对歌，阿姊将头帕往上一抛变成一座美丽的彩桥，阿江兴高采烈地走过彩桥，与阿姊结成美满夫妻。后来，阿姊与阿江的故事一传十，十传百，逐渐形成每年六月六。六月六那天布依族同胞就穿着盛装相邀至清龙河边，唱起优美的情歌，希望找到情投意合的伴侣，久而久之，布依族的六月六主要成为青年男女谈情说爱的节日。如今的"六月六",除了唱歌,还举行拔河、游泳、斗画眉等,极大地丰富了活动内容,参与的群众越来越多,影响的范围更为广泛。

布依族坐夜筵(开阳县)

2009 年入选第三批省级非遗项目名录,为布依族婚礼中最隆重的礼仪。布依族结婚要办酒三天,在第二天晚上要安排"坐夜筵","坐夜筵"男女送亲客都要参加,在新郎家的堂屋正中分上下两排而坐,上排用三张大桌接成一排为男宾席,下排三张小桌为女宾席,女宾席上摆两瓶花,表示花好月圆,同在一屋高歌畅饮,直至天明才散席。

苗族杀鱼节(开阳县)

2009 年入选第三批省级非遗项目名录,为居住在龙里、开阳、贵定、福泉一带苗族人民的杀鱼活动,当地人称为求雨节。杀鱼当天,各组要去山上采化香药来舂,到 12 点左右大家带着舂好的药来到河边交给具体负责的人,大约在下午两点就要开始放药,大家顺流而下,争相杀鱼,且各家各户都要送饭到河边来吃,当天杀的鱼当天就在河边煮了吃。杀鱼节是这支苗族和这块地域上独有的一个民族节日,具有鲜明的独特性,是我们研究苗族乃至中华民族原始渔猎生活的活化石。2003 年大花水电站的修建,环境条件的改变,使这项非遗活动被迫中止。

苗族杀鱼节

苗族"四月八"（贵安新区）

2020年被列入贵阳市第六批市级非物质文化遗产代表性项目名录。该节日有三层内容：一是祭祀牛王节或歇牛节，二是纪念苗族英雄"柱狄喽"（苗语），三是苗族男女青年自由交往的好时机。主要特征为苗族同胞家家户户给耕牛歇假放牧一天；用染饭叶（灌木植物）浸泡撒牛全身，以驱蚊除病，防毒御虫，不许鞭打耕牛，年轻男女自由交友；活动场所由祭司举行耕牛祭祀，集中开展各项活动，内容有祭祀、交友、歌舞，斗鸡斗鸟等。

布依族"六月六"（乌当区、贵安新区）

2020年被列入贵阳市第六批市级非物质文化遗产代表性项目名录。又称"布依年"，每年农历"六月六"，乌当区偏坡及贵安新区布依族人都要举行一年一度的布依盛会"六月六"。这一天，村村寨寨宰猪、杀鸡，户主寨老聚集到村社庙前，举行隆重的祭神、祭祖、祭盘古仪式，祈祷收成良好，族人平安，家庭和顺，六畜兴旺。

布依族"六月六"

民间习俗

苗族跳场（花溪区）

2007 年被列入贵州省第二批省级非物质文化遗产代表性项目名录，为苗族同胞认亲家找配偶的社交文化活动。据苗族民间传说，此节日活动是苗族首领央洛老人为杀死猛虎为女儿报仇的苗家后生德仲而设的跳场活动。每年，农历正月初九苗族同胞都从各自村寨聚集在固定场所，一起欢度佳节。

苗族跳场

苗族射背牌（花溪区）

2007 年被列入贵州省第二批省级非物质文化遗产代表性项目名录。"射背牌"源于一个古老的传说：地玉和地莉是一对相爱的男女，他们感情至深，却因为父母之命不得缔结姻缘成为夫妻，于是他们向父母和族人提出了"阳间不能婚、阴间结夫妻"的要求，并要求双方父母和全部族人到场，通过"射背牌"仪式，缔结阴间的姻缘，即"结阴亲"。父母同族人被他们的爱情所感动，同意了他们提出的这一既不悖父母之命，又能了结双方情愫的要求。

■ 苗族射背牌

杜寨布依族丧葬砍牛习俗（乌当区）

2007 年被列入贵州省第二批省级非物质文化遗产代表性项目名录。布依族中老人死了，进行葬礼要用布依语念唱独创的《砍牛经》。唱经则包括起屋、闹饭簸、写幡、放幡、拆幡、砍梁、竖砍牛柱、田坝砍牛等仪式。唱经完毕时，大师用钱纸擦拭马刀以示宝刀锋利。《砍牛经》以演唱为主来表达祭祀，也称"经歌"。

苗族斗牛习俗（开阳县）

2009 年被列入贵州第三批省级非物质文化遗产代表性项目名录，清初清水河花苗在杀牛祭祖基础上逐渐形成了斗牛节。斗牛节当天，身着节日盛装的苗族姑娘在以芦笙为中心围成的圆圈中开始跳圆活动，随着芦笙的节奏，不断地变换舞姿，尽情地享受节日的欢快。文娱活动结束后才是斗牛比赛，还有斗鸡、斗鸟、拔河等活动。傍晚，苗族同胞还在斗牛场上燃起篝火，吹起了芦笙，跳起了舞，青年男女则获得更多谈情说爱的机会，老人们则聚在一起，回忆着苗族古老的历史和传说，人们通宵达旦地玩乐。

苗族斗牛

苗族跳场（乌当区）

2015 年被列入贵州省第四批省级非物质文化遗产代表性项目名录。相传在 1736 年，清军血洗参加起义的苗寨，上千个寨子的苗民遭到屠杀，受害群众三万余人，在这场令人发指的大劫难中，苗族人民"威武不能屈"，涌现了许多可歌可泣的英雄。1743 年农历 2 月 14 日—16 日，是苗族勇士们在石头寨黑土坡就义的日子，缘于此，在石头寨兴起跳场，以纪念祖先的英魂。石头寨黑土坡跳场每六年轮换一次，每次连续跳 3 年，后 3 年停场，一般是在当年农历二月十四至十六日举行，每次跳场参加活动的人数（包括观众）7 万—8 万人次，辐射范围包括贵阳市及全省部分地区苗族同胞。

苗族祭鼓节（清镇市）

2015 年被列入贵州省第四批省级非物质文化遗产代表性项目名录，为当地"四印苗"保存最原始并延续至今的祭祀先祖活动和独特的民俗活动。苗族祭鼓节以十二生肖纪年为一个轮回，各地域及姓氏依各自择定跳鼓属相的年份自行举办。祭鼓过程，分接鼓、迎客、跳场、送鼓四个阶段。祭鼓节用的"鼓"是专用的，必须存放在庙中，到祭祀之日迎取。如正月跳年场、十二年一次的祭鼓节、丧葬祭祀等场合唱诵。

苗族跳洞（花溪区）

2019 年被列入贵州省第五批省级非物质文化遗产代表性项目名录，为高坡苗族为纪念祖先举行的大型悼念仪式。传说以前苗族同胞为躲避追杀，先后从江西、贵阳等地跑上高坡躲在八个山洞里，但最终还是有 7 个洞里的同胞被杀害。从此，每年除夕后，就举行跳洞仪式来纪念逝去的同胞。男子带芦笙，女子身着苗族盛装，到苗族老人指定的地点进行跳场活动，活动时间长达 7 天。

苗族跳洞

苗族祭祖习俗（花溪区）

2019 年被列入贵州省第五批省级非物质文化遗产代表性项目名录，为苗族最古老的一种祭奠习俗，凡死了老人都要敲牛祭奠。摆榜苗族敲牛的目的是将这头敲死的牛送给家中逝去的亡人，让逝者把牛带到阴间为自己干活，希望逝者在阴间过上安稳如意的生活，从而保佑阳间的亲人平安富裕，代代高升。祭祖活动大都选择在大年段举行，举行仪式的家庭一般都是经济条件比较宽裕、家庭和睦、人丁兴旺、享有一定声望的人家。敲牛祭祖活动主要是表示对死去祖先的缅怀和悼念，加强亲人之间的联系；表示家庭家人健康、儿女满堂、生活富裕，有女孩好嫁，男儿好娶的用意。祭祖活动程序包括：选牛买牛、玩牛场、议定敲牛日期、敲牛祭祖。

苗族抢鼓棒（白云区）

2019 年被列入贵州省第五批省级非物质文化遗产代表性项目名录，为白云区石龙村传承的十三年一次的杀牛祭祖活动"艾蒿干勾"。活动的内容为三部分。1. 每到这一年的正月初五杀牛祭祖，吃牯脏。2. 祭鼓、请鼓。进行祭鼓仪式，由寨老在木鼓前原地奏祭鼓调。3. 抢鼓棒。吹芦笙、奏木鼓跳祈愿的"笙鼓舞"，不管争夺怎样激烈，芦笙的音乐和鼓的敲击声不能中断。笙鼓舞由男女舞者共舞，红色的现代大鼓放在四方空心鼓架上。男舞队每人手持芦笙、踏着舞步，女队则由一人吹芦笙带队，将男舞队围成一圈，随着芦笙的节奏起舞。

苗族跳年场（清镇市）

2019 年被列入贵州省第五批省级非物质文化遗产代表性项目名录，为清镇市境内"四印"苗族纪念先祖、悼念去世老人以及祈福丰收的传统活动，于每年的正月初五举行。到达跳年场场地鸡爬田后，各村寨先进入小场，进场时要鸣放鞭炮，然后将稻草、柴火等物铺在地上，将去世老人的衣服放在柴草上，衣服要铺成"人形"状，表示为去世老人的化身，接着再撑开伞遮住。此后，点燃香烛焚烧纸钱，一起开始哭祭，哭诉去世老人对后代的养育之恩。各家请的芦笙手在焚烧完纸钱后，在各自的小场吹起芦笙祭祀去世老人，是"四印"苗族安葬逝者后的一次集体祭祀活动。

🏠 苗族跳年场

濮越雷神龙灯（乌当区）

2019 年被列入贵州省第五批省级非物质文化遗产代表性项目名录。清乾隆年间，江西吉安府陈、罗、卢三姓汉人迁居马头村，将汉族的舞龙习俗与当地布依雷神信仰相互融合，制作成了"雷神龙灯"，祈求风调雨顺、平安吉祥，并按照玩三年、停三年的祖制在春节期间玩耍。雷神龙灯于每年春节初九至十五进行，腊月至正月初八为制作期。正月初九亮灯、开光请水，晚上在马头村以及周边其他村寨串家，各家各户接龙、开财门，一直持续到十五晚上，后择吉日"化龙"、送龙"回宫"。

清水江花苗跳圆（开阳县）

2009 年被列入贵阳市第二批
市级非物质文化遗产代表性项目名
录。初名跳月，也叫跳厂、跳场、
跳花、跳硐等，是在月光下跳芦笙
舞的意思，是苗族历史最悠久、流
传最广的芦笙舞，明末清初已盛行
于西南地区的苗族中，在清水江花
苗中更是盛况空前。清初，清水江
花苗已有相对固定的跳圆场所，并
且形成，按今天的开阳、贵定、龙

🏠 开阳县清水江花苗跳圆

里和福泉市以农历正月依次轮番跳圆的习俗，堪称中国历史上规模最大的苗族跳圆活动，盛
况空前。如今，苗族的跳圆活动还吸引大量的布依族、汉族等各族群众的参与，还和苗
族斗牛活动有机结合起来，逐渐形成各族人民团结的盛会。

新堡布依族地蚕会（乌当区）

2009 年被列入贵阳市第二批市级非物质文化遗产代表性项目名录。地蚕会（三月三）
的来历与农业生产紧密相关。根据布依族祖先的多年观察，三月初三这天是地蚕交配的日
子，不能动土，一动土就为地蚕的活动提供了良好的条件。虽是春耕大忙季节，布依族人这
一天不下地，不干活，欢聚一起，尽情歌唱。用苞谷花代替地蚕，大量地吃掉，寓意为吃掉

🏠 新堡布依族地蚕会撒苞谷花

地蚕。地蚕会（三月三）初期，是当地布依族同胞自发组织的，以唱歌、赛歌为主，其意是祝愿今年的粮食丰收、生活美满。1980 年以来，"三月三"已正式变为布依歌会，随着社会的发展，参加的人数不断增多，辐射的区域越来越广，"三月三"也由单一的唱歌、赛歌发展成唱歌、赛歌、赛舞、旅游观光、贸易等多种形式的活动，最终发展成了今天的三月三盛会。

羊昌黄连"六月六"民族风情节（乌当区）

2009 年被列入贵阳市第二批市级非物质文化遗产代表性项目名录。传说在六月六这天，鸡全长出了新的羽毛，龙的骨头更加坚硬，因而有"金鸡换毛龙换骨"的说法。在这天，家家户户打糯米粑，包粽子，杀鸡宰猪，并用鸡血或猪血沾在自做的白三角形小旗上，插在庄稼地里，传说"天马"（蝗虫）就不会吃庄稼。小伙子和姑娘们穿上节日盛装跟随老人参加祭祀祖先、祭祀盘古，扫寨赶"鬼"活动。同时除参加祭祀活动的人外，其余的男女老少，带着糯米饭、鸡鸭鱼肉和水酒，到寨外的山坡上"躲山"（赶六月场），欢聚在一起说古唱今，相互交流，年轻男女谈情说爱。

羊昌黄连布依族婚礼夜宴歌（乌当区）

2009 年被列入贵阳市第二批市级非物质文化遗产代表性项目名录。布依族的婚礼隆重而热闹，享用过丰盛的婚宴之后，夜幕下参加婚礼的亲朋好友都聚集在主人家，一场别开生面的夜宴拉开了序幕。堂屋中，主人布置了一个梯形的餐台，居中的三张高桌是男人们就座的，三张竖着的矮桌是女人们就座的，主客双方都派出对歌的能手就座，其他的亲朋好友都围坐在堂屋四周，在热闹的氛围中对起歌来。夜宴上的气氛越唱越浓，人们的兴致也越唱越

■羊昌黄连布依族婚礼夜宴歌

高，往往会持续一整夜。最后，大家把花束立起来插在瓶中，供奉在神台上，在十字歌的歌声中，主客之间相互祝福，结束夜宴。

下坝岩底苗族长竹舞（乌当区）

2009 年被列入贵阳市第二批市级非物质文化遗产代表性项目名录。每年的正月，岩底苗寨举行跳花场，男女老少围着跳花大鼓，手持长竹，一边跳一边对歌，一边敲鼓一边跳舞，热闹非凡。正月跳花场也是青年男女相亲、谈恋爱的主要场所，他们通过对歌、跳舞认识后，相互赠送信物作为定情物。

■ 下坝岩底苗族长竹舞

花溪区高坡乡苗族绣背牌（花溪区）

2009 年被列入贵阳市第二批市级非物质文化遗产代表性项目名录。高坡苗族妇女喜披背牌，是他们独特的服饰习惯。高坡背牌分前后两块，上面是四方印章，挑花饰满印章周围，用两条绣花布连在一起，前小后大，套在脖子上。因此，背牌图案核心构件为印章，决定了所有的刺绣图纹都必须在正方形内完成。背牌分盛装背牌和简装背牌，盛装背牌为黄色，尺寸较大，多以丝线绣制，以黄色为主调，间以红色色条，富丽、高贵而庄重，一般高坡妇女一生只有一至两块；简装背牌为白色，多为棉线织绣，简洁、朴素而美丽。

红星村"搂查节"（修文县）

2013 年被列入贵阳市第三批市级非物质文化遗产代表性项目名录。红星村皮家寨、王家寨居住的"四印苗"在每年农历九月初四，苗家人为了感谢祖宗的护佑、牛辛勤劳动所带来的丰收，举行盛大的传统民族节日——搂查节。搂查：苗语音译，意为尝新、吃新。每到这天村民们都会用新出的糯米打制糍粑，会拿出当年新出的苞谷或稻谷对牛进行祭祀，大家聚集在跳花场上进行祭祀和唱歌、跳舞等活动，庆祝当年的丰收。未婚小伙和姑娘们在山上对唱情歌，花场边的男人们则聚在一起进行斗牛、斗画眉、斗鸡等传统竞技活动。

红星村"搂查节"

都溪苗族"二月十五"跳场节（白云区）

2015年被列入贵阳市第四批市级非物质文化遗产代表性项目名录。源于先秦时代，每年二月十五这天，苗王要带领族人举行祭天、祭地、祭祖活动。1643年，黑羊大箐苗王瑶斋豹为其女儿阿斋利招亲，自此沿袭至今。时逢节日，都溪、石头寨、高寨每年分别跳三天：二月十四为踩场，二月十五为正场，二月十六为收场，分别举行"祭祖寻杆""敬祭竹神""升旗祭祀""送旗""换旗、升旗、跳踩场舞""祭祀大典"等活动，第三日苗王祭祀致谢祖宗。近四百年来，遵宗循矩，世代相传。

大桥正月场（乌当区）

2018年被列入贵阳市第五批市级非物质文化遗产代表性项目名录。最早大桥苗寨对外称跳场活动是为女儿选婿，实则为苗族集会、祭奠英烈。正月跳场活动以三年为周期，跳三年停三年，一直沿袭传承。跳场活动分踩场、正场、散场三个环节进行，从正月十二到正月十四，举行祭祖祭祀，祈求祖先神灵庇佑族人。

苗族跳场（清镇市、贵安新区）

2020 年被列入贵阳市第六批市级非物质文化遗产代表性项目名录，是苗族同胞代代相传，最为盛大和隆重的古节。湖潮乡苗族跳场，自光绪二十八年（1902）前延续至今，已经有超过百年的跳花历史，是贵阳、惠水、贵定、安顺等区域（青）苗族历史最为悠久，最为隆重，影响最大的跳场节，已经成为当地各民族群众融合发展的一年一度的狂欢节庆。据传中八跳场节是在明清时期就传承在原清镇后六乡班普村打鱼寨一带田坝中举行，到清朝由于人气爆满，场地满足不了活动场面，最后迁至较为开阔的和苗族较为集中的湖潮乡中八村的跳花场至今。

布依族婚俗（南明区）

2020 年被列入贵阳市第六批市级非物质文化遗产代表性项目名录，大体分玩表、说媒、合八字和婚礼四个主要阶段。它从"玩表"选定意中人开始，至数次到女方家说媒、提亲、吮口，经历了写庚书、合八字、过彩礼、直到杀鸡敬亲确定婚事的"三回九转"礼仪。到最后举行婚礼，婚礼中举行接亲、送亲、拜堂、开柜等仪式，在婚宴上安桌、安凳、发筷、谢厨官的流程中有"四言八句"的吉祥祝福语，祝福新人的美好愿望。布依族婚礼是伴随着歌声进行的一种民族风俗。

苗族开路词（贵安新区）

2020 年被列入贵阳市第六批市级非物质文化遗产代表性项目名录，是苗族人为死去的人做长达五个小时的最后的祭祀，也是悼念。是苗族同胞给逝者最后的、最有必要的，也是最为宝贵的最后赠礼。苗族开路词，自古以来没有文字记载，靠言传身教、内容丰富、意义深远，很难熟记、弄通理解，并受条件限制，不易学习，难度很大。苗族开路词现主要流行于苗族聚居的地区，主要流布于清镇、长顺、紫云、黔南、黔东南、乌当、花溪、云南、四川等西南地区。苗族开路词是苗族人丧葬仪式中必不可少的环节，具有极高的研究价值，体现了苗族人民对祖先的悼念，对去世亲属的怀念，对后代的教诲，是反映苗族生产生活的口头史诗。

米花节（观山湖区）

2020 年被列入贵阳市第六批市级非物质文化遗产代表性项目名录，流行于贵阳市观山湖区朱昌镇区域内的一个苗族传统节日，源于居住在朱昌镇一个以青色服饰为特征的苗族支系之中，一个苗族姑娘争取婚姻自由的传说。朱昌"米花节"具有独特的民族特色，活动程序有立花杆、祭祀祖宗、九十九把芦笙祭场三圈、青年男女围场祭场三圈

苗族米花节

（以上也称踩场—请老祖宗），跳场舞、晒衣服（以上也称正场—择偶、亮家底、对情歌），祭酒、撒花杆（以上也称扫场—送老祖宗—结束）等。在跳场过程中，男女青年通过吹笙、跳舞、对歌等进行人际交往、信息交流、自娱自乐等。

苗族数格节（花溪区）

2020年被列入贵阳市第六批市级非物质文化遗产代表性项目名录，是用水牯牛举行祭祖活动的节日。传承沿袭区域以贵阳市花溪区高坡乡为中心，流传在贵阳市花溪区孟关乡、黔南州惠水县、龙里县的三角地带，举行祭祖活动时间为每年农历六月至七月，参与人数达10余万人。苗语"数格"是指买肥壮、角正的水牯牛来祭父亲或祭祖父的各个家庭，把牛带到祭祖场来踩场、跳场、斗场等活动。"数"有参与、举行、祭祀等意思，"格"指用水牯牛举行祭祖仪式的活动场地。

民族服饰

贵阳苗族服饰（花溪区）

2007年被列入贵州省第二批省级非物质文化遗产代表性项目名录。花溪苗族服饰款式繁多，具有鲜明的民族特色，如若干服装款式系在一段布料上开孔，作为领口，穿着时从头上套下，前襟为一整块；另有若干服装款式的上衣为对襟，分为左右两片，襟线在上衣正中部位，左右两片大襟对称；又有若干服装款式上衣的前襟虽然也分为左右两片，但左前襟大于右前襟，襟线从领部向上，至右肩窝处向下斜至腋下，再从腋间直下。下装主要是百褶裙、

🔺 苗族服饰（花溪区）

桶裙、旋裙等，数量很少，另有部分下装为长裤。苗族女装重装饰是苗族服饰最突出的特点，装饰有银饰、刺绣、挑花、织锦、蜡染等。

贵阳苗族服饰（乌当区）

2007年被列入贵州省第二批省级非物质文化遗产代表性项目名录。居住在卡堡苗寨的这支苗族自称为"印苗"，因其上衣的图案而得名。印苗服饰分男女两种，男性服饰为简单的青蓝布长衣，绣有大小不等方形图案。女性服饰较为复杂，包括上衣及百褶裙，在上衣的背上绣上四方印的图案，衣襟处缝上两条绣花的飘带，下装用染好的布料折成百褶裙，上面染上漂亮的蜡染图案和花纹，加上同样或画有花纹的围腰和腰带。用老土布做绑腿，绑在小腿上部，再用一条绣有花纹的白带子拴上。脚穿自绣的花鞋，配上用头绳于靛蓝色的纱布在头上盘成一个直径约20厘米的圆盘状罗圈的头饰。

苗族服饰（乌当区）

偏坡布依族服饰（乌当区）

2007年被列入贵州省第二批省级非物质文化遗产代表性项目名录。偏坡布依男女服饰喜用蓝、青、黑等颜色布料缝制。青壮年男子服饰多穿对襟短衣或大襟长衫、长裤；老年多穿大襟短衣或长衫；中、老年妇女仍保留传统的布依服饰，头缠蓝、黑布如帽状，上装穿青、蓝色无领对襟短衣，衣宽袖大，沿右衽镶一道花边，托肩镶一道花边。习惯上内衣袖口较外衣袖口长而小，外衣则大而短。外衣袖口绣织的花纹，十分讲究，鲜艳美观，衬托重叠协调，醒目耐看，下装穿蓝、黑色长裤，裤脚镶 1—3 道花边。腰缠青布围腰带，末端有耍须或多各色绣花围腰。颈部戴银项圈 1—2 个，手指戴戒指，脚穿翘鼻绣花鞋。

🏠 偏坡布依族服饰

苗族服饰（开阳县）

2009 年被列入贵州省第三批省级非物质文化遗产代表性项目名录。苗族妇女上身一般穿窄袖、大领、对襟短衣，下身穿百褶裙。苗族男子的装束则比较简单，上装多为对襟短衣或右衽长衫，肩披织有几何图案的羊毛毡，头缠青色包头，小腿上缠裹绑腿。开阳县苗族服饰主要靠一些刺绣来美化自己的服饰，且由于与布依族长期杂居，受布依族文化影响，服饰的图案和颜色变得更加鲜艳，服饰的识别功能渐渐弱化。

苗族服饰（修文县）

2009 年被列入贵州省第三批省级非物质文化遗产代表性项目名录。（1）苗族服饰（平地青苗）：妇女所穿的衣服当地人称为"环衣"，即"贯首衣"。挑花是苗族刺绣独特的一种刺绣方法，这种技艺在当地以婆媳相传的方式进行传承，其图案简洁明快，对称和谐，装饰性极强，所绣图案内涵包含了象形文字的含义。平地青苗完整地保存了青苗的民族文化、民族记忆，青苗服饰是其文化的重要符号之一，是他们文化的重要载体。（2）苗族服饰（六桶黄金花苗）：用人工种植的火麻提取麻，用麻纺成纱，上织布机织成布；用黄蜡在织成的布上绘制图案，制成普通蜡染或彩色蜡染；在绣床上用麻和染色的羊毛编织成花带，在织成的土布上用各色彩线织成具有花苗服饰特色的几何形图案；最后将蜡染、编织的彩带、绣片缝制成一套完整、美丽的花苗女性服装。

苗族服饰（清镇市）

2015 年被列入贵州省第四批省级非物质文化遗产代表性项目名录。四印苗妇女的盛装包括头帕、衣服、裙子，均为手工制作。衣服上所绣的花叫"八角花"，同时分别在胸前、两袖和背上各绣一个形如大印图案，共四个大印绣花图案，作为"语言"来传达、传递和传承本民族的历史和文化信息，图案的走向和他们跳场的走向一致，四印苗有意识地借助这个特殊的服饰图案记录了本民族悠久的族源史、悲壮的战争史、艰辛的迁徙史和艰难的生存史。

苗族服饰（清镇市）

苗族服饰（息烽县）

2015 年被列入贵州省第四批省级非物质文化遗产代表性项目名录，包括上衣、裙、绑腿带等。息烽苗族有大花苗、小花苗、青苗、川苗等，其中青苗的服饰以青色为主，大花苗和小花苗以红黑为主，川苗以白青色为主。青苗的花飘带、背扇、环衣最有特色。花飘带是苗族服饰中不可缺少的一个重要组成部分，也是苗族青年男女定情的信物。息烽苗族服饰的图案多取材于环境、地理、神话传说，以及大自然中的花、鸟、鱼、兽等，其构图多采用高度图案化，讲究对称之美，多通过刺绣进行服饰组合。刺绣在技巧上广泛应用飞针、跳针、梭花、堆花、背针、蜡染、数纱织花、插花等工艺，使画面层次丰富，形态逼真。

"歪梳苗"盛装制作（清镇市）

2015 年被列入贵阳市第四批市级非物质文化遗产代表性项目名录。清镇市歪梳支系苗族，因妇女梳歪髻，上插木梳而得名。歪梳苗服饰，有别于其他苗族支系，她们衣着华丽鲜艳，如同美丽的凤凰。歪梳苗盛装，分为头饰、上衣、裙衣、围腰四部分组成。歪梳苗最明显的特征就是妇女的头饰打扮，头饰有歪角头和蜗牛形头，少女护长发在头顶左上方把头发绕成卷固定插上"月牙"形木梳或套上刺绣图案的装饰套；中青年女性掺黛假发，从头的右后边往前额缠绕，在左后边与发首交叉固定，形成锅圈状，头发的右侧戴木质绘有图案的"月牙"形木梳。

🏠 "歪梳苗"盛装制作

布依族服饰（贵阳市）

2020 年被列入贵阳市第六批市级非物质文化遗产代表性项目名录。贵阳布依族同属黔中（第二）土语区，布依族服饰各地大同小异。男装主要分对襟短衣和长衫两种，穿抄腰大筒裤（现改为束腰直筒裤）；女装分"素装"和"盛装"。一套完整的盛装包括头帕、上衣、围腰、围腰带、抄腰大筒裤、绣花鞋等。其色彩多喜用蓝、青、白等色，服饰典雅婉约、古朴庄重，镶绣花纹图案，花色层次重叠和谐。贵阳布依族的儿童服饰以其帽子和"口水兜"最为特别和精彩。布依族服饰集纺织、印染、挑花、刺绣于一体，技法、图案多种多样，是布依族人民勤劳智慧的结晶，是布依族群众丧葬祭祀、婚姻礼俗、节日庆典的重要标识和象征表达。

制作技艺

皮纸制作技艺（乌当区）

2006 年被列入首批国家级非物质文化遗产代表性项目名录。乌当区香纸沟皮纸正是科学古籍《天工开物》中所记载的"造竹纸"，整套操作过程包含伐竹、破竹、沤竹、蒸煮、碾篾、提浆、抄纸、烘晾等七十二道工序，与《天工开物》记述的蔡伦造纸术几无二致。其纸质绵韧，纸面平整，有隐约竹帘纹，色泽金黄、艳丽，吸水性好，因造纸时加入香叶，故作冥纸焚烧时，呈灰白色，并带有淡淡的清香味。

新堡造纸（皮纸）作坊

苗绣（花溪苗绣）

2006 年被列入首批国家级非物质文化遗产代表性项目名录，为贵州民族民间艺术的重要种类之一，主要用于服装装饰，其用彩色丝线在麻质底布上挑绣出规整的图案。花溪苗族挑花有追念先祖、记录历史、表达爱情和母性、美化自身的功能。独特的挑花贯首服也成为这支苗族的识别标记和民族凝聚力的象征。

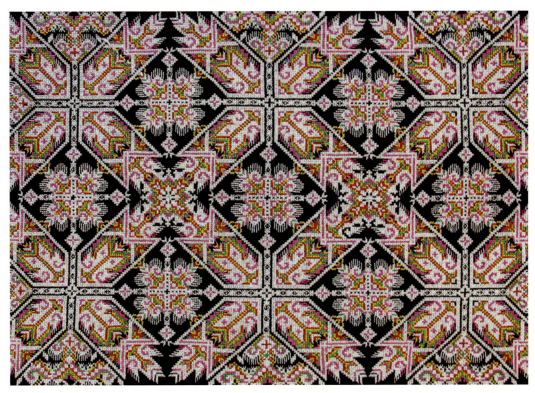

🏠 花溪苗绣绣片

罗吏目布依族龙制作技艺（南明区）

2007 年被列入贵州省第二批省级非物质文化遗产代表性项目名录，为贵阳市南明区永乐乡罗吏村唐氏一家世代相传，其源于玩龙，又称戏龙和舞龙。其制作历史悠久，工艺繁杂，制作需 20—30 天，是传统的民族民间技艺，过去是由纸制作，到 20 世纪 80 年代为精制的绸布料缝制，绘上花纹，一是美观、大方，二是便于参加各种赛事和庆祝活动。

高坡苗族银饰制作技艺（花溪区）

2007 年被列入贵州省第二批省级非物质文化遗产代表性项目名录，已有几百年历史。除加工制作苗族嫁妆必需的银饰外，还制作手镯、项圈、耳环等以满足其他民族的需要。迄今，高坡苗族银饰制作仍代代相传，保持着苗族经典的银饰加工艺术。整个银饰制作要通过熔银、焊接、塑模、压、刻、镂、鎏等繁复工序，最后成品。

布依族纸染绣花制作技艺（花溪区）

2007 年被列入贵州省第二批省级非物质文化遗产代表性项目名录，是布依族传承保留至今的独有的传统纸染绣花技艺。体裁有床单、被面、帐沿、枕巾、背扇等生活用品，制作

器具和材料有剪刀、针、线（棉质）、
白棉布、白棉纸和染料等。制作过程
是先用白棉布打底，再用毛笔先将要
染的花样画于白棉布上，再用白棉纸
剪成一指宽纸条，捻紧后缝于所画花
纹上。

布依族马尾绣（贵安新区）

2019 年被列入贵州省第五批省级
非物质文化遗产代表性项目名录，是
以马尾作为重要原材料的一种特殊刺
绣技艺。其制作技艺与方法是选布料：

🔺 布依族纸染绣花

将传统刺绣或剪纸纹样贴到布料上，取 3 至 5 根马尾做芯并外用白色丝线缠绕成绣线，用绣
线盘绣于传统刺绣或剪纸纹样轮廓上，用彩色丝线编为扁形彩线填绣在轮廓中间空位，其填
绣工艺多采用打籽绣法或乱针绣法。布依族马尾绣主要用于制作背扇、围腰、胸牌、童帽和
荷包等，也用于装饰民族服装。

🔺 布依族马尾绣

布依族幡书制作工艺（南明区）

2007 年被列入贵阳市首批市级非物质文化遗产代表性项目名录，流传于贵阳市南明区
凤凰哨陈姓，元末明初由江西迁入贵州，传承至今。其传承人 84 岁的陈朝君用布依语音汉

字手抄有一本《幡书》，现已成孤本。祭文《幡书》由幡和书两部分组成。幡用约 30 厘米长稻草和白纱线编织而成，形状拟似阶梯，象征亡魂通往天国的意思。书分为手写和口述两部分，"幡书"即亡灵上天堂的通行证。通过对《幡书》的诵读对所祭亡灵在天之衣食住行进行安排，表示为其置备了土地、房屋、衣服等生活所需器物，表达了对亡者的关怀和遵从。

木头寨布依族服饰制作工艺（南明区）

2007 年被列入贵阳市首批市级非物质文化遗产代表性项目名录。布依族服饰刺绣是随其民族自身的历史渊源和民俗方式、传承延续而来，没有文字记载，也无历史可查。布依族刺绣历史悠久，是传统的手工艺术，刺绣图案多以花、鸟、文字为主，以青、蓝、白三色为基本元素。男子缠头巾、穿对襟短衣或长衫，与汉装有较明显差异，妇女服饰朴实简练，风格各异，其领口、盘肩、衣袖、衣脚边沿用织锦、蜡染和各色刺绣图案镶制，自制的刺绣花边是布依族服饰的主要特点，布依族妇女胸前还有一块粗制的围腰，围腰顶端及两边多用刺绣花边镶嵌。

苗族刺绣技艺（开阳县）

2009 年被列入贵阳市第二批市级非物质文化遗产代表性项目名录。开阳县苗族刺绣有平插、挑花、盘花等技巧，先是用白色的布绣成小块图案后，再一小块一小块地拼成大的方

苗绣传承

形和菱形图案，镶在上衣的前胸、衣襟、衣袖和衣背之上，唯独苗族姑娘的帽子变化多端，帽檐上的图案一律由剪贴盘花的云纹图案组成，帽顶花纹多为平绣加盘线的针法，图案是变形的蝴蝶和莲花，展示苗族纺织、刺绣等传统工艺的服饰文化，反映了他们对生活、对大自然和本民族文化的热爱和崇奉，是人类原始阶段形成民间艺术的传统形式。

苗家梳艺（花溪区）

2018 年被列入贵阳市第五批市级非物质文化遗产代表性项目名录，是贵州苗族民间的一项传统制梳工艺，做工精细，制作工艺流程复杂，主要有选料、倒模、打磨、绘纹样、找平、修齿、修整、抛光等有 20 余道工序。梳文化是中国传统文化的代表之一，贵州苗族是保留传统梳文化最完整的少数民族，苗族女盛装时，都用梳子作为装饰或祈福佩于身上。同时苗族制梳工匠还在梳子上绘制一些花鸟，用苗族特定图腾来表达自己的情义与愿景。对苗家女子而言，苗家梳艺是祈福的象征、是爱的延续，它对于研究苗族历史文化具有非常重要的价值和意义。

苗绣（观山湖区、清镇市、贵安新区）

2020 年被列入贵阳市第六批市级非物质文化遗产代表性项目名录。

1. 苗绣（观山湖区）：主要是挑花绣，这是一种在苗族当中也十分具有代表性的绣法。一般以青蓝为底，用十字针法为基本针法，数纱而绣，不用底稿，全凭挑花者自身的想象力和记忆力来完成，反面挑正面看。图案纹饰以几何纹为主，均匀对称，布局合理。四印苗的刺绣技艺丰富了四印苗的服饰文化。四印苗的服饰别具特色，相对于周边青苗、花苗等其他苗族支系更为传统，也较为文雅，体现着浓郁的四印苗的民族特点。刺绣的纹样都是上一辈传下来的，四印苗服装上的"印章"是其服饰蜡染刺绣图案的基本内容，大领对襟短上衣，上衣胸前和背部分别有四个"印章"的挑花刺绣图案。服饰上除了四印苗的"四个印章"外，还绣有四角花、八角花、狗脚印、螺丝纹、锯纹、几何纹、水波纹、辫绳等图案。构图明朗、朴实大方，每个图案都有其来源及象征意义。

2. 苗绣（清镇市）：主要的绣法是数纱绣，不画图，利用布的经纬线挑

🔖 苗绣（观山湖区、清镇市、贵安新区）

绣，出针入针讲究精确地数清底布织物的经纬线，确保长短精确，反挑正取，形成各种几何纹样。一般刺绣于平纹底布上，构图对称均匀，纹样亮丽。由于数纱绣对绣工的要求非常精细，因此制作过程比较繁复。数纱绣的精妙之处就在于刺绣图案的时候严格按照几何学上的对称性进行，每一次下针，都要精确地数清楚底布织物的经纬线，讲究一针不多一针不少，才能保证图案准确无误，形状规整。否则，一旦一根经纬线对不上，图案就扣不上去，必须拆开数清后再重新刺绣。数纱绣图案兼具复杂与和谐，具有几何纹样的构图特性，讲究对称均匀，主要分为框架、装花两个部分。刺绣时，一般先从布的中央开始，数清布的经线、纬线，按照一根经线搭一根纬线、一根纬线搭一根经线的方法，按照几何纹样图形先绣好图案的主体框架（又叫搭架子），然后再将花绣到主体框架里（又叫装花）。装花图案主要为须须苗日常生活中各种植物、动物、昆虫、物件等经过抽象提炼转为可操作的对称几何图案，植物图案如刺梨花、豌豆花、百合花、蝴蝶花等，动物图案如马、狮子、螃蟹、鱼等，昆虫图案如蝴蝶等，物件如花钵、银锁、钩钩等，多达几十上百种，但数纱绣的装花图案多以刺梨花为主。装花时，或以单一的花绣成一个图案，或将几种花组合镶在一个图案内。其色彩自由搭配，注重色彩细节上的变化，多以优雅的淡紫、深紫、深墨红为主要色调，很少使用渐变色。

3. 苗绣（贵安新区）：主要的绣法是挑花绣，主要分布在（花）苗族聚居的地方，在贵州省黔东南、凯里、铜仁、黔南、贵阳、安顺等地的花苗族聚居地都存在，在贵安新区马场镇主要分布于凯掌村和新寨村，其他村寨只要有花苗至今都还完整保留着挑花绣技艺的传承。挑花绣主要用不同颜色的线在头巾、衣服、肩带、裙子、背披、围腰（苗族叫裤带）、裹脚、鞋子上绣出精美的图案，其题材选择丰富，但较为固定的有龙、鸟、鱼、花卉、蝴蝶，还有反映苗族历史的画面，不仅立体感强，而且穿戴上以后光彩夺目，引人注目，使平淡无奇的服装变得美观、华丽。

民族歌舞

苗族猴鼓舞（花溪区）

2007 年被列入贵州省第二批省级非物质文化遗产代表性项目名录。苗语为"大愣婼"，起源于苗族关于"洪水滔天"的传说，最初用于祭祀、丧葬礼仪，后随社会的不断发展和进步，逐渐演变成苗族所特有的文化娱乐活动，成为苗族人家用来喜庆丰收、欢度节日和歌颂美好生活的传统民族舞蹈。一鼓（木鼓）多笙（芦笙）的猴鼓舞由一男子击鼓，多名男子吹笙，多名女子持巾踩着鼓点而舞。其特点是队形变换多样，有一字横队、两路重队、八字队形、跳扇形、双穿花形等。另一特点是动作丰富，主要有"甩手顶胯""拍手跳""四步跳""摆手跳""牵手""对脚跳""叉腰顶胯"等，舞蹈节奏流畅，速度轻快。

苗族猴鼓舞

苗族花鼓舞（乌当区）

2007 年被列入贵州省第二批省级非物质文化遗产代表性项目名录。小尧苗族在清乾隆年间每年正月初七都举行"跳年"活动，他们用自制的牛皮大鼓敲击鼓点，男人用芦笙伴奏，边吹边舞蹈，女子则围绕着鼓和芦笙舞蹈。后为躲避朝廷的追杀，这支苗族四处逃难，途中一位德高望重的老人不幸从高山上摔下，卡在树枝上死去，为保全老人尸体的取回，族人们用木盆代替鼓，用竹筒代替芦笙，以"跳年"的形式不停地吹、打、跳驱赶鸟兽。小尧定居后，苗族同胞不再进行跳年活动，为了不忘记先祖和自己民族的文化以及纪念在迁徙中死去的这位老人，每逢寨上有老人过世或后世子孙请先祖回家的"出灵"祭祀活动，大家聚在一起，在掌坛师做完"法事"后跳舞，用此形式迎接迁徙而来的祖先亡灵。

卡堡花棍舞（乌当区）

2007 年被列入贵州省第二批省级非物质文化遗产代表性项目名录。由狩猎和御敌演变而来，最初主要用于纪念"印苗"的祖先，如召唤亲人或婚丧嫁娶，现已逐渐成为独具特色的迎宾礼仪舞蹈。表演前，由寨老们焚香点烛举行传统的祭祀仪式，接着唢呐、芦笙、鼓钹齐鸣，人声鼎沸，队员们身着节日盛装，踏

卡堡花棍舞

着轻快跳跃的步履上场。由唢呐手所奏乐曲指挥舞蹈节奏的变换和队形的组合，一首乐曲为一套动作伴奏，曲变舞变，舞者右手执花棍，用棍的两端击打两胯两肩双脚和用棍头棍尾击打地面。不同的"击打"使舞姿变化万千，各种不同击点的巧妙组合又使舞者形象生动活泼，舞步流畅优美。

苗族芦笙舞（观山湖区）

2007 年被列入贵州省第二批省级非物质文化遗产代表性项目名录。是四印苗同胞千锤百炼流传下来的非物质文化遗产，具有广泛的群众基础和较高的艺术表现形式，代代流传，它是苗族人民热爱生活、讴歌人生的一种形式。它融合了花鼓和芦笙的一种民间舞蹈，集乐器、舞蹈于一体，其形式丰富，通俗易懂，曾经广为流传。它体现苗族同胞男女平等，追求自由和爱情的一种理想。

　苗族芦笙舞

苗族斗角舞（修文县）

2009 年被列入贵州省第三批省级非物质文化遗产代表性项目名录，是对祖先先王蚩尤充满了怀念和崇敬之情的祭祀舞。人们以双手持牛角立于头顶，以此表示这支苗族分支是蚩尤的后代；同时也表达了苗家人对牛的崇拜，是苗族精神的载体和力量的象征。舞蹈主要是以男为主，女为辅的表现方

　苗族斗角舞

式，通过对牛的相持对峙、步履稳沉、机警彪悍、翻滚、叠罗汉等技巧和竞技等动作的模仿，表现苗族人民在遇到敌人英勇善战，遭遇艰难险阻，无所畏惧的精神。

苗族夫妻舞

2009年被列入贵州省第三批省级非物质文化遗产代表性项目名录。夫妻舞是集芦笙吹奏、舞蹈表演于一体的原生态苗族舞蹈，是老百姓农闲之余，自娱自乐、祈福祭祀时的一种舞蹈表达。舞如其名，夫妻舞是以一男一女为一组，而这对男女必须是夫妻关系，才能跳这种独特的舞蹈。表演时，男舞者手执芦笙，一边吹奏，一边左右或上下摆动芦笙，女舞者则随着芦笙节奏或摆手或拍手或甩手；男女舞步均为四步、二步和八步，多以四步为主。每对夫妻的动作和位置都是固定的，自己跳自己的一部分，独立又完整。整个舞蹈以"爱情"贯穿，表现了苗族男女从相识、相知、相恋，直到相守一生的浪漫过程。

布依族土歌（南明区）

2015年被列入贵州省第四批省级非物质文化遗产代表性项目名录，即用布依语演唱的布依族民歌。布依族人民喜欢唱歌，各地民歌曲调不尽相同，同一地区的民歌，也因歌词内容、演唱场合和歌唱方式的不同而有不同的曲调。布依族土歌是一种韵文体，是布依族的古史歌或史诗，是布依族口头和书面文学的共同源头，是布依族的一部百科全书，反映了布依族先民的宇宙观、思想感情和审美趣味，客观再现了远古社会的历史风貌，荟萃了布依族人民的思想文化精华。

■ 布依族土歌演唱

石硐苗族芦笙舞（息烽县）

2013年被列入贵阳市第三批市级非物质文化遗产代表性项目名录。是苗族传统礼仪中的代表性簧管乐器舞蹈，一般在苗族丧葬祭祀和节日中演奏。在丧葬、祭祀中吹奏严肃，曲调固定，表达家属亲友对逝者的哀思；在节日和喜事中演奏，曲调欢畅，吹跳结合，很有韵味。石硐苗族芦笙舞有立锅桩、倒背人、斗鸡、寒基步、三步半、滚牛皮、踩潭沿、爬杆踩碗、勾脚、对脚、转圈和翻板凳等牌目，表演技艺高，表情丰富。

🏠 息烽县石硐苗族芦笙舞

苗族钉耙舞（贵安新区）

2020年被列入贵阳市第六批市级非物质文化遗产代表性项目名录。是苗族在重大节日，祭祀活动时用来表演的一种舞蹈，在贵州花苗中已经传承了几百年的历史，是花苗特有的一种习俗，是在生活、生产和抵御外敌中形成的。体现了花苗对社会价值的认可和尊重，是苗族死者的最高荣誉。钉耙舞的表演顺序为：首先出场表演的是弓、第二出场是双节棍，第三出场表演的是刀和铜，第四出场表演的是耙，第五出场表演的是钗，第六出场表演的是棍，也可以同时出场表演。

仡佬族苦歌（贵安新区）

2023年被列入贵阳市第七批市级非物质文化遗产代表性项目名录。苦歌是仡佬族人述说人民生产生存的艰难困苦，贵安新区狗场村的仡佬族苦歌主要为清唱，不用任何乐器伴奏，声音苍凉而低沉，常以问答形式出现，多用比喻的手法，风格淳厚朴实，是对历史上所受阶级压迫和民族剥削的一种情感宣泄。目前，当地仡佬族苦歌这一文化形式仅有寥寥几人能比较完整地吟唱，其他区域暂无明确记载。每到仡佬族吃新节活动或参加当地重大文化活动时，仡佬族人便会吟唱。仡佬族苦歌以朴实的手法、生动的语言与巧妙的想象、大胆的比喻著称，积淀着仡佬族人对社会与大自然的认识实践和生命体验，反映崇德尚智的民族性格与质朴的自然审美观念，其承载的文化内涵已经成为仡佬族凝聚力和认同感的标志。

花溪芦笙花鼓舞（花溪区）

2013年被列入贵阳市第三批市级非物质文化遗产代表性项目名录。芦笙花鼓舞以跳、吹芦笙、击鼓等有机结合而成，特点鲜明，形式独特，节奏明快。参演人员共计24人，四女双手持鼓棒，四男手携鼓，四女双手持手帕，四男吹芦笙，参演者年龄最大72岁，最小十几岁。跳者与击鼓者配合默契，边击边跳，姿态不一，整个舞蹈动作灵巧多变极具特色。击鼓方式不一，有跳而击、定而击、左右击、旋转击，芦笙吹手与手持手帕者穿插而跳、对跳、女围男跳，气氛热烈，场面热闹，队形多变，有横队、纵队，呈三角、弧形、圆形等队形，舞蹈节奏流畅，速度较快，显示了欢乐的气氛。

布依民歌"三滴水"调（乌当区）

2023年被列入贵阳市第七批市级非物质文化遗产代表性项目名录。"三滴水"调源于清朝中期，最初为人们在野外劳作舒缓疲惫、触景而发的情感表达，后为未婚男女在山间深谷谈情说爱的对歌，时称布依山歌，室内外皆可唱。演唱地域为高山深谷，因此音调高而尖，歌词讲究押韵，每首一般为七言四句，唱时为三顿一停，悠扬婉转、抑扬顿挫，穿透力和节奏感强，又有吟诵古诗的韵味。演唱时只能用汉语唱，又称"明歌"。歌词内容为未婚青年谈情说爱的恋情歌；劳作歇息或行走时表达对劳动生活抒情歌；室内交朋友、结亲戚对唱；挑花刺绣、缝衣纺线时情不自禁地演唱，可一人唱也可多人唱。布依民歌"三滴水"调是布依人传诵民族文化的一种独特方式，其吐字清楚，表意明白，是本区域布依人热爱生活、联络感情、增进交流、传播民族文化和生产生活信息的重要方式，对于研究布依民族生产生活、历史文化、原生音乐等方面都具有重要价值。

🔺 布依民歌"三滴水"调演唱

传统戏剧

蓬莱布依地戏（白云区）

2007 年被列入贵州省第二批省级非物质文化遗产代表性项目名录。以"说、唱、跳（演）"为一体的大型综合艺术形式，是古老的面具院落舞，只跳一天，其内容特殊，原始而古朴，整套舞蹈即具有宋代歌舞"歌者不舞，舞者不歌"的遗风，也具有武王伐纣时期的"前歌后舞"的风格。内容包括：一、开箱、请神；二、出兵、点兵；三、祭山王；四、拜土地；五、开财门；六、搭台跳戏；七、扫场；八、收兵、点兵；九、关箱、吃跳戏饭，关箱即为整个活动结束；其后便是喝跳戏酒、吃跳戏饭，有庆祝圆满之意。

蓬莱布依地戏

体育武术

仡佬族"打篾鸡蛋"（贵安新区）

2007 年被列入贵州省第二批省级非物质文化遗产代表性项目名录。"打篾鸡蛋"，又称"打篾球""打竹球"，因其是用竹篾片编成的圆球，因形似鸡蛋而被称为"篾鸡蛋"，是仡佬族独有的一种传统民族文体活动，在贵州省贵安新区高峰镇狗场村，打篾鸡蛋已有数百年的悠久历史，它融体育和娱乐为一体，集庆礼与竞技于一身，充分反映了仡佬族丰富而独特的民族文化精神。

布依族铁链械（贵安新区）

2009 年被列入贵州省第三批省级非物质文化遗产代表性项目名录。是流传于贵安新区湖潮地区的一种传统的男性舞蹈。生活在花溪区湖潮乡新民村寅贡的布依族民众，每年的正月十五跳地戏前，都要举行开箱仪式，寨老净脸净手，在屋内摆设香案，杀鸡敬神，祝福祈祷后才开箱启用。请出脸谱、铁链械及服装道具。表演者着装绕村寨一周，遇到山神菩萨或土地祠，均要停下参拜，称之为"参神"。待参神之后方可进场表演。其动作特征主要是双手转动两根用铁环连接的木棒，使它在头上、肩上、腰上、胯下、背上，或左、右侧、背后等处飞快转动。主要动作有："雪花盖顶""颈上飞花""苏秦背剑""黄龙缠腰""古树盘根""蛟龙摆尾""背上飞龙""鱼跳龙门"等动作。舞动时，显示出"威武、彪悍、沉稳、雄健"的风格。表演结束后，举行扫寨仪式，再着装绕寨一周，请道具回箱。

■ 布依族铁链械

新场可龙红灯戏（乌当区）

2009 年被列入贵阳市第二批市级非物质文化遗产代表性项目名录。可龙布依族的祖先们，用木棍、大刀及自制的土枪，练习武艺来保护村寨。官兵白天来骚扰，布依族人就迅速躲进深山老林中。官兵晚上来，他们就设下埋伏，挖好陷阱，由寨中头人用大红布蒙住竹做的灯笼发出联络信号，指挥战斗，多次打败官兵，保住了村寨。年长日久，陈姓族人发展成了人口众多的可龙八寨，陈姓祖先定下的"跳红灯"以及操习武艺的规矩就辈辈流传了下来。

可龙"红灯戏"主要是在春节期间夜间表演，它以"灯""戏"为一体，以锣、鼓、镲、二胡相融，音乐内容丰富、完整，打击乐器保留了较为古朴的风格。表演时气氛热烈、节奏欢快，唱词有"九板十三腔"，曲调特征明显。

傩仪刀技（云岩区）

2013年被列入贵阳市第三批市级非物质文化遗产代表性项目名录。是一项苗族绝技，其传承是以口传心授为主。其传承人吉靖羽是苗族，原名龙光清，1961年出生于铜仁松桃县世昌乡（现花溪乡）甘溪村一个巴狄世家，为第二十八代传人。吉靖羽自幼习武，研学傩戏，特别对免租傩戏中的"拘轧力""搭铬能"两种技法作了深入研究，并从祖辈巴狄技法中研创了"上刀山、下火海"，同时组建了中国第一支"上刀山、下火海"民族绝技表演队。

傩仪刀技

苗刀武术（南明区）

2020年被列入贵阳市第六批市级非物质文化遗产代表性项目名录。苗刀主要分为刀柄、护手和刀身三部分。其中刀身部分又可分成刀尖、前刃与后刃三个部分，因其刀身修长形似禾苗，故名为苗刀。苗刀武术介于刀和枪两种兵器的混合使用，既可作刀用，亦可当枪使。苗刀不同于其他花刀，它主要以双手握刀，每招每式朴实、严谨，用起来以身催刀，刀随身转，逢进必跟，逢跟必进，进退连环，动作剽悍雄健，势如破竹。它善于连续进攻，攻中有防，千变万化。

苗棍（云岩区）

2023年被列入贵阳市第七批市级非物质文化遗产代表性项目名录，是云贵地区苗族武术的一种，主要分布在贵州省黔东南州和贵阳市一带。云贵一带的苗族通常称格斗、械斗为"舞拳舞棍"，其中"舞棍"的一种便是苗棍。苗棍具有气势刚烈、步伐稳健、招法多变、劲力突出、发招狠绝等特点。在使用招式时，会喊出苗语，使人感受到苗族文化的粗犷与豪迈。练习苗棍还能调节身体、修炼身心、伸筋活血、伸肩活臂，起到强身健体的作用。贵州的苗棍历史悠久，可追溯至清光绪年间，现已历经四代，传承一百多年。苗棍在传授时非常讲究武德教育，古往今来，师傅授艺之前都要徒弟在祖师灵前发誓遵守师训。

🏠 苗棍

音乐美术

苗族芦笙制作技艺（花溪区）

2009 年被列入贵州省第三批省级非物质文化遗产代表性项目名录。高坡具有历史悠久的苗族芦笙文化，迄今该地的芦笙制作已有 300 余年，芦笙作为高坡苗族人民习以为常和喜闻乐见的社交和娱乐工具，广泛地使用于当地苗族的重大节庆、丧葬、恋爱以及娱乐等活动之中，其主要分为大、中、小、儿童芦笙四种类型。

🏠 苗族芦笙制作

苗族木唢呐（清镇市）

2015 年被列入贵阳市第四批市级非物质文化遗产代表性项目名录，属吹奏乐器，苗语称"勒呐"，世代相传，由当地苗族男青年吹奏，只传男不传女。白苗木唢呐，分为长短两支合奏，缺一不可，按民间说法，阴阳相扣。短支为领奏（主旋律），高音（高八度），长支附和之，低音（低八度）。白苗木唢呐是苗胞喜闻乐见的民间吹奏乐器，在苗族人民的生活中占有重要地位，每当苗乡逢年过节、婚嫁喜庆等场合，都要吹奏唢呐助兴。应用最多的演奏形式是两人合奏，并配有小牛皮鼓、小钹伴奏，高低八度互相配合，音响高低此起彼落，对比强烈，乐曲动听。白苗的唢呐曲牌十分丰富，多为苗族民间艺人所作，具有鲜明的地方特色和民族风格。

苗族木唢呐吹奏

苗族口弦（清镇市）

2015 年被列入贵阳市第四批市级非物质文化遗产代表性项目名录，苗语称为"安江"，属拨奏体鸣乐器，距今已经有 500 年的历史。它小巧玲珑，被歪梳苗视为本民族"专利"，传内不传外。又因口弦是苗族男女青年传递感情、倾吐心声的媒介，所以被誉为苗族的"爱情信使"。口弦结构外形犹如一把利箭，由弦柄、弦身、弦锋三部分组成，用纯黄铜制作而成；口弦外配有弦鞘，弦鞘通常由竹子制作而成，长度以能完全装进口弦为宜，在鞘的表面用小刀雕刻有精美而细腻的各种花纹图案，主要起到一种装饰作用。

苗族姊妹箫制作技艺（清镇市）

2018 年被列入贵阳市第五批市级非物质文化遗产代表性项目名录，又名小唢呐，苗语称"占得息""力布""咪咪"，多采用两人吹奏或多人合奏的形式进行演奏。姊妹箫两支为一对，为水竹制成，每支箫有 6 孔，箫长 23 厘米，直径为 0.8 厘米。姊妹箫属气鸣乐器，演奏时竖吹，有 6 孔，音调较高，曲子通过口传心授而沿袭，注重口与手的配合协调。发音轻柔抒情，高音明亮，低音柔和。常用于独奏，也可合奏或为民歌伴奏，乐曲多为唢呐曲牌，有《迎亲调》《接客调》《离娘调》《马场调》《老洋调》等。每曲皆有唱词，曲调优美舒婉，情意绵绵。

簸箕画（乌当区、花溪区）

2018 年被列入贵阳市第五批市级非物质文化遗产代表性项目名录。古时候的布依族人，经常用簸箕来盛放糍粑，他们将打好的糍粑捏成各种形状，放在簸箕里，然后再撒上颜色，取出糍粑后簸箕里就留下了一些好看的图案，这就是最原始的簸箕画。簸箕画的绘画题材主要来源于当地布依族的民族传说、神话故事、当地民情、风俗习惯等，从簸箕画中可以探寻布依族的特色文化印记。清朝末年，当地布依族人罗凤益在前人基础上，发明并完善了"蒸煮、过火、上胶、勾线、上色"五大工序，使簸箕画能长久存放，周边村民纷纷效仿，逐渐形成了渡寨簸箕画的特色。

簸箕画

彝族二胡民间音乐（清镇市）

2020年被列入贵阳市第六批市级非物质文化遗产代表性项目名录，是由彝族二胡（四弦胡琴、小二胡）配以小鼓、小钹、箫等合奏的民族民间乐曲。它没有歌词，只有曲谱，由彝族人口传心授，代代相传并通过弦乐的演奏表现出来，是彝族民间一种特有的音乐表现形式。彝族二胡民间曲谱种类较多，现在演奏较为普遍的有花谱、草谱、老草谱、老谱等，花谱体现喜悦、高兴，草谱体现奔放、豪爽，老谱体现悲痛、励志。

彝族二胡民间音乐演奏

彝族二胡制作技艺（清镇市）

2020年被列入贵阳市第六批市级非物质文化遗产代表性项目名录，由弦轴、琴杆、琴筒、琴弦、琴皮、弦弓（具体分为弓杆、弓毛）、琴码、腰箍等八大部件组成。制作的材料有：竹子、硬质木材、蛇皮、马尾、丝线、桑树皮、高粱秆等。其主要构件的制作过程如下。（1）弦轴制作。弦轴又称耳朵，选用成年枇杷树木所制，主要用于调节高低调，分为手把、挂线杆两部分。（2）琴杆（琴柱）制作。大、小二胡的琴杆均选用优质金竹所制，杆身经多道工序打磨，光滑如玉，又不失竹节的优美。（3）琴筒制作。四弦胡琴选用优质的大斑竹作为琴筒，要求浑圆光滑、音色洪亮稳健。小二胡的琴筒则选用优质金竹制成，要求精致通透、音色清脆明亮。（4）琴弦。琴弦原本使用天然蚕丝线制作，现大多选择经久耐磨的牛津尼龙线制作琴弦。（5）琴皮。琴皮选用当地常见的乌梢蛇、菜花蛇七寸以下部位的蛇皮，用鸡蛋清精揉搓加工后，蒙在已打过孔的琴筒上，用工具固定，自然阴干，经过15天后方能拆除固定工具。其制作完工后就是安装，全过程前后历时20余天、经100多道工序精加工而成。

横箫制作技艺（乌当区）

2020 年被列入贵阳市第六批市级非物质文化遗产代表性项目名录，是贵阳地区青花苗文化的重要表征，当地特有的乐器。不同于西方音域定音相推，以自己的习惯音高来定音，用声音传达苗族语言。音色优美柔和，音质纯正悠扬，选材考究，工艺精细，具有独特的民族风格，具有较高的民族历史文化价值；在表演吹奏方面把词、曲、舞三者融为一体，保持了贵阳地区青花苗历史文化艺术的原始性、古朴性，蕴涵着丰富的艺术基因，具有很高的工艺美学价值，是极其宝贵的文化遗产；苗族横箫，更是贵阳地区青花苗男女青年恋爱生活中的重要"媒介"，始终与苗族生活、文化样式生息共存，集中反映了苗族人民的生产生活、风俗习惯、宗教信仰以及民族审美等，具有重要的社会艺术价值。

🔹 横箫演奏

苗族木鼓制作技艺（乌当区）

2020 年被列入贵阳市第六批市级非物质文化遗产代表性项目名录，是一种民间传统打击乐器，苗语称之为"啰"。乌当一带的青花苗支系最早的木鼓只有大鼓，主要用来祭祀，是当地苗族人祭祀祖先、祭拜山川等时的礼器和通灵法器，是不能随便敲响的。苗族木鼓的制作，需要先准备梓木树段、牛皮以及竹钉。劈去树皮毛边，找圆心，再用凿子一点点凿开，形成外形完整的中空木腔，清光备用。干牛皮提前浸泡，使之润透，将鼓腔置于自制"凳子"

上，用竹制楔子钉定位后逐一均匀、整齐固定牛皮，鼓腔两面均用牛皮完全封闭，木鼓制作完成。

布依族姊妹箫制作技艺（乌当区）

2023年被列入贵阳市第七批市级非物质文化遗产代表性项目名录。姊妹箫是贵州民间单簧吹管乐中最为普及的一种乐器，偏坡乡布依语称"艾波几塞"，长约20厘米，上钻6孔，通常为两支长短、粗细、音高相同的箫管并扎而成，故称之为"姊妹箫"。其外观简单，制作上却有着许多讲究。制箫使用当地出产的水竹、毛竹。姊妹箫发音轻柔抒情，高音明亮，低音柔和，音色甜美。年轻人用以抒情示爱，老人用以休闲自娱，孩童们则把它作为可以发声的玩具。姊妹箫乐曲除以姊妹为名的各种姊妹调和名目繁多的山歌小调外，大多为当地流行的唢呐曲牌。青年男女社交活动中吹奏的是《喊娘歌》《玩耍调》等言情示爱的小曲，在喜庆场合吹奏的多为《迎客调》《闹元宵》等唢呐调，在休闲聚会时，吹奏的是专供箫演奏的《姊妹调》《过街调》等花灯小调、山歌杂曲以自娱。姊妹箫可独奏、双奏、可多人合奏，自成音律，也可为民歌伴奏或与长号、木叶、唢呐等其他器乐配合演奏。

布依族姊妹箫制作

木叶吹奏（花溪区）

2023年被列入贵阳市第七批市级非物质文化遗产代表性项目名录。以树叶为乐器吹奏乐曲，在贵州各民族特别是布依族中广受欢迎和喜爱，青年人常用木叶吹出乐曲表达对心上人的爱慕。其吹奏的方法是：两手捏住树叶两端，把叶片贴在两唇之间，将叶片卷曲少许，用适当的气流吹动叶片，使其颤动发出声音。通过嘴劲的气息控制，可以改变叶片的颤动频率，松则发音低，紧则发音高。一般来说，木叶选择香樟树的叶子最为理想，它韧性好，不容易折断，比较耐用。非常普通的树叶，也能吹奏出极为独特的其他乐器不能替代的音色，似海笛、唢呐等，既能演奏节奏明快的乐曲，又能演奏委婉缠绵的乐曲，还能模拟鸟啼虫鸣之声。

染织技艺

扎染（乌当区）

2020年被列入贵阳市第六批市级非物质文化遗产代表性项目名录，古称扎缬和夹缬，是织物在染色时部分结扎起来使之不能着色的一种染色方法，现今主要留存于乌当区东风镇石头寨。扎染工艺分为扎结和染色两部分，通过纱、线、绳、模具等工具，对织物进行扎、缝、缚、缀、夹等多种形式组合后进行染色。首先，以棉白布或棉麻混纺白布为原料，主要染料来自苍山上生长的蓼蓝、板蓝根、艾蒿等天然植物的蓝靛溶液，注到木制的大染缸里，掺一些石灰，就可以用来染布。其次，"撷"撮采线结之，而后染色。染后解其结，凡结处皆原色，余则入染矣，其色斑斓。最后，浸泡、晾晒。扎染的主要步骤有画刷图案、绞扎、浸泡、

扎染传承人在指导学生做扎染

染布、蒸煮、晒干、拆线、漂洗、碾布等，技术关键是扎花手法和浸染技艺。

蜡染（乌当区、清镇市、开阳县、观山湖区）

2020 年被列入贵阳市第六批市级非物质文化遗产代表性项目名录。古代称"蜡缬"，已有悠久的历史。蜡染的图案造型，以流水、花草、鱼、虫、禽鸟及几何图纹为主，取材十分广泛，造型不拘一格，极富浪漫主义色彩，艺术风格亦多姿多彩。有的造型生动活泼、流畅，且富于变化；有的则讲求构图工整严谨，突出对称；有的以几何图形为主体结构，如"四印苗"的大印图案。

土布制作技艺（云岩区、乌当区）

2020 年被列入贵阳市第六批市级非物质文化遗产代表性项目名录，也称"老粗布"，是几千年来世代沿用的一种手工织布技艺。布依土布制作工艺极其细腻、复杂，分为麻料、棉料两种。大致可以分为制麻线（棉线）、挽线、牵线、落线、上布床、织布、收线七步，且技巧性极强，许多制作过程难以言表，全凭言传身教以及个人悟性和长期实践的体会和历练才能掌握。土布制作技艺具有自纺、自织、自染的特征，整个过程为全手工劳作。布依土布织造技艺始终与布依族人生活、文化生息共存，贯穿于布依族人生活的方方面面，集中反映

土布制作

了布依族人的生产生活、风俗习惯、宗教信仰以及民族审美，具有重要的科学研究价值。

枫香染（乌当区）

2020 年被列入贵阳市第六批市级非物质文化遗产代表性项目名录，是一种脱胎于蜡染的传统纺染工艺，主要流行于布依族，主要留存于乌当区下坝镇中寨、新堡乡王岗等布依族地区。布依族人在长期的蜡染制作中发现蜡染有皲裂现象，逐渐摸索出了在画蜡中添加枫香油和牛油，解决蜡染这一缺陷的改良技艺。相较于蜡染，布依人更加偏爱枫香染。枫香染广

█ 枫香染

泛应用于日用床单、被面、帐檐、枕巾、挎包、头帕、背扇等。

土法染制技艺（南明区）

2020 年被列入贵阳市第六批市级非物质文化遗产代表性项目名录，主要是指苗族服装制作中的一种对布进行染制的方法，其制作程序主要为备料、染料配置、染制三个部分。传承方式主要是通过家庭妇女进行口口相传，并在传承过程中随着对自然的认识，不断改进工艺，添加各类材料，改变染制技艺，形成现在的染制技艺。

苗族挑花刺绣技艺（贵阳市）

2020 年被列入贵阳市第六批市级非物质文化遗产代表性项目名录。苗族挑花刺绣技艺历史久远，苗族、布依族的古歌中都有"绣花"的内容世代传唱。苗族挑花刺绣技艺是苗族历史文化中特有的表现形式之一，主要用于装饰衣领、衣袖、飘带、衣边、帐檐、枕套等，具

有追念先祖、记录历史、表达爱情和美化自身等功用。苗族挑花，因技法特殊而从刺绣中分离出来，一般以青蓝为底，用十字绣为基本针法，数纱而绣，不用底稿，全凭挑花者自身的想象力和记忆力来完成，反面挑正面看；苗族刺绣技法种类非常多，而贵阳苗族刺绣以平绣、套绣、剪纸绣、打籽绣、锁绣等技法为主。

食品制作

偏坡布依族土酒酿造技艺（乌当区）

2009 年被列入贵阳市第二批市级非物质文化遗产代表性项目名录，已有四百多年的历史。在这四百多年里，他们用自己地里生产的大米、糯米和高粱，以自制的烤甑、自研的酒药，用独特的井水酿制土酒。盛酒均用陶质缸。布依族几百年来都喜欢饮自己酿制的米酒，所以日常饮酒和请客送礼都被视为上等佳品。

丁氏苗族传统酸汤（云岩区）

2013 年被列入贵阳市第三批市级非物质文化遗产代表性项目名录，是苗家红酸和白酸的结合，色泽红润，酸中微辣，鲜香可口，沁人心脾。其制作技艺传承了贵州苗族历史悠久的制酸古法技艺，经过历代人的传承并通过对贵州苗族饮食文化的不断挖掘和整理，开发出了具有浓郁贵州苗家特色的丁氏苗族传统酸汤制作技艺。口感自然纯正，汤味清香浓郁，色红汁清，酸辣相宜，是贵州传统苗族代表性美食，至今已有三百多年的历史。

乌米饭制作技艺（乌当区）

2018 年被列入贵阳市第五批市级非物质文化遗产代表性项目名录。苗族人在制作乌米饭的过程中，发现乌米饭不仅口感清香，有淡淡的天然草药味，还比白糯米饭保存时间长，不容易变馊。又因为农历四月时节的乌饭叶正适合采摘，上色最好，所以，每年的"四月八"苗族同胞都要赶早蒸制乌米饭带上，背在褡裢里，作为一天的主食。该习俗一直沿袭至今。

花米饭制作技艺（乌当区）

2020 年被列入贵阳市第六批市级非物质文化遗产代表性项目名录。布依族花米饭是布依族先民在长期的生产、生活实践中，创造的一种用植物染色后蒸熟食用的传统特色饮食，一

布依族花米饭

直流传沿袭至今。乌当区下坝镇中寨的布依族人用自己家房前屋后随处可见的植物枫香叶、马桑叶、艾叶、杨梅、酸汤杆、花饭树、栀子等植物的叶、茎、根、花、果等不同部位，捣碎制作成染料，用糯米加以浸泡，制成红、绿、黄、蓝、黑以及多种层次的渐变色彩的花米饭食用，并以此为待客迎宾的特色食品。

张氏苗酒酿造技艺（乌当区）

2020年被列入贵阳市第六批市级非物质文化遗产代表性项目名录。以"草药代替酒曲""存储于溶洞之中""用药材泡酒"等工艺为特色，工艺流程包括：采集草药并处理、蒸熟玉米并两次发酵、蒸馏出酒、密封存储、配制并存储，以此形成了口感柔和，前浓、中甘、后香，甲醛含量极低，饮用后不头疼不口干，并具有一定药用功效的配制酒。其精益独到的酿造技艺，以口传心领、师徒相延的方式代代传承，张氏苗酒酿造技艺的原材料为当地优质玉米。

酸汤制作技艺（南明区、观山湖区）

2020年被列入贵阳市第六批市级非物质文化遗产代表性项目名录。（1）酸汤制作技艺（南明区）：是流传于贵阳市布依族百姓中的一种传统调味品，制作采用本地出产的小毛辣角（西红柿），洗净晾干水后，放入陶质大缸中，老酸起底，加入适量的盐、布依族米酒，密封发酵。发酵到理想的酸度后，即可食用。食用时，将菜油烧制好后，加入姜、葱、蒜炒出香味后，加入发酵后的酸小毛辣角（西红柿），一起炒制。最后加入清水或高汤，一锅可煮

🔺 酸汤制作

任何食材的、百搭的，具有布依风味的"布依酸汤"完成。通过布依酸汤煮制后的菜，酸中带甜、酸汤带有微微果味。（2）酸汤制作技艺（观山湖区）：主要是红酸汤。在贵州众多的美味佳肴中，红酸汤以其鲜红的色泽、浓郁的醇香、酸辣的滋味，让人津津乐道，千百年来长盛不衰。苗家红酸汤是贵州众多酸汤中的佼佼者。张氏酸汤制作技艺传承了贵州苗族酸汤数千年来的做法，同时也融入了张氏家族制酸的独家秘方，形成一套独特的制酸技艺，酿制出来的酸汤味道醇厚，具有"色泽亮红、汤汁鲜香、酸味醇厚、入口清香"的特点。

布依族糯米酒酿造技艺（花溪区）

2023 年被列入贵阳市第七批市级非物质文化遗产代表性项目名录，是贵州省民间米酒酿造技艺的重要种类之一，主要用于保健解乏、待人接客、祭祀等。酿造该米酒的主要原料为糯米、粘米和酒曲，经过浸泡原料、铁锅煮米或甑子蒸米、搅拌酒曲、密封发酵、倒甑酿酒、糯米泡制等多种酿造程序而成，成品为纯净透亮、入口香醇甘甜的糯米酒。

布依族糯米酒

冷吃牛肉制作技艺（花溪区）

2023 年被列入贵阳市第七批市级非物质文化遗产代表性项目名录。皮氏家族自曾祖父辈起即在花溪高坡乡从事活牛贩卖交易和屠宰。因敬奉祖先的祭奠习俗，皮家祖父自那时起就跟随父亲为祭祖仪式提供生牛。经过传统手工排酸技艺处理的牛肉，配以苗家秘制香料浸润腌香，再经爆、炒、烹、拌等传统技法烹制，牛肉最本真的柔软细腻的口感与秘制香料的渗透融合造就了风味独特的冷吃牛肉。

■ 冷吃牛肉制作

传统医药

苗族传世帖制作技艺（南明区）

2018 年被列入贵阳市第五批市级非物质文化遗产代表性项目名录，是由苗族老人龙朝荐在抗日战争时期根据苗族祖方通过实践制作而成，在治疗腰椎颈椎、风湿骨痛上具有独到之处。苗族传世帖现以贵州树本医药有限公司为基础，以显著的治疗效果在省内外乃至全国享有较高的知名度。该方剂由桑寄生、杜仲、豨莶草、穿山龙、白芷等特色苗药组成。分主药与辅药，主药穿山龙等针对主要病机，发挥祛风除湿，消肿止痛的功效。传承人严格按照祖方配制，提炼浓缩制成药膏，结合先进的成形工艺，充分保留药材有效成分。

王氏祖传膏药（开阳县）

2020 年被列入贵阳市第六批市级非物质文化遗产代表性项目名录。王氏祖传膏药主要以苗医外治法的"四大经脉"为理论基础，高度体现了"气以通为用，血以散为安"的苗医理论。遵循苗医用药"以藤为通"的认识，选取地道优质苗药为原料，结合家族传统制作膏药的方法，经过长时间的临床实践，王氏祖传膏药具有拔毒祛风、通风散血、疏通经脉、温经散寒、消肿止痛的功效，对于跌打损伤、风湿性关节炎、膝骨性关节炎、颈椎病、肩周炎、腰椎间盘突出及骨质增生、痛风等肩颈腰腿、风湿骨病具有保健康复作用。

李氏骨科中草药制作技艺（云岩区）

2023 年被列入贵阳市第七批市级非物质文化遗产代表性项目名录。李氏骨科中草药制作技艺，是在贵州流传已久的一种中草药制作技艺，因其研制的药疗效显著而名震贵州，是我省传统苗药制药技术中的佼佼者，起源可追溯至清光绪年间。清朝末期，李氏先祖李钟仁自幼自学古医书习得一些医药知识，并在治病过程中发现，将三七、何首乌、扁担药、见血飞、陈艾粉等中草药用于外敷，对治疗骨伤疾病有着比较明显的疗效，还有祛风除湿、舒经活血、疗伤止痛等功效，于是将此方法整理、传授给后人，现已历经四代，传承一百多年。

苗医药·益佰传统苗药炮制技艺（云岩区）

2023 年被列入贵阳市第七批市级非物质文化遗产代表性项目名录，是贵州传统苗药制药技术中的佼佼者。益佰传统苗药炮制技艺在传承传统苗药制作技艺的基础上，有自身独特的炮制技艺，其炮制流程可简单分为采收、药材处理、制作药粉、制作药液、制作药膏等步骤，耗时短则三天，长则十日左右。其主打产品以金骨莲膏、妇炎消散、理气活血膏最为著名。益佰传统苗药炮制技艺药材天然绿色、配方独特、技艺承袭古法、步骤严谨、工具讲究、药物疗效显著。

▲ 苗医药·益佰传统药膏制作

苗医药·祛痛膏制作技艺（云岩区）

2023 年被列入贵阳市第七批市级非物质文化遗产代表性项目名录，是外用敷贴的传统膏药制作技术，因其研制的膏药疗效显著而名震贵州。"苗医药·祛痛膏"的起源可追溯至清光绪年间，现已历经四代，传承一百多年，在传承传统苗药制作技艺的基础上，有自身独特的炮制技艺，其炮制流程可简单分为采收、药材处理、制作药粉、制作药液、制作药膏等步骤。制药时间长，仅是将调制好的药物封于罐中埋于地下室内阴凉处静置就需耗时百天。其药材天然，配方独特，采用贵州大山里自然生长的当地正宗药材，与乌梢蛇、蜈蚣、鸡血藤、抓地虎、铁筷子、见血飞、三棱、莪术等研磨成粉而成，每一味配药都有其自身的独特药效。其敷贴法为：先用黄酒及白酒涂于皮肤表面，用膏药贴敷痛处，使药物深入皮肤底部，再按经络俞穴，最大程度发挥药效，通过反射、扩张血管，促进局部血液循环，达到药疗作用。此药膏对治疗风湿寒痹、跌打损伤、骨关节麻痹症、代谢性骨病、风湿性关节炎、肩周炎、腱鞘炎、滑囊炎、颈椎病、腰肌劳损、腰椎间盘突出、骨质增生等疾病具有独特疗效。

苗医药·五变通路助孕法（南明区）

2023 年被列入贵阳市第七批市级非物质文化遗产代表性项目名录，是一种诊治不孕不育的苗族独创的方法，疗效显著，其主要讲究外治内调，对症下药。运用五变推拿手法进行疏通，同时根据女性月经周期每年十二个月，每月一次的规律，辅以十二味苗药进行调理。

张氏针刺疗法（观山湖区）

2023 年被列入贵阳市第七批市级非物质文化遗产代表性项目名录。针灸疗法最早见于 2000 多年前的《黄帝内经》一书，其中有详细记载："脏寒生满病，其治宜灸焫"便是指灸之术，其中详细描述了九针的形制，并大量记述了针灸的理论与技术。据张氏先辈传述，张氏家族为当地行脚医生世家，世代从事苗医职业，尤其擅长苗族针灸。20 世纪一二十年代，张氏传人张玉珍将传统医学和传统苗族针刺技艺相结合，最终形成了成熟的张氏苗族传统针灸疗法。张氏针灸疗法治疗疾病的过程主要分为：诊断、治疗、疗养。诊断以"望闻问切"为诊断基础，治疗过程为确定部位、药酒消毒、准确下针，疗养以其特有的"张氏苗酒"配合。

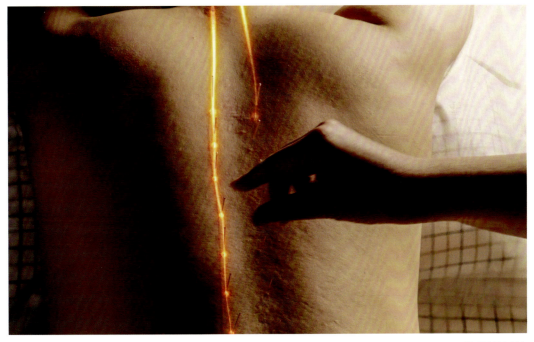

张氏针刺疗法

苗医药·七味姜黄搽剂制作技艺（清镇市）

2023 年被列入贵阳市第七批市级非物质文化遗产代表性项目名录。是清镇地区苗族民间医药处方，是一种治疗癣病和痤疮疗效比较突出的苗药加工制剂方法，在清镇、贵阳区域的苗族地区流传甚广。该技艺在传承传统苗药制作技艺的基础上，有自身独特的炮制技艺，其炮制流程可简单分为采收、药材处理、制作药粉、制作药液、制作药剂等步骤，耗时短则三天，长则十日左右。七味姜黄搽剂主要用于外敷，一般直接外敷患部。

胃舒欣汤剂制作技艺（清镇市）

2023 年被列入贵阳市第七批市级非物质文化遗产代表性项目名录。是贵州地区苗族民间医药处方，对于治疗胃痛、胃溃疡及十二指肠溃疡等疾病有着比较突出的疗效，这种苗药加工制剂方法，在清镇、贵阳区域的苗族地区流传甚广。该制作技艺在传承传统苗药制作技艺的基础上，有自身独特的炮制技艺，其炮制流程可简单分为采收、药材处理、制作药粉、制作药液等步骤，耗时短则三天，长则十日左右。所用药草主要为铁角蕨和隔山消，主要用于内服使用，一般兑水而服。

🔴 胃舒欣汤剂制作

苗医药·发酵膏药制作技艺（修文县）

2023 年被列入贵阳市第七批市级非物质文化遗产代表性项目名录。经过数千年的积累，苗医药已经发展成为我国独树一帜、影响广泛的重要民族医药体系之一。在长期的探索和经验积累中，苗医创造了许多医药秘技秘法，"发酵药膏制作技艺"便是其中特别明显的药物加工制作方法。苗医药·发酵药膏制作技艺，是贵州邓氏苗医在世代行医用药过程中，不断摸索出来的一种让苗药既能长期保存、便于使用，又能够增强功效的加工制剂的方法。

表 1　非遗项目代表性传承人名单[①]

级别	序号	批次	姓名	民族	项目
国家级 （1 人）	1	第五批（1 人） 2018 年	王启萍	苗族	苗绣
省级 （19 人）	1	第三批（5 人） 2012 年	邓开伦	苗族	苗族花鼓舞
	2		蒙竹林	布依族	蓬莱布依地戏
	3		王大英	苗族	苗族服饰
	4		杨少珍	苗族	苗族服饰
	5		鲁廷明	苗族	苗族夫妻舞
	1	第四批（2 人） 2018 年	王兴贵	苗族	苗族祭鼓节
	2		王荣毕	苗族	苗族服饰
	1	第五批（12 个） 2020 年	王启光	苗族	簪汪古歌
	2		刘廷荣	苗族	米花古歌
	3		龙丁生	布依族	布依族土歌
	4		王万玉	苗族	卡堡花棍舞
	5		唐开平	苗族	苗族猴鼓舞
	6		王良国	仡佬族	仡佬族打篾鸡蛋
	7		王清兰	布依族	布依族马尾绣
	8		王取英	苗族	苗绣
	9		罗廷开	苗族	苗族芦笙制作技艺
	10		潘棉花	苗族	布依族纸染绣花制作 技艺
	11		刘朝发	苗族	苗族跳场
	12		刘　敏	苗族	苗族服饰
市级 （58 人）	1	第二批（12 人） 2012 年	陈大华	布依族	可龙红灯戏
	2		陈廷斌	布依族	偏坡布依婚宴盘古歌
	3		卢启国	布依族	羊昌黄连夜宴歌
	4		熊孝忠	苗族	下坝岩底长竹舞

[①] 非遗项目代表性传承人不同级别中出现同一人时，本表中以级别最高的进行统计。

续表

级别	序号	批次	姓名	民族	项目
市级 （58人）	5	第二批（12人） 2012年	朱兴林	布依族	布依族铁链械
	6		潘秀华	布依族	花溪布依族纸染绣花 制作工艺
	7		罗庭开	苗族	高坡苗族射背牌
	8		罗朝贵	苗族	高坡苗族芦笙制作工艺
	9		王其龙	苗族	苗族杀鱼节
	10		陈明祥	布依族	布依族坐夜筵
	11		兰珍英	苗族	苗族刺绣
	12		王军	苗族	下堡苗族斗牛舞
	1	第三批（5人） 2014年	丁文建	汉族	丁氏苗族传统酸汤
	2		陈永丽	汉族	花溪芦笙花鼓舞
	3		杨明秀	苗族	印苗服饰制作技艺
	4		王德恩	苗族	鸡扒田跳年场
	5		王银书	苗族	红星村"搂查节"
	1	第四批（4人） 2016年	陈慧珍	布依族	偏坡布依服饰制作技艺
	2		刘思利	苗族	"歪梳苗"盛装制作
	3		王登银	苗族	苗族木唢呐
	4		任显会	苗族	苗族口弦
	1	第五批（15人） 2019年	王正清	苗族	簪汪古歌
	2		王明贵	苗族	苗族姊妹萧制作技艺
	3		唐开林	苗族	孟关苗族猴鼓舞
	4		王德学	苗族	石龙村苗族舞蹈《艾蒿干勾》 （抢鼓舞）
	5		侯俊英	苗族	跳圆
	6		刘德英	苗族	花溪苗绣制作技艺
	7		罗远礼	布依族	簸箕舞
	8		潘世明	布依族	花溪布依族纸染绣花 制作工艺
	9		来临	汉族	苗村传世帖制作技艺
	10		刘芝凤	苗族	乌米饭制作技艺

续表

级别	序号	批次	姓名	民族	项目
市级 （58人）	11	第五批（15人） 2019年	王批文	苗族	高坡苗族射背牌
	12		王贵	苗族	都溪苗族"二月十五"跳场节
	13		刘天华	苗族	石头寨苗族跳场
	14		何厚启	仡佬族	仡佬族吃新节
	15		罗玉方	苗族	大桥苗族正月场
	1	第六批（22人） 2022年	徐影	汉族	苗刀武术
	2		顾伟伟	苗族	花溪苗绣
	3		卢贵化	汉族	高坡苗族银饰制作 技艺
	4		刘丽	苗族	苗族挑花制作工艺
	5		刘廷荣	苗族	米花古歌
	6		唐明勇	苗族	米花古歌
	7		陈飞燕	布依族	布依族叙事歌
	8		罗光敏	布依族	偏坡布依族土酒酿造 技艺
	9		王立琪	布依族	花米饭制作技艺
	10		龚海燕	苗族	蜡染
	11		韦丽	布依族	枫香染
	12		张荣海	苗族	张氏苗酒酿造技艺
	13		罗孟雄	彝族	彝族二胡制作技艺
	14		吴英才	汉族	蜡染
	15		朱先祥	苗族	苗族跳场
	16		崔发文	彝族	彝族二胡民间音乐
	17		袁龙艳	苗族	蜡染
	18		王倩	苗族	苗族刺绣技艺
	19		侯俊英	苗族	蜡染
	20		王艳	汉族	王氏祖传膏药制作技艺
	21		王朝生	苗族	苗族开路词
	22		刘小天	苗族	钉耙舞

（七）老字号

老字号文化企业

黔粹行

品牌名称、商标名称为黔粹行，2021年被列为第四批贵州老字号，归属区域为云岩区。所属企业贵州黔粹行民族文化发展有限公司成立于1989年，位于贵州省贵阳市，为贵州省民族文化龙头企业，其倡导生活艺术化、艺术生活化，其90%的工艺品为自主设计、研发和生产，以手工为主融入时尚元素，严格遵循设计标准，精益求精，力求打造世界品牌，目前拥有民族产品专利10多项，注册商标5个。

■ 贵州黔粹行非遗体验中心

黔艺宝

商标名称为黔艺宝，2022年被列为第五批贵州老字号，品牌所属企业贵州多彩民族民间文化艺术发展有限公司成立于2005年，注册地为贵阳市双龙航空港经济区。

老字号餐饮企业

老凯俚酸汤鱼

品牌名称为老凯俚酸汤鱼，商标名称为老凯俚，2021年被列为第四批贵州老字号，归属区域为云岩区。品牌所属企业醉苗乡餐饮投资管理有限公司是贵州省知名餐饮企业之一，下有省府路、盐务街、蟠桃宫老凯俚酸汤鱼等多家分店。

侗家食府、侗阿哥、新食代

品牌名称为侗家食府，商标名称为侗家食府、侗阿哥、新食代，2022年被列为第五批贵州老字号，归属区域为云岩区。品牌所属企业贵州侗家餐饮文化管理有限公司创办于2001年，是贵州省烹饪饭店行业协会团体会员单位、贵阳市饮食服务行业协会常务副会长单位。现公司旗下有三家门店：侗家食府（北京路店）、新侗家食府（蟠桃宫店）、侗家新食代（新路口店）。先后荣获中国十佳黔菜馆、贵州省著名商标、餐饮名牌企业、贵州省二十家餐饮名店、贵州省旅游涉外定点单位等荣誉。

🏠 侗家食府

忆苗香、苗乡红

商标名称为忆苗香、苗乡红，2022年被列为第五批贵州老字号。品牌所属企业贵州忆苗香餐饮管理有限公司成立于2020年，注册地为南明区。

苗修堂王氏祖传膏药

品牌名称为苗修堂王氏祖传膏药，商标名称为苗修堂，2022年被列为第一批贵阳老字号，归属区域为开阳县，品牌所属企业为贵州苗修堂医药科技有限公司。苗修堂成立于2009年，拥有现代化生产设备和管理系统。苗修堂是以发掘、传承、创新、发扬苗侗民族医药为己任，融研发、生产、销售为一体的综合型医药品牌，致力于传承和发扬"苗侗医药"健康养生文化精髓，创新"苗侗医药"健康医疗手法，以传统中医与现代生物工程相结合为研究方向，先后对颈肩痛、腰腿痛、风湿骨病等多种慢性病进行研究，着手研制各种新型保健用品，采用制备工艺生产的贴剂产品，适用于身体各处贴敷。

二、文化产品和重大文化活动

（一）文化产品

《秦娘美》

黔剧传统剧目，1959年由贵阳市黔剧团首次演出，20世纪60年代组成贵州省黔剧赵京演出团进京演出。剧情讲述了百余年前，古州三保（今榕江县车江乡），侗族姑娘娘美与邻寨青年珠郎相爱，为反抗"姑表婚"旧规，在一次行歌坐月之夜，二人破钱盟誓，毅然偕逃至贯洞寨。该寨财主银宜垂涎娘美美貌，假意引荐珠郎入房族，借故支使其出门办货，乘机戏诱娘美，均遭严拒。银宜为达其霸占娘美的目的，勾结款首蛮松，在款会上诬陷珠郎是奸细，将其杀害。娘美久盼珠郎未归，不久后终知真情。娘美强忍悲痛，觅得珠郎骨骸，在众村民的帮助下计诱银宜，将其击毙，为夫报仇，为民除了害。新编黔剧《秦娘美》于2024年作为重启创排项目，由贵州省黔剧院主创，余妍洁

黔剧《秦娘美》剧照

编剧，陈涛、余凤霞联合执导。新编版本在经典老戏的基础上进行了大幅改动和创新，删减了大量枝蔓，增加了情感表达的深度与广度，力求用今天的审美观照去深入挖掘侗族的文化内涵和时代价值。

《夜郎古歌》

民族歌舞剧，贵阳市艺术团1990年创作和演出。编剧曾健雄、罗丽丽、廖志惠、曹勇等；导演韩桂林、高维廉；主演彭公彪、汪信山、周仁蓉、高维廉、高艳津子等。歌舞剧表达的是，夜郎国是一个两千年来萦绕在人们脑际的神秘王国，一本《史记·西南夷列传》使生于斯、长于斯的山民把"夜郎自大"的十字架足足背了两千年。夜郎的后辈们不满了，激

愤了，并由激愤碰起了火花，借助神奇的艺术想象力去讴歌、去赞美由数百万座大山和数千条河流孕育而成的夜郎文化，终成这曲古朴、厚重、粗犷、原始的"夜郎古歌"。这台民族音乐歌舞在音乐、舞蹈、造型等方面都突显了浓郁的地方民族特色。歌舞剧 1990 年获贵阳市第六届"花溪之夏"艺术节创作三等奖、表演奖、优秀演出奖。

民族舞剧《夜郎古歌》剧照

《山凤》

民族歌剧，贵阳市艺术团 1992 年创作演出。编剧曾建雄、石佳昱；导演韩桂林；作曲罗斌、曾健雄；主演周蓉、杨林等。剧情讲述了大山苗寨的苗族小姑娘山凤从一名蜡染能手成长为一位走向世界的蜡染艺术家的故事。剧作将民族音乐、歌舞和时装表演、蜡染作品展示等艺术形式融为一体，创新了民族歌剧的表演形式。此剧获 1992 年第七届"花溪之夏"艺术节演出二等奖、创作三等奖。

《心中有天堂》

广播剧，由贵阳广播电视台 2012 年录制。主创及参与人员有张名媛、王蔚桦、王波、潘世和。此剧讲述了 2011 年感动中国人物、全国第三届助人为乐道德模范——新疆维吾尔族青年阿里木在贵州卖羊肉串，9 年间省吃俭用，共捐出 10 多万元善款救助贫困学生的动人事迹。此剧 2013 年获第十二届中国广播剧研究会专家评析连续剧银奖。

（二）重大文化活动

中国舞蹈"荷花奖"民族民间舞大赛

全国性专业舞蹈评奖活动，中国舞蹈"荷花奖"由中国文联、中国舞蹈家协会于 1997 年创立，是中国专业舞蹈艺术最高奖。评选比赛每两年举办一次。从 2005 年第五届开始，民族民间舞被单列出来。贵阳市花溪区是中国舞蹈"荷花奖"民族民间舞大赛的竞赛地，贵阳市是中国舞蹈"荷花奖"民族民间舞决赛地。从 2009 年起，贵阳市成为中国舞蹈"荷花奖"永久主办城市，由中国文联、贵州省人民政府、中国舞蹈家协会共同主办。

大型舞蹈《水姑娘》

三、文化机构和场馆

（一）公共文化类

镇山布依族生态博物馆

位于贵阳市花溪区石板镇镇山村，由文化遗产保护区、资料信息中心、传统农业耕作区及村民新区四大部分组成。该馆是中国和挪威王国的一个文化合作项目，是两国人民团结友爱的象征。馆内办有布依族文化展，是收集、整理、研究和展示布依族的生态与历史文化中心。

（二）非公共文化类

五彩黔艺民族服饰博物馆

位于贵阳市观山湖区云潭南路 609 号贵阳职业技术学院内，于 2015 年 11 月建馆，是以中国西南少数民族服饰为主题的民办公助公益性博物馆。新馆位于贵阳职业技术学院实训楼 A 馆四楼，现有展厅面积 2500 平方米，设有固定展区、临展区、文创展销区、多功能厅、文化交流中心、工艺传习馆。博物馆主要从事与西南少数民族服饰有关的收藏展示、交流推广、传承创意、参观体验、科研教学等工作。

苗疆故事民族服饰博物馆

位于贵阳市白云区金园路 3 号，是一家以苗绣为主题的私人博物馆。馆内收藏着曾丽女士和父亲曾宪阳先生（我国著名收藏家、"苗族服饰收藏第一人"）两代人历经 40 多年搜集、整理、传承下来的一批传统苗绣、苗装、银饰经典精品，以及战争、祭祀、生活用品等珍贵器物。馆内藏品尤以苗绣、苗装最为精美，且很多属于孤品和绝品，具有极高的收藏价值、审美价值和学术价值。

手上记忆博物馆

位于贵阳市观山湖区翁贡村，背靠郁郁葱葱的古老森林，前面是稻田，建筑面积 5000 平方米，展厅面积 2000 平方米。系贵阳市的第 7 个民间博物馆，是民间艺术工作坊，也是贵州非物质文化遗产传承和保护的重要场所。现收藏贵州染艺、刺绣、民俗类物件约 6300

件（套）。博物馆注重运用人类学、口述史、博物馆学等方法对藏品和地方文化的进行相关性研究，建立非遗博物馆研究和藏品活化功能，让黔地多元民族民间文化得以研究、收藏、展示和活化。

手上记忆博物馆

下篇
其他历史文化资源

  本书上篇分别收录了红色文化、阳明文化和民族文化的特色资源,下篇主要收录不属于上篇收录范围的其他历史文化资源,主要有各级人民政府认定为贵阳市和贵安新区县级及以上的文物保护单位、全国第一次可移动文物普查认定的三级及以上文物、贵阳市人民政府公布的两批历史建筑名录、各级人民政府公布的市级及以上非物质文化遗产名录和非遗项目代表性传承人,以及商务部、省商务厅、市商务局等部门公布的老字号。

第四章　文物资源和历史建筑

　　文物是人类宝贵的历史文化遗产，是遗存在社会上或埋藏在地下的人类文化遗物。文物的特征包括必须是由人类创造的，或者是与人类活动有关的；必须是已经成为历史的过去，不可能再重新创造的。文物的类别主要有可移动文物和不可移动文物。本章主要收录贵阳和贵安新区入选县级以上人民政府公布的文物保护单位和入选三级以上的珍贵文物，以及具有保护价值的历史建筑。

一、文物保护单位

本部分收录的县级以上文物保护单位，主要包括古遗址、古墓葬、古建筑、摩崖石刻、寺庙祠堂，以及近现代重要史迹和代表性建筑等。

遗址

花溪"青岩教案"遗址

1985 年被列为贵州省第二批省级文物保护单位，位于贵阳市花溪区青岩镇北姚家关。清咸丰十一年（1861）端午节，青岩民众遵循传统风俗"游百病"至姚家关，与天主堂教徒发生冲突，民团总办赵国澍率众烧毁教堂，处决肇事教徒张文澜等四人，是为贵州近代史上"四大教案"之一的"青岩教案"。姚家关天主堂，原为哥特式砖木结构建筑，现仅存遗址。

开阳打儿窝遗址

2018 年被列为贵州省第六批省级文物保护单位，位于贵阳市开阳县南江布依族苗族乡。遗址距今约 2.7 万年，为旧石器时代延续到宋明时期的古文化遗址。2003 年，贵州省文物考古研究所进行贵开公路文物考古调查时发现，并于当年 9 月至 11 月组织第一次考古发掘；

打儿窝遗址

2009 年至 2012 年中国科学院古脊椎与古人类研究所同贵州省文物考古研究所联合进行第二次考古发掘。遗址出土大量的打制石器、磨制石器、骨器及陶片、动物化石等。发掘出土的文物目前保存在贵州省文物考古研究所和中国科学院古脊椎与古人类研究所。

招果洞遗址

2018 年被列为贵州省第六批省级文物保护单位。位于贵安新区高峰镇岩孔村招果组，距今约 4.5 万年，跨越了整个旧石器时代晚期和新石器时代，在全国范围内十分罕见。2016 年至 2020 年，贵州省文物考古研究所、四川大学历史文化学院、成都文物考古研究院联合进行考古发掘，2021 年入选"2020 年度全国十大考古新发现"。遗址堆积厚约 8 米，出土的遗迹、遗物非常丰富，发现大量用火遗迹、2 座墓葬，出土大量石制品、磨制骨角器，以及与人类活动有关的动植物遗存等。出土的文物目前保存在贵州省文物考古研究所及四川大学历史文化学院。

牛坡洞洞穴遗址

2018 年被列为贵州省第六批省级文物保护单位，位于贵安新区马场镇平寨村龟山组牛坡山。遗址由 A 洞、B 洞和 C 洞三个地点组成，从早到晚可划分为五个不同的文化时期，距今约 1.5 万年，为旧石器时代晚期一直延续至春秋战国时期的遗址。2012 年至 2017 年，中国社会科学院考古研究所、贵州省文物考古研究所联合对遗址进行考古发掘，2017 年入选"2016 年度全国十大考古新发现"。遗址出土的遗迹、遗物非常丰富，发现大量用火遗迹、墓葬 17 座，出土大量石器、骨器、陶片等生活用具、生产工具以及大量与加工打制石器有关的石料、断块、石核、石片、碎屑等，以及与人类活动有关的动植物遗存。出土文物目前保存在中国社会科学院考古研究所。

牛坡洞洞穴遗址

东山寺遗址

1981 年被列为贵阳市第一批市级文物保护单位，位于贵阳市云岩区中山东路街道办事处东山社区东山路，始建于明代，清康熙二十四年（1685）维修、扩建。原有山门、两厢、三圣殿、关圣殿、东山阁、春风楼、灵官阁、奎文阁等，毁于 20 世纪 70 年代。现存台基、条石、柱础及众多摩崖石刻。

宋氏别业遗址

1987 年被列为贵阳市第三批市级文物保护单位，位于贵阳市乌当区东风镇云锦村、新天街道办事处北衙村北衙组和洪边组。明洪武四年（1371），水东土司宋蒙古歹（宋钦）归附明朝，于洪武年间在云锦庄始建别业、修景致、葬祖茔。天启二年（1622），宋氏后裔，同知宋万化起义抗明，后其子宋嗣殷自称同知，继续抗明，崇祯三年（1630）被剿灭，云锦、洪边宋宅被毁，祖茔被掘。今仅存石门、牌坊残柱、"皇坟"等遗迹。

朱昌营盘坡城堡遗址

1997 年被列为贵阳市第四批市级文物保护单位，位于贵阳市观山湖区朱昌镇茶饭村，建于清咸丰元年（1851），系当地村民为保地方、避兵灾而建。城堡平面布局呈圆形封闭状，有东西二门，现房屋、炮台已毁，仅存基石、东西二门及城垣，城内有清光绪二十一年（1895）维修碑记一通。

都拉营盘

1997 年被列为贵阳市第四批市级文物保护单位，位于贵阳市白云区都拉布依族乡都拉村，建于明初，由于战火不断而毁。清同治十二年（1873），由当地寨长张国顺等倡议复建。营盘用毛石堆砌，南北各有一石门，均已垮塌，现仅存部分残墙。

燕楼营盘

2003 年被列为贵阳市第五批市级文物保护单位，位于贵阳市花溪区燕楼镇燕楼村，始

燕楼营盘

建于清同治二年（1863），同治五年（1866）建成。营盘依山就势以青石砌筑，在南、北、西南方向设 3 个通道石门。今城墙大部保存完好，另存房屋基址 100 余间及石储水池一个。

青岩书院

2003 年被列为贵阳市第五批市级文物保护单位，位于贵阳市花溪区青岩镇南街。建于清咸丰十一年（1861），原为土司衙门，为三进院封闭式建筑群，共有房舍 18 栋。乾隆年间，赵、吴、刘、车几大姓联名控告班氏土司，胜诉后将其衙门开办书院，咸丰年间捐资重建。现原建筑已毁。

佘家营

2003 年被列为贵阳市第五批市级文物保护单位，位于贵阳市开阳县南龙乡田坎村佘家营。建于清同治四年（1865），原名三星营。咸丰五年（1855）何德胜率众在瓮安起义，活动于黔南、黔东南等地，同治四年（1865），开州二十八营团总佘士举为对抗何德胜起义军，在此筑营驻兵。该营为青石砌筑，设有四个营门及炮台，现残存营墙，尚存当时修建的"忠义祠"房屋基址。

佘家营

黄家洞遗址

2015 年被列为贵阳市第七批市级文物保护单位，位于贵阳市清镇市卫城镇姚家寨黄家洞，为商周时期遗址。2011 年贵州省文物考古研究所在沿线进行考古调查时，在洞穴里采集到打制石器和陶片。洞内有岩画，主要是马和人的构图。

云峰山遗址

2015 年被列为贵阳市第七批市级文物保护单位，位于贵阳市清镇市青龙山街道办事处石关村云峰山，始建于明。由云峰寺遗址（原名尖山庙）、祖师塔、南无阿弥陀佛碑、云峰山营盘遗址（山门、城墙）、西天一柱摩崖、永茂兹山碑等组成。

玉冠山寺遗址

2015 年被列为贵阳市第七批市级文物保护单位，位于贵阳市清镇市犁倭镇小屯村，建于明洪武八年（1375）。后仅存山门、残垣、房屋基址及风化严重的摩崖和石碑等。2013 年经批准在原址上恢复重建，保留了原有的风貌。

河银汞矿遗址

2015 年被列为贵阳市第七批市级文物保护单位，位于贵阳市修文县六桶镇花榔村。最早开采于明代末期，20 世纪 50 年代后停采。主要由矿洞遗址、冶炼遗址和居住遗址组成。现保存的矿洞遗址约长 20 千米，其冶炼的矿渣堆积厚达 3 米，分布面积较广。

河银汞矿遗址

朱官堡遗址

2015 年被列为贵阳市第七批市级文物保护单位，位于贵阳市白云区麦架镇小桥村朱官堡，现存"永胜门"为清代乾隆年间建，均为青石料构建。门洞两侧刻有瑞兽花草图四幅，极精美。

骑龙营盘遗址

2015 年被列为贵阳市第七批市级文物保护单位，位于贵阳市花溪区黔陶布依族苗族乡骑龙村，建于清咸丰、同治年间。营盘以青石砌筑，平面呈不规则椭圆形，设南北两门，现残存南门和石墙。

下院营盘遗址

2015 年被列为贵阳市第七批市级文物保护单位，位于贵阳市乌当区偏坡布依族乡下院村大坡山顶，是清晚期偏坡布依人陈尚财率村民为抗击外敌及防匪患、保寨为民而修建。现存营盘围墙、门、掩体等。

修文县八角岩遗址

2019 年被列为贵阳市第八批市级文物保护单位，位于贵阳市修文县龙场镇新寨村，为旧石器时代至新石器时代遗址，保存有洞穴遗址和台地遗址。2019 年贵州省文物考古研究

修文八角岩遗址

所对该遗址进行了考古发掘，出土和采集遗物主要有石制品、陶片以及动物骨骼等。出土文物目前保存在贵州省文物考古研究所。

永乐古堡遗址

2019 年被列为贵阳市第八批市级文物保护单位，位于贵阳市南明区永乐乡，建于明代永乐年间，为屯兵所筑。平面布局呈八卦图形，为内外两城，有东、南、西、北四城门，今残存西城门和城垣（矮墙）数段。

镇西卫城垣遗址

2019 年被列为贵阳市第八批市级文物保护单位，位于贵阳市清镇市卫城镇，明崇祯三年（1630）置卫时开始筑城。设东、南、西、北四门，料石垒砌，平面布局呈椭圆形，现存校场坝及南门残垣两段。

新店镇古道遗址

2019 年被列为贵阳市第八批市级文物保护单位，位于贵阳市清镇市新店镇茶店村，建于明代。该古道路面为青石铺成，大致为东西走向，通往鸭池河渡口。原为从威清卫出西门，经姬昌桥、抄纸堡、老王冲、席关、甘沟、镇西卫、王庄、洛阳、茶店、鸭池河、小关至黔西之一段。

狮子山凌云洞

2021 年增补为贵阳市第八批市级文物保护单位，位于贵阳市清镇市麦格苗族布依族乡观游村，为旧石器时代遗址，采集到数件石制品。

观游村来子洞

2021 年被增补为贵阳市第八批市级文物保护单位，位于贵阳市清镇市麦格苗族布依族乡观游村，为新石器时代遗址。

金筑长官司遗址

1991 年被列为花溪区第一批区级文物保护单位，位于贵阳市花溪区贵筑办事处桐木岭村，始建于明洪武五年（1372），又称金竹安抚司衙署遗址。洪武十年（1377）升金竹安抚司，永乐十一年（1413）迁出。

摆头山营盘遗址

1991 年被列为花溪区第一批区级文物保护单位，位于贵阳市贵安新区党武乡摆牛村，建于清道光年间。营盘以青石砌筑，东西向狭长形分布，设有东西二门。今存近百处房屋遗址、一处寺庙遗址、一个储水池以及光绪年间碑 4 通。现存 4 通碑中有 3 通碑镶嵌于寺庙墙角。

大堡猫猫山古文化遗址

2000 年被列为乌当区第二批区级文物保护单位，位于贵阳市乌当区东风镇大堡村的猫猫山东部的望天洞、猫耳洞两个洞穴内，为旧石器时代晚期至新石器时代早期遗址。1997 年 11 月贵州省博物馆考古调查发现打制石核、石片和具有石化程度的哺乳动物遗骸等 40 余件，以及用火遗迹。

甘家洞化石出土点

2002年被列为开阳县第三批县级文物保护单位，位于贵阳市开阳县龙岗镇二村，为旧石器时代遗址。出土的化石多为动物单个牙齿和碎骨，有剑齿象、犀牛等动物属种，属广义的华南大熊猫——剑齿象动物群。

仙人洞遗址

2003年被列为清镇市第一批县级文物保护单位，位于贵阳市清镇市巢凤社区青山园后山，为新石器时代遗址。出土有骨器、陶片、人上额前臼齿化石和动物化石等。

东山寺遗址

2003年被列为清镇市第一批县级文物保护单位，位于贵阳市清镇市巢凤街道办事处扁坡村，建于明代。现存一石如凤卧地，名为"巢凤石"，寺庙已重新修建。

威武所城垣遗址

2003年被列为清镇市第一批县级文物保护单位，位于贵阳市清镇市站街镇老城村，始建于明崇祯元年（1628）。城垣平面布局呈椭圆形，原设有东、南、西、北四门，现残存西门及残垣一段。

赫声所城垣遗址

2003年被列为清镇市第一批县级文物保护单位，位于贵阳市清镇市新店镇茶店村。城垣坐北向南，门洞及石墙均由青石凿砌而成。其门洞两边现各残存城墙一段。

养龙洞遗址

2010年被列为花溪区第四批区级文物保护单位，位于贵阳市花溪区麦坪乡大坡村西南观洞坡，初步判定为新石器时代遗址。在洞口南发现有约一米的文化层，里面包含较多的石块、石片、红烧土颗粒和陶片，洞口有壁题多处，分别是"养龙硐""最乐为善""忍之为口""肃静""口行口凉"等。

谷蒙营盘遗址

2010年被列为花溪区第四批区级文物保护单位，位于贵阳市花溪区燕楼乡谷蒙村，建于清代。

思丫营盘遗址

2010年被列为花溪区第四批区级文物保护单位，位于贵安新区党武乡思丫村，建于清初。以青石砌筑，平面呈椭圆形，现存石墙等。

花街营盘遗址

2010年被列为花溪区第四批区级文物保护单位，位于贵阳市花溪区石板镇花街村，建于清咸丰至同治年间。营盘以青石砌筑，现存石墙，南北营门已毁。

🔺 青岩金凤营遗址

青岩金凤营遗址

2010年被列为花溪区第四批区级文物保护单位，位于贵阳市花溪区青岩镇杨梅村，建于清同治四年（1865）。西北山口设营门，门额横向楷书阴刻"金凤营"三字，落款竖向楷书阴刻"同治四年修建"，城门洞顶部西北侧有外墙、垛口等遗迹。

华严寺遗址

2011年被列为息烽县第三批县级文物保护单位，位于贵阳市息烽县鹿窝镇大石头村。华严寺建于明代，上、中、下殿及其他建筑大多被毁，仅存西厢房。在遗址内散布石础、神龛等，许多石构件上刻有精美的浮雕。

快下开州州衙遗址

2013年被列为开阳县第四批县级文物保护单位，位于贵阳市开阳县双流镇三合村快下寨，由南明开州知州何人凤建于南明永历四年至六年（1650—

1652），快下开州衙门原建筑被毁，遗址基本保存完整，遗址上有清代民居正房五间及天井等。

窑上坪陶窑遗址

2013年被列为开阳县第三批县级文物保护单位，位于贵阳市开阳县城关镇鱼上村，始建于清代。现存陶窑四座，其中传统陶窑三座、新式陶窑一座，主要生产老百姓常用的坛、罐、碗、碟、花瓶等实用器具。

朝阳寺遗址

2014年被列为乌当区第三批区级文物保护单位，位于贵阳市乌当区水田镇竹林村，为清道光年间湖北布政使唐树义捐建。清咸丰四年（1854）夏，唐树义之子唐炯在此创办"忠孝团"，后改办为蔡家寨小学。现存建筑有大门、东厢房。

墓地、墓群

周渔璜墓

1985年被列为贵州省第二批省级文物保护单位，位于贵阳市花溪区黔陶乡骑龙村。墓冢建于清康熙五十三年（1714），南北向，土封石围，呈圆丘形，前方有石供桌置于拜台上，拜台右方为周妻马氏墓，左方为其书童墓。周起渭（1665—1714），字渔璜，号桐埜，贵阳人，康熙三十三年（1694）进士，历任学政、侍读学士、詹事府詹事，康熙五十三年（1714）卒。

有《桐埜诗集》等传世，参与编修《贵州通志》《康熙字典》等。

钟昌祚墓

1985 年被列为贵州省第二批省级文物保护单位，位于贵阳市开阳县双流镇双永村。墓坐东南向西北，为椭圆形土冢，墓碑为青石方首形。钟昌祚，清光绪三十四年（1908）参加贵州自治学社，被推选为主要领导成员之一。1911 年辛亥革命后任枢密院议员。1912 年由昆返筑途中于安顺遇刺身亡，归葬双流故里。

李端棻墓

2018 年被列为贵州省第六批省级文物保护单位，位于贵阳市南明区永乐乡水塘村大关口，建于清光绪三十三年（1907）。坐西向东，为土冢圆墓。李端棻，贵筑县人，同治进士，历任学政、刑部侍郎等职。光绪二十二年（1896），上疏请立京师大学堂，各省府、州、县遍设学堂，并建藏书楼、仪器院、译书局，广立报馆，选派留学生。又举荐康有为、梁启超，支持变法。百日维新期间，授礼部尚书，戊戌变法失败后，被充军至新疆，后遇赦回贵阳，主讲于贵州经世学堂。逝世后葬于今永乐乡。

李端棻墓

简书墓

1987 年被列为贵阳市第三批市级文物保护单位，位于贵阳市云岩区头桥路街道办事处双峰社区枣山路黔灵公园内，民国时期石砌土封墓葬。简书，贵州辛亥革命先行者，曾领导大定（今大方）人民武装起义，是推翻清朝统治，建立大定军政府的重要领导人。

任可澄墓

1987 年被列为贵阳市第三批市级文物保护单位，位于贵阳市花溪区贵筑街道办事处尖山村大秧田松林坡内，1945 年 12 月立。墓以土封石围，呈圆丘形。任可澄，清光绪二十九年（1903）举人，后与华之鸿等创办新学，宣统元年（1909）任贵州宪政预备会会长，1911 年 11 月出任贵州大汉军政府枢密院副院长。1915 年后，历任贵州省省长、北洋政府教育总长、国民政府云贵按察使等职。1919 年与陈矩、杨恩元等筹建续修贵州通志局，任总纂，历时 30 年编成民国《贵州通志》。

卢焘墓

1987 年被列为贵阳市第三批市级文物保护单位，位于贵阳市观山湖区野鸭乡新寨村，立于 1954 年 9 月。由卢焘墓及其母莫太君墓和其妻覃清德墓组成，三墓均为石砌圆墓。卢焘，1905 年加入中国同盟会开始革命活动。曾任黔军大队长，团长、旅长等职。1921 年，非常大总统孙中山电令卢焘为贵州黔军总司令兼省长加上将衔。1923 年引退。1949 年 11 月 11 日，贵阳市解放前夕，被刘伯龙派军队挟持至市西河二桥转弯塘杀害。

卢焘蒙难处

1987 年被列为贵阳市第三批市级文物保护单位，位于贵阳市云岩区二桥路中段南侧。1986 年，在该地竖立"卢焘先生蒙难处"纪念碑，又在对面公路旁凿山建有纪念亭，1999 年于碑亭东西两壁增嵌卢焘先生及家人瓷像 8 幅。

卢焘蒙难处纪念亭

吴中蕃先生墓

2003 年被列为贵阳市第五批市级文物保护单位，位于贵阳市花溪区石板镇芦荻村。清代墓葬，圆丘形土堆墓，坐北朝南。吴中蕃，字滋大、大身，晚号今是山人。明崇祯十五年（1642）中举，南明永历年任遵义知府、重庆知府、吏部文选司郎中，后弃官还乡。参与编纂《贵州通志》，著有《四书说》《龙古集》《敝帚集》，清康熙三十五年（1696）逝世。

赵以炯墓

2003 年被列为贵阳市第五批市级文物保护单位，位于贵阳市花溪区青岩镇摆早村。清代墓葬，土封石围，呈圆丘形。赵以炯，字仲莹，青岩人，清光绪十二年（1886）殿试一甲第一名，成为贵州历史上第一位状元。历任翰林院修撰、四川省乡试副主考及广西学政。光绪二十六年（1900），主讲于贵阳学古书院，三十二年（1906）卒于乡。

高廷瑶墓

2019 年被列为贵阳市第八批市级文物保护单位，位于贵阳市乌当区高新路街道办事处梅兰山村。坐东南向西北，土砌圆墓。高廷瑶，清乾隆五十一年（1786）解元，嘉庆道光年间历任皖、桂、粤等省同知、知府等职。卸任后著有《宦游纪略》二卷。道光十年（1830）卒。墓原葬于煤窑坡，民国三十三年（1944）迁葬于梅兰山村。

赵德全墓

2019 年被列为贵阳市第八批市级文物保护单位，位于贵阳市修文县扎佐镇新庄村。赵德全逝世后，先葬于新庄村，后尸骨迁回河南安葬。该墓是其妻为他修建的衣冠冢，墓坐南向北，石土垒砌。赵德全，贵州省辛亥胜利后的第一任督军，离任后到扎佐定居。逝世后，国民政府追授他为"陆军中将""贵州起义都督"。

宋万化墓

1982 年被列为开阳县第一批县级文物保护单位，位于贵阳市开阳县禾丰布依族苗族乡典寨村。明代墓葬，毛石堆坟，坐西南向东北。宋万化，明天启元年至三年（1621—1623）袭土司职，天启二年（1622）随水西土司安邦彦反叛，次年被剿灭擒斩后，子孙收葬于此。

新阳汉墓

1984 年被列为息烽县第一批县级文物保护单位，位于贵阳市息烽县鹿窝镇杨寨村下寨组。东汉墓葬，共有两座封土堆，约呈圆形，南北排列。1970 年，在南面土包边缘出土残缺铁剑一柄，剑已轶。

息烽新阳汉墓

蔡兴隆墓

1984 年被列为息烽县第一批县级文物保护单位，位于贵阳市息烽县西山镇小堡村水头坝组。五代墓葬，土封混凝土围砌，呈方丘形。清咸丰七年（1857）建碑，为三碑四柱三坊形，"文革"期间碑柱被毁，1995 年族人捐款修复。蔡兴隆，广西容县人，五代时奉命征讨黑羊箐四夷有功，授护国将军，后人授土职世袭。

蔡普化墓

1984 年被列为息烽县第一批县级文物保护单位，位于贵阳市息烽县养龙司镇坝上村，坐东北向西南，土封石围。明洪武六年（1373），元朝设立的养龙坑宿征等处蛮夷军民长官司改为养龙长官司，授蔡普化长官。洪武九年（1376）去世后葬于坝上村。

牟海奇墓

1984 年被列为息烽县第一批县级文物保护单位，位于贵阳市息烽县永靖镇永红村。明代墓葬。牟海奇逝世后，先葬于阳朗上坝河，道光年间迁永红村砌坟刊碑。墓为土封石围呈圆丘形，坐东向西。牟海奇，明崇祯三年（1630），改建息烽城，并修乌江关口，助修敷勇、镇西二卫和开州、贵阳城等，后任息烽守御千户所正千户。李自成占领北京时又被调入卫，并升参将，76 岁卒于息烽。

猫场将军坟

1984 年被列为息烽县第一批县级文物保护单位，位于贵阳市息烽县石硐镇猫场村。明代墓葬。猫场将军坟分两处，一为明定远将军李孟明墓，两侧各并立衣冠冢一座，均为土封石围，呈圆丘形；另一处为李孟明三个儿子的墓冢，均为土封石围，呈圆丘形。李孟明，豫章丰城人，明洪武九年（1376），以其战功被授定远将军，驻守贵阳，晚年解甲定居猫场。

新阳花坟

1984 年被列为息烽县第一批县级文物保护单位。位于贵阳市息烽县鹿窝镇瓮舍村，立于清同治元年（1862）。东西并列三座墓，为土封石围，呈圆丘形，均有带碑帽石碑。中间墓与西侧墓间立有记事碑一通。

刘清墓

1991 年被列为花溪区第一批区级文物保护单位，位于贵阳市花溪区清溪街道办事处陈亮村。建于清道光七年（1827），坐西南向东北，土封石围，呈圆丘形。刘清（1742—1827），字天一，号松斋，陈亮堡人，清乾隆四十二年（1777）贡生，官至巡抚、刑部员外郎、山东登州总兵等。道光二年（1822）告老还乡，卒于道光七年（1827）。

赵尉三墓

1991 年被列为花溪区第一批区级文物保护单位，位于贵阳市花溪区黔陶乡黔陶村。清代墓葬。赵国澍，字尉三，青岩人，咸丰三年（1853）充青岩守备，创民团，任总办，咸丰十一年（1861）五月介入"青岩教案"，被法国公使指控为"祸首"。在该案了结前，他已在同农民起义军作战中中弹身亡。乡人收其遗骸，葬于挖煤冲黔陶村松山坡。

杨立信墓

2002 年被列为开阳县第三批县级文物保护单位，位于贵阳市开阳县楠木渡镇谷阳村桃子台。唐代墓葬，清咸丰二年（1852）重建，重建墓葬坐东南向西北，土封石围，呈圆丘形。杨立信，唐江西吉安府庐陵县人，唐随征黑羊箐（今贵阳）有功，授安抚司，为乖西（今开阳）土官杨氏始祖。

刘湧、刘俸墓

2002 年被列为开阳县第三批县级文物保护单位，位于贵阳市开阳县双流镇三合村。明代墓葬，封土圆丘形，坐西南向东北。刘湧、刘俸均为明代乖西蛮夷长官司副长官，卒后均葬于三合村光斗河黄土坡。

杨文桢墓

2002 年被列为开阳县第三批县级文物保护单位，位于贵阳市开阳县楠木渡镇谷阳村。明代墓葬。杨文桢（？—1411），元末明初乖西军民府（今开阳县）人。元末任乖西军民府土官，明洪武四年（1371）附明，授原官。永乐元年（1403），明改乖西军民府为乖西蛮夷长官司，授正长官世袭。永乐九年（1411）卒，葬于谷阳村关口。

周师皋墓

2002 年被列为开阳县第三批县级文物保护单位，位于贵阳市开阳县南龙乡翁朵村。明末清初墓葬。为周师皋与妻合葬墓，1929 年重建，坐南向北，土封石围，呈圆丘形。周师皋，四川铜梁（今属重庆市）人，明末任开州知州，卸任后隐居于云凤山长庆寺，被尊为"长庆寺开山始祖"。

何人凤墓

2002 年被列为开阳县第三批县级文物保护单位，位于贵阳市开阳县城关镇温泉村。清

🔺 何人凤墓

代墓葬。封土呈圆丘形，坐西北向东南。何人凤，贵阳人，自幼随父迁开州（今开阳），南明时因军功历任监纪、开州知州等职，晚年隐居山林。

何梦熊墓

2002年被列为开阳县第三批县级文物保护单位，位于贵阳市开阳县冯三镇堕秧村。清代墓葬。土墓，坐西南向东北。何梦熊，清初贵阳人，工诗文，善书法，曾献奇计平定吴三桂滇黔叛军有功。卒后与其妻合葬于家宅后。

寂桂和尚墓

2002年被列为开阳县第三批县级文物保护单位，位于贵阳市开阳县金中镇金华村。清代墓葬。坐东向西，封土呈圆丘形。寂桂和尚，明末玉皇观（已毁）"开山祖师"，清顺治七年（1650）卒后葬于观左前。

何庆松墓

2002年被列为开阳县第三批县级文物保护单位，位于贵阳市开阳县城关镇东山村。民国时期墓葬。坐西北向东南，封土呈圆丘形。何庆松，清光绪甲午年（1894）举人，直隶候选知县。清光绪二十一年（1895）五月，为"公车上书"中贵州95名签名举子之一。三次会试落第后回籍主讲于开阳书院，为最后一任"山长"。光绪二十八年（1902），为开阳学堂第一任堂长。宣统二年（1910），当选为开州城厢议事会首任议长。1920年病逝葬于东山村。

许阁书墓

2002年被列为开阳县第三批县级文物保护单位，位于贵阳市开阳县龙岗镇二村干洞坡。民国时期墓葬。许阁书，中国同盟会会员，贵州自治学社社员，贵州近代诗人，贵州辛亥革命烈士之一，任自治学社机关报《西南日报》主笔时，大量创作并发表近体诗和新诗，宣传革命。1912年，被反动派杀害于家乡，先葬于龙岗街上，后迁葬干洞坡。

张端望墓

2003年被列为清镇市第一批县级文物保护单位。位于贵阳市清镇市巢凤社区东山脚下，清代墓葬，为夫妻合葬墓，坐西向东，圆丘形，墓身为青石垒砌，墓碑为盘龙雕花牌楼式石碑，墓前有四柱三门式石坊，为清道光八年（1828）张日晟所建。张端望，国子监，赠奉政大夫、翰林院编修，加四级。

李仁宇墓

2005年被列为花溪区第三批区级文物保护单位，位于贵阳市花溪区贵筑街道办事处天鹅村李村寨西侧。明晚期墓葬。坐西向东，圆形石砌墓。李仁宇，镇山村、李村李、班两姓布依族之始祖，为明代入黔将军，是镇山村、李村的开创者。

周思稷墓

2010年被列为花溪区第四批区级文物保护单位，位于贵阳市花溪区青岩镇思潜村燕落沙台。明代墓葬。为周公夫妻合葬墓，坐东北向西南，封土墓，呈圆丘形。周思稷（？—

1623），青岩思潜人。明万历举人，历任新惠县、夷陵州，致仕。明天启二年（1622），安邦彦围攻贵阳，周思稷为贵阳巡城长官，守城年余，因城内粮尽，自杀以飨军。后被明朝廷追封为"诚意伯"，后人收其骨归葬思潜。

青岩明墓

2010 年被列为花溪区第四批区级文物保护单位，位于贵阳市花溪区青岩镇定广门。明代石室墓葬。原在青岩镇南街村菜园地，一座为单室，一座为双室。经贵州省文物考古研究所清理发掘后迁至定广门。

梅仕奇墓

2013 年被列为开阳县第三批县级文物保护单位，位于贵阳市开阳县南龙乡翁朵村。清代墓葬。坐西北向东南，封土呈圆丘形。梅仕奇，南贡人，乾隆特授扬威将军，专门负责办理皇家贡茶南贡茶。

杉树村秦文墓

2021 年被列为清镇市第三批县级文物保护单位，位于贵阳市清镇市站街镇杉树村。明代墓葬。

黄卓元墓

2021 年被列为观山湖区区级文物保护单位，位于贵阳市观山湖区金华镇苍坡村。清末墓葬。坐南向北，土坟，呈圆丘形。黄卓元（1853–1904），清同治十三年（1874）进士，授翰林院编修、詹事府正詹士、内阁学士兼礼部侍郎、国史馆功臣纂修官、文渊阁校理。历任云南省乡试副考官、会试同考官、四川省乡试正考官、顺天府乡试同考官。光绪二十年（1894）调任江西督学，二十四年（1898）休官回籍，后主讲于贵山书院。

杨家桥魏晋墓群

2018 年被列为贵州省第六批省级文物保护单位，位于贵安新区马场镇刘家村。魏晋南北朝时期墓葬。为贵州省文物考古研究所配合贵安新区磊庄至马场公路建设进行考古调查时发现。2014 年，贵州省文物考古研究所对杨家桥发现的 70 余座魏晋南北朝至宋明时期古墓葬中的三座墓葬进行清理，出土遗物有四系陶罐、陶釜、漆器、铁三脚架、铜手镯、铜戒指、料珠、圆形金片和铜饰等。出土文物现保存在贵州省文物考古研究所。

杨家桥考古

唐氏墓群

2015 年被列为贵阳市第七批市级文物保护单位，位于贵阳市乌当区水田镇竹林村蔡家寨成山。为唐氏家族墓地，墓群横排五座墓葬，中为唐炯祖父墓，左为唐炯父亲墓，右为唐炯墓，两侧各有一陪葬丫鬟墓。自清道光二年（1822）起，唐氏家族就陆续归葬于此。

朱氏家族墓群

2002 年被列为开阳县第三批县级文物保护单位，位于贵阳市开阳县双流镇双永村。清代墓葬。墓群现存墓葬七座，多为土封石围圆丘形，包括朱敬之墓，其妻喻太孺人墓，其孙朱正洪墓和朱正淮墓等。

何氏家族墓群

2002 年被列为开阳县第三批县级文物保护单位，位于贵阳市开阳县高寨苗族布依族乡平寨村。清代墓葬。墓群坐北向南，共有何氏清康熙至光绪年间墓葬 12 座，其中墓葬多为土封石围呈圆丘形。今仅存墓葬、墓碑、残华表等。

粑粑店墓地（粑粑店汉墓群）

2003 年被列为清镇市第一批县级文物保护单位，位于贵阳市清镇市王庄乡粑粑店村。汉代墓葬。原为三墓并排（原称为"粑粑店汉墓群"），后因修清毕公路清理两座，出土铁制刀、剑等物，经鉴定为汉代遗物。现仅存一座汉墓。

白泥田墓群

2003 年被列为清镇市第一批县级文物保护单位，位于贵阳市清镇市红枫湖镇白泥田村。魏晋至明代墓葬。共 7 个墓，其中明威将军墓为青石垒砌，呈圆丘形，其他 6 个墓为圆丘形土丘墓，7 个墓为前二后五分布。

万人坟墓群

2012 年被列为平坝县县级文物保护单位，位于贵安新区马场镇马场村。魏晋南北朝时期墓葬。1965—1966 年，贵州省博物馆在此发掘东晋墓两座，南朝墓三座，出土有陶、青瓷、铜、金、银、玛瑙、琥珀、料珠等器物。

熊家坡墓群

2012 年被列为平坝县县级文物保护单位，位于贵安新区马场镇马场村。魏晋南北朝至唐朝墓葬。1965 年，贵州省博物馆发掘南朝墓 9 座，出土陶、青瓷、铜、铁等器物，玛瑙、琥珀、料珠数百枚。

大松山墓群

2012 年被列为平坝县县级文物保护单位，位于贵安新区马场镇马场村。魏晋南北朝至宋元明时期墓葬。1965 年，贵州省博物馆在此发掘南朝墓两座，出土有陶罐、青瓷罐、鸡首壶等。为配合贵州医科大学新校区一期项目建设，2022 年 7 月至 2023 年 1 月，贵州省文物考古研究所联合北京大学、四川大学、中山大学对该墓群开展全面考古发掘，发掘面积13500 平方米，共清理墓葬 2192 座，出土各类文物 4000 余件（套）。2023 年入选"2022 年度全国十大考古新发现"。发掘出土文物目前保存在贵州省文物考古研究所。

🏛 大松山墓群

坟坝脚墓群

2012 年被列为平坝县县级文物保护单位，位于贵安新区马场镇刘家村。宋代墓葬，有古墓 100 余座。1965 年，贵州省博物馆在此发掘宋墓 1 座，出土罐、斧等陶器，发钗、戒指等铜饰，料珠，"景德元宝""熙宁元宝""政和通宝"等铜币。

六屯镇何氏墓群

2014 年被列为修文县第二批县级文物保护单位，位于贵阳市修文县六屯镇都堡村。明清墓葬。包括修文六屯何氏明初入黔始祖何济川墓，二代何彦清墓和张氏墓，三代何源墓，四代何镇墓、何锐与路氏合葬墓、何铣妻王氏墓，六代何柜妻胡氏墓等。

六广贾氏墓群

2018 年被列为修文县第四批县级文物保护单位，位于贵阳市修文县六广镇合营村大锅寨。墓群坐南向北，共有四座墓，男墓一座、女墓三座，为贾家的祖坟。其中男墓的墓主人为贾联登，明代战死，被追封为"总镇太子太保"，墓碑下有一块小碑，记录了其攻打水西的部分史实。

寺庙祠堂

长庆寺

1985 年被列为贵州省第二批省级文物保护单位，位于贵阳市开阳县南龙乡翁朵村。建于明崇祯三年（1630），原系周氏家祠，后毁于火灾，光绪二十九年（1903）重建，改为长庆寺。寺庙坐南向北，有山门、上殿、两厢、下殿等。

黔明寺

1985 年被列为贵州省第二批省级文物保护单位、汉族地区佛教全国重点寺院，位于贵阳市南明区中

开阳长庆寺

华南路街道办事处阳明路社区。宗教建筑，建于明末，清乾隆三十六年（1771）重修。民国时期，太虚法师曾在此讲经说法。现存藏经楼、弥勒殿、大雄宝殿、观音阁等建筑。

黔明寺

潮水寺

1985 年被列为贵州省第二批省级文物保护单位，位于贵阳市修文县龙场镇潮水村。建于明崇祯年间，为佛教禅宗寺庙，后改称"知非寺"，明末抗清大将钱邦芑（大错和尚）曾隐居于此。现存凉亭和观潮亭。

协天宫

1999 年被列为贵州省第三批省级文物保护单位，位于贵阳市乌当区东风镇乌当村。始建年代不详，清同治年间倾圮，光绪三十二年（1906）复建。由大殿、戏楼、南北厢楼组成封闭四合院。旧祀财神和三官，现为道教开放场所。

大觉精舍

2006 年被列为贵州省第四批省级文物保护单位，位于贵阳市云岩区中山东路街道办事处电台社区电台街，由贵州省近代重要人物华之鸿投资兴建于民国。主要建筑为五层五重檐八角攒尖顶木结构阁楼（底层为四角），与阁楼相对有藏经楼及两厢。整个建筑群造型别致，设计精巧，工艺水平很高，为贵阳市近代最为优秀的木结构建筑群。

刘统之先生祠

2015 年被列为贵州省第五批省级文物保护单位，位于贵阳市南明区大南门街道办事处白沙巷社区白沙巷，建于民国六年（1917）。原为贵州省财政厅厅长张协陆的私人宅院，后被贵州督军、省主席刘显世收购，改为祠堂以祭祀其父刘统之，请康有为题字"刘统之先生祠"。现为由前后院正房、厢房等组成的三进四合院。

刘统之先生祠

菖蒲堂

2018 年被列为贵州省第六批省级文物保护单位，位于贵阳市清镇市卫城镇小十字街，建于清同治九年（1870）。是由天井、正房、东西厢房、门厅及配房组成的四合院建筑，是贵州省发现的有"堂号"的保存较为完整的传统中药店铺。

三元宫

1981 年被列为贵阳市第一批市级文物保护单位，位于贵阳市南明区市府路街道办事处，清代建筑群。原名三官庙，是规模宏大的清代三进三院的古建筑群，旧时为贵阳三大道观之一，后由于明文阁、船楼的修建，三元宫逐渐演变成儒、佛、道三教合一的寺院。现存明文阁、船楼等。

观音洞

1983 年被列为贵阳市第二批市级文物保护单位，位于贵阳市南明区油榨街街道办事处青年路社区。清代中期，卄始在洞口凿路筑台建寺，以布局精巧而著称。

清真寺

1983 年被列为贵阳市第二批市级文物保护单位，位于贵阳市云岩区团结巷，建于清雍正二年（1724）。现存大殿，寺内珍藏手抄本阿拉伯文《古兰经》和伊斯兰教著名经师马复初著《幽明释义》（汉文）木刻版全套数十块，是全国重点清真寺之一，省、市伊斯兰教协会所在地。

刘氏支祠

1987 年被列为贵阳市第三批市级文物保护单位，位于贵阳市云岩区中华中路街道办事处贵山社区忠烈街，建于民国六年（1917），是贵州名贤刘春霖的家祠。刘氏支祠坐北朝南，是由大门、戏楼、两间耳房及东西厢房、享堂构成的一座封闭式四合院。

刘氏支祠

后所祖师庙

1997 年被列为贵阳市第四批市级文物保护单位，位于贵阳市乌当区东风镇后所村，建于明万历年间。原由祖师大殿、观音殿、戏楼、两厢钟楼、鼓楼组成两个四合院。旧时祭真武大帝，称为祖师庙，此庙佛道并存。

迎祥寺

1997 年被列为贵阳市第四批市级文物保护单位，位于贵阳市花溪区青岩镇南街，建于明天启年间，称斗姆阁。清道光八年（1828）至十二年（1832）扩建，改称迎祥寺，坐西向东，附属建筑有山门、牌坊、天王殿、两厢、韦驮殿等。

寿佛寺

1997 年被列为贵阳市第四批市级文物保护单位，位于贵阳市花溪区青岩镇书院街，建于清道光九年（1829）。寺庙坐南向北，为二进院落，有山门、戏楼、两厢、正殿、后殿等。

灵永寺

2003 年被列为贵阳市第五批市级文物保护单位，位于贵阳市观山湖区百花湖乡中十村，建于明初。现存正殿，寺内有记述建文帝避难于此间的残碑碎块。

凤池寺

2003 年被列为贵阳市第五批市级文物保护单位，位于贵阳市息烽县西山镇西山村，建于明崇祯年间。现存建筑为僧法华于光绪年间重建，有正殿、下殿和两侧厢房共 4 栋。

川主庙

2003 年被列为贵阳市第五批市级文物保护单位，位于贵阳市乌当区下坝镇下坝村。现存建筑有清乾隆五十三年（1788）建的石山门、大佛殿，同治八年（1869）建的大兴堂观音殿，光绪十年（1884）敕赐建的大兴堂川主殿及二厢房。其坐西北向东南，为砖木结构建筑。

赵公专祠

2003 年被列为贵阳市第五批市级文物保护单位，位于贵阳市花溪区青岩镇南街，建于清同治年间，为赵国澍专祠。祠坐南向北，有大门、过厅、两厢、享堂等。

天主教堂

2003 年被列为贵阳市第五批市级文物保护单位，位于贵阳市云岩区普陀路街道办事处和平社区陕西路，建于清嘉庆三年（1798），是贵州天主教历史最悠久的教堂。教堂融合中西而更富于中国建筑特色，现有牌坊、大堂和钟楼等。

天主教堂

周氏宗祠

2015 年被列为贵阳市第七批市级文物保护单

位，位于贵阳市花溪区黔陶布依族苗族乡骑龙村，建于清代。宗祠坐西向东，面阔三间。

回龙寺塔林

2015 年被列为贵阳市第七批市级文物保护单位，位于贵阳市观山湖区金华镇下铺村，建于清代。共有历代主持禅师石塔 6 座，塔上均有文字，风化严重。

🏠 金华镇回龙寺

方家祠堂及方氏民居

2019 年被列为贵阳市第八批市级文物保护单位，位于贵阳市南明区永乐乡水塘村，建于清代晚期，由祠堂与民居组成。祠堂建筑为三合院式布局，由飨堂、东、西厢房、庭院、大门组成；方氏民居紧邻祠堂西面，由两个大小不一的院落组成。

西山瞿昙寺

1984 年被列为息烽县第一批县级文物保护单位，位于贵阳市息烽县西山乡西山村，清代建筑，为西山八大庙之一。清顺治十六年（1659），僧瞿昙始建该寺，因年久失修，其上、中、下殿逐渐垮塌，现仅存下殿厢房的一座木结构穿斗式悬山青瓦顶建筑。

花街罗氏宗祠

2010 年被列为花溪区第四批区级文物保护单位，位于贵阳市花溪区石板镇花街村，建于清道光八年（1828）。坐东向西，原由大门、两厢、钟鼓楼、堂组成"品"字形院落，现存大门、两厢、享堂。

青岩川主庙

2010 年被列为花溪区第四批区级文物保护单位，位于贵阳市花溪区青岩镇状元街。川主庙即四川会馆，清代建筑，用以祭祀川祖李冰父子。由大殿、戏楼、两厢组成。

警世堂

2015 年被列为云岩区第一批区级文物保护单位，位于贵阳市云岩区延安中路街道办事处下合群社区黔灵西路，建于民国十七年（1928）。现有三大主体建筑，前院为教会事务大楼，中院为哥特式礼拜堂，后院为宿舍。其前身为基督复临安息日会贵阳教会警世堂。1986年，改建后的基督教堂开始对外开放。

葛氏宗祠

2018 年被列为修文县第四批县级文物保护单位，位于贵阳市修文县六屯镇独山村，清代建筑。宗祠坐东向西，面阔三间，进深一间，现保存状况一般。

回龙寺

被列为观山湖区区级文物保护单位，位于贵阳市观山湖区百花湖乡萝卜哨村，建于清代。依山势建有山门、大殿、两厢房及后殿，坐西向东。现左厢房唯存，大殿余原基础，另有回龙寺诗碑一通。

亭台楼阁

文昌阁和甲秀楼

2006 年被列为第六批全国重点文物保护单位，位于贵阳市云岩区中山东路和南明区翠微巷。文昌阁建于明万历二十四年（1596），为三层三檐不等边九角攒尖顶，包括文昌阁和

■ 甲秀楼夜景

武胜门；甲秀楼为巡抚江东之于万历二十六年（1598）所建，包括甲秀楼、浮玉桥、涵碧亭、翠微园、拱南阁和龙门书院等几组建筑。

乌当来仙阁

1985 年被列为贵州省第二批省级文物保护单位，位于贵阳市乌当区东风镇麦穰村，建于明万历年间，由阁、山门、禅房、廊、照壁组成。

来仙阁

观风台

1983 年被列为贵阳市第二批市级文物保护单位，位于贵阳市南明区西湖路街道办事处，建于明万历三十二年（1604），又名观象台。时任贵州巡抚毕三才因连年水患且无治水良策而担忧，故修建观风台以镇水口。现遗存明代马福及其子马应龙以及张先壁等人坟墓。

棠荫亭

1997 年被列为贵阳市第四批市级文物保护单位，位于贵阳市云岩区环城北路街道办事处合群社区城基路贵阳市第五中学内，建于民国二十一年（1932），是贵阳县（今贵阳市）各界民众为表达对县长郑绍臣的感激和敬仰之情而建立的纪念亭。棠荫亭四角攒尖，青瓦覆面，亭内以壁为龛，上嵌上竖下横青石石刻二方，竖为线刻郑绍臣先生肖像，横为 700 余字的阴刻楷书《棠荫亭铭并序》。

摆郎风水塔

1997 年被列为贵阳市第四批市级文物保护单位，位于贵阳市南明区云关乡摆郎村富水南路南端，始建时间不明。清道光《贵阳府志》中有相关记载。塔的外观结构为阁楼式，共9层，高约22米，呈六角形，上小下大，以巨型条石砌成。

梯青塔

2003年被列为贵阳市第五批市级文物保护单位，位于贵阳市清镇市红新社区河堤村，清道光二十九年（1849）由云南巡抚张日晸建造。坐西向东，通高21米，为七级封闭式六角形结构，塔基由石砌成，底层塔身正面东向行楷书阴刻清镇县令李隆萼题写的"梯青"二字，底层塔身东南面嵌有云南巡抚张日晸亲笔撰写的《新建梯青塔记》碑。

摆郎回龙寺戏楼

2003年被列为贵阳市第五批市级文物保护单位，位于贵阳市南明区云关乡摆郎村摆郎小学内，建于清代。寺已圮毁，现仅存戏楼一座，主体结构尚存，楼顶已垮塌，损毁严重。

🔺 梯青塔

花溪公园防空亭

2015年被列为贵阳市第七批市级文物保护单位，位于贵阳市花溪区花溪公园内，由防空学校照测总队于1939年建。防空亭为坐北向南的石柱六角攒尖青瓦顶，两石柱上隶书阴刻对联："登高一呼，举国防空都有赖；极目四望，万方悬物总无穷。"

惜字塔

2015年被列为贵阳市第七批市级文物保护单位，位于贵阳市乌当区东风镇龙井村，始建年代不详，民国三十年（1941）在原址上重修。为六面六角攒尖顶五层砖石结构空心塔，第一层为青石砌筑，其余四层以青砖砌成。

大荆惜字塔

2013年被列为开阳县第三批县级文物保护单位，位于贵阳市开阳县龙岗镇大荆村，清道光二十年（1840）修建。坐北向南，塔座、塔身与塔顶浑然一体，为青石砌筑的三层葫芦刹顶空心塔。

黔灵山六角石亭

2015年被列为云岩区第一批区级文物保护单位，位于贵阳市云岩区头桥路街道办事处双峰社区枣山路黔灵公园内，清代建筑。为白棉石的六角石亭，原是清军将领朱射斗墓的亭子，后搬迁至黔灵公园内。

井泉

圣泉

1983 年被列为贵阳市第二批市级文物保护单位，位于贵阳市云岩区黔灵镇三桥村，为明代建筑。现存泉池与石牌坊、亭，是贵州省历史上的著名古迹。

🏛 圣泉

珍珠泉

1987 年被列为贵阳市第三批市级文物保护单位，位于贵阳市观山湖区世纪城街道金源街和北京西路交叉口，是明朝"贵阳八景"之一，泉塘分为大塘和小塘两处。

檀泉

2011 年被列为贵阳市第六批市级文物保护单位，位于贵阳市云岩区头桥路街道办事处双峰社区枣山路黔灵公园内，建于清代以前。由井、水池和摩崖组成。

东风镇龙井

2011 年被列为贵阳市第六批市级文物保护单位，位于贵阳市乌当区东风镇龙井村。龙井为明洪武年间"调北征南"的屯军移民开凿，由 5 个并列的井塘组成。

玉元井

2011 年被列为贵阳市第六批市级文物保护单位，位于贵阳市云岩区三民东路，俗称三官殿井，明代水井。井水自地底涌出。今四周建高楼，井被封闭，井水用钢管引出至屋侧，供居民汲用。

太乙井

2011 年被列为贵阳市第六批市级文物保护单位，位于贵阳市云岩区宅吉村。明代贵阳名井，井上建有房屋。

薛家井

2011 年被列为贵阳市第六批市级文物保护单位，位于贵阳市云岩区延安中路街道办事处团结社区文庙巷，明代水井。井坐西北向东南，井水从岩隙涌出，尚清洁可饮。

八里屯龙井

2011 年被列为贵阳市第六批市级文物保护单位，位于贵阳市南明区云关乡二戈村八里屯，明代水井。现水井坐西向东，被水泥修砌的台子密封，用水管将水引出，修砌有 4 个蓄水池。

南岳山月亮井

2011 年被列为贵阳市第六批市级文物保护单位，位于贵阳市南明区兴关街道办事处南厂路社区，明代水井。井坐西向东，井石壁上原有字，由于风化严重，字迹模糊不清。

青岩龙井寨龙井

2011 年被列为贵阳市第六批市级文物保护单位，位于贵阳市花溪区青岩镇龙井村，明末水井，村因该井得名。龙井四周以料石砌筑，分为三池，首池饮用，二池洗菜，三池洗衣及牲畜饮用。

四方井

2011 年被列为贵阳市第六批市级文物保护单位，位于贵阳市云岩区中山东路街道办事处东新社区市东村路，清代水井。原有正方形井口一个，后在主井口两侧新修两个小井口。

青岩龙井寨龙井

月亮井

2011 年被列为贵阳市第六批市级文物保护单位，位于贵阳市云岩区头桥路街道办事处双峰社区枣山路黔灵公园，赤松于康熙三十年（1691）开凿，为纪念赤松的大德业绩，弘福寺立碑志之。现存井和石碑。

白象泉

2011 年被列为贵阳市第六批市级文物保护单位，位于贵阳市云岩区头桥路街道办事处双峰社区枣山路黔灵公园内，清代水井。井坐西南向东北，井上修砌有二层的石质围栏、围亭，护板和望柱上雕有白象。

🏠 黔灵山白象泉

金顶山井

2011 年被列为贵阳市第六批市级文物保护单位，位于贵阳市云岩区头桥路街道办事处金鼎社区金顶路，为清代四方形井。

白腊井

2011 年被列为贵阳市第六批市级文物保护单位，位于贵阳市云岩区宅吉路街道办事处金仓社区，清代水井。井口修砌成蘑菇状，井东侧有梯形蓄水池。

皂角井

2011 年被列为贵阳市第六批市级文物保护单位，位于贵阳市南明区中曹司街道办事处皂角井路社区，清代水井。井坐东南向西北，围有水泥台。

大井

2011 年被列为贵阳市第六批市级文物保护单位，位于贵阳市云岩区宅吉路街道办事处吉祥社区吉祥路，清代水井。井有两口，坐西向东，现只用前井。

龙家寨龙井

2011 年被列为贵阳市第六批市级文物保护单位，位于贵阳市南明区云关乡二戈村，清代水井。现为密封井，外有两个蓄水池。

猪鬃厂井

2011 年被列为贵阳市第六批市级文物保护单位，位于贵阳市南明区西湖路街道办事处，清代水井。井水从山洞中流出。

清华中学水井

2011 年被列为贵阳市第六批市级文物保护单位，位于贵阳市花溪区清华中学校园内，1939 年建校之初开凿。水井呈长方形，常年水流量基本稳定。水井上方有一石刻，阴刻"松风水月"4 字，系原清华中学校长唐树本所题。

扁井

2011 年被列为贵阳市第六批市级文物保护单位，位于贵阳市云岩区宅吉路街道办事处扁井社区扁井巷，清代水井。井坐南向北，北侧是两个并列的蓄水池。

▮扁井

险峰井

2015 年被列为贵阳市第七批市级文物保护单位，位于贵阳市乌当区羊昌镇马场村马堡组东侧。井房坐西向东，建有配电房、水泵房、蓄水池。井北侧有清道光六年（1826）所立重修水井碑 1 通，记述重修经过和用水规约。

新堡水井

2015 年被列为贵阳市第七批市级文物保护单位，位于贵阳市乌当区新堡布依族乡新堡村寨中。井坐西北向东南，乃石砌拱顶半封闭长方形水井，为明代江西移民开凿，现仍使用。井左侧立有一青石方首残碑，字迹风化较重，部分字迹可辨。

新堡水井

窦官大龙井

2019 年被列为贵阳市第八批市级文物保护单位，位于贵阳市观山湖区朱昌镇窦官村，明代水井。坐东向西，为"一井二池"布局，井上新修有水泥盖板，保护水井。

泗溪吊井

2019 年被列为贵阳市第八批市级文物保护单位，位于贵阳市修文县扎佐镇泗溪村，清代水井。坐北向南，背靠山，呈三口井一线连，井边立有一块碑，碑中间有"敕封水府井泉龙王位"几字、左有"首信世夏登彦夏尚书撰"字样、右有"道光二十六年九月上浣"数字。

百花山水井

2015 年被列为云岩区第一批区级文物保护单位，位于贵阳市云岩区贵乌路街道办事处百花山社区百花山路，清代水井。井坐北朝南。

八眼井

2021 年被列为清镇市第三批县级文物保护单位，位于贵阳市清镇市青龙山街道办事处清泉巷，为明代屯军修建。因水井有 8 个井孔而得名，水质清澈，井水常年不枯。水井呈椭圆形，井沿均等地排列着 8 个圆形井孔，井孔仅能放进一只桶。井孔盖板呈八边形，水井周围地面用石板铺砌。

古桥梁

乌当桥

1997 年被列为贵阳市第四批市级文物保护单位，位于贵阳市乌当区高新社区新庄村。明代宣慰司舍人宋辂建，为九孔石孔平桥，跨南明河，东西向，曾为乌当区南北交通的主要大桥。

🏠 乌当桥

永安桥

1997 年被列为贵阳市第四批市级文物保护单位，位于贵阳市白云区沙文镇斑竹村，清嘉庆十三年（1808）建。横跨斑竹河，南北走向，为单券单孔石拱桥，保存完好，至今仍在使用。

龙洞桥

2003 年被列为贵阳市第五批市级文物保护单位，位于贵阳市双龙龙洞堡街道办事处龙水路社区龙洞堡，建于明代。为青条石砌成的"S"形三孔石拱桥，东西朝向，跨渔梁河，为明、清湘黔驿道之要津。

沈官桥

2003 年被列为贵阳市第五批市级文物保护单位，位于贵阳市白云区麦架镇新村，明万历年间建。为单券单伏三孔石桥，桥西北面公路旁有建桥记事碑一通，立于万历二十五年（1597），题额"南无阿弥陀佛"，碑文竖向楷书阴刻，"万历丁酉仲冬修桥碑记"几字依稀可辨，其余多数已模糊不清。

普渡桥

2003 年被列为贵阳市第五批市级文物保护单位，位于贵阳市乌当区下坝镇下坝村，建于清嘉庆十九年（1814）。桥为实肩式青石单拱平桥，东西向，跨普渡河上，青石铺面。桥两边护栏望柱头分别为螺丝、官帽、陶钵、鼓、寿桃、猴头、南瓜、顶子、灯笼 9 组对称石雕，桥头立有赞咏普渡桥修建的诗文碑以及维修普渡桥碑记 4 通，桥两端连接下坝古道。

马场大河桥

2015 年被列为贵阳市第七批市级文物保护单位，位于贵阳市乌当区羊场镇马场村，建于明代。为三孔石拱桥，桥南有一红棉石圆首碑记，额题"大河桥碑记"，碑文字迹严重风化，不可辨，唯见落款"隆庆三年"字样。

马铃石拱桥

2015 年被列为贵阳市第七批市级文物保护单位，位于贵阳市花溪区马铃布依族苗族乡马铃村，建于清乾隆四十一年（1776）。桥为单孔石拱，南北向，跨马铃河，桥西处立功德

🔺 马岭石拱桥

碑一通。

红湖村姬昌桥

2015 年被列为贵阳市第七批市级文物保护单位，位于贵阳市清镇市红枫湖下游猫跳河上，清道光十七年（1837）重修。横跨东南至西北，青石垒砌，两边为山，15 孔桥。

花溪马鞍桥

2015 年被列为贵阳市第七批市级文物保护单位，位于贵阳市花溪公园内，建于 1939 年，为东西向跨花溪河的单孔石拱桥。

卫城毛桥

2019 年被列为贵阳市第八批市级文物保护单位，位于贵阳市清镇市卫城镇黎明村，建于明崇祯年间。桥为四柱三孔，中孔尤大，侧孔略小，横跨跳墩河南北两岸，青石垒砌。

窦官上桥

2019 年被列为贵阳市第八批市级文物保护单位，位于贵阳市观山湖区朱昌镇窦官村，建于明代。跨南门河，为石砌单拱桥，呈南北走向，桥面铺石块。

中坝石拱桥

2019 年被列为贵阳市第八批市级文物保护单位，位于贵阳市观山湖区朱昌镇赵官村，建于清代。桥东西向，跨河边河（当地俗称），为单拱石桥。

新龙洞桥

2019 年被列为贵阳市第八批市级文物保护单位，位于贵阳市南明区龙洞堡街道办事处龙水路社区龙洞堡鱼梁河上，建于民国十七年（1928）。桥南北向，三孔石桥。

三板桥

2002 年被列为开阳县第三批县级文物保护单位，位于贵阳市开阳县冯三镇安坪村，由乖西长官司正长杨镶及江西客商建于明万历二十三年（1595）。该桥是明清时期川黔古道上的桥梁，为单孔石拱桥，南北向，跨谷撒河，桥面青石铺墁。

迎仙桥

2002 年被列为开阳县第三批县级文物保护单位，位于贵阳市开阳县冯三镇安坪村，建于清康熙三十七年（1698）。由乖西蛮夷长官司正长官杨兆麟倡建。桥南北向，横跨谷撒河支流三板溪。建桥碑仍存，为青石质，方首形。碑额刻"迎仙桥"，碑文大多因风化已不可识。

西清桥

2003 年被列为清镇市第一批县级文物保护单位，位于贵阳市清镇市红枫湖镇骆家桥村，建于明代。桥为 4 孔石拱桥，跨南北两岸，青石垒砌。

花溪百步桥

2010 年被列为花溪区第四批区级文物保护单位，位于贵阳市花溪区溪北街道办事处贵筑社区花溪公园内。1939 年建于清代戴君赐、周项两大户修建的拦河坝上，桥分两段，西一段为东西走向，东一段为西南东北走向。

花溪百步桥

修文北门桥

2016年被列为修文县第三批县级文物保护单位，位于贵阳市修文县龙场街道中山居委会，明代水西彝族女政治家奢香夫人所建。桥呈东西走向，为双心7孔石拱桥，5个分水剪，青石护栏，为九驿十桥之一，是龙场九驿驿道的重要组成部分。

修文玩易古桥

2016年被列为修文县第三批县级文物保护单位，位于贵阳市修文县龙场街道新春村，建于明代。为单孔石拱桥，奢香建"龙场九驿"时建。桥体保存完好，桥的东端仍保存着较好的驿道。桥为东西向，青石修砌。

扎佐和平古桥

2016年被列为修文县第三批县级文物保护单位，位于贵阳市修文县扎佐镇，清代建筑。桥为双心三孔桥，南北走向，水流自西向东。桥面原为青石板铺墁，现为石沙子铺墁，是川黔驿道的重要组成部分。

扎佐西门桥

2016年被列为修文县第三批县级文物保护单位，位于贵阳市修文县扎佐镇，清代建筑。桥为双心三孔桥，东西走向，水流自北向南。桥两边有挡水墙，有引桥，西接西门桥街，东接景阳书院。桥面为青石板铺墁，两边为石护栏，桥面现改造为水泥硬化路面，是川黔驿道的重要组成部分。

下水石桥

2018 年被列为白云区第三批区级文物保护单位，位于贵阳市白云区都拉布依族乡上水村下水寨，建于清乾隆五十年（1785），东西向，横跨下水河下游，为单伏单券单孔石拱桥。

老院村王家桥

2021 年被列为清镇市第三批县级文物保护单位，位于贵阳市清镇市犁倭镇老院村彭家湾，建于明末。桥长约 10 米，三孔石质桥，青石垒砌，中间桥孔较大，两边桥孔较小。

石刻

画马崖

1985 年被列为贵州省第二批省级文物保护单位，位于贵阳市开阳县高寨苗族布依族乡平寨村，年代不详。现画马崖共有三处岩画，两处分别位于清水江西岸"画马崖"南北小崖口和大崖口，一处位于清水江西岸梯子岩。小崖口岩画有赭色涂绘的太阳、马、人等图像；大崖口岩画有赭色涂绘的星辰、太阳、人、马、鹤、洞等图像；梯子岩岩画有赭色涂绘的星辰、太阳、人、马、鹤、洞等图像。

是春谷摩崖

1985 年被列为贵州省第二批省级文物保护单位，位于贵阳市双龙小碧乡，成于乾隆五十八年（1793）。首题"是春谷"三字，其余摩崖文字包括《洗新泉集序》和《诗经》《尔

211

雅》《春秋》《楚辞》等集句两部分。刻文为阴刻直排楷书，共两万余字。

是春谷摩崖

花溪燕楼金山洞摩崖石刻

2015 年被列为贵州省第五批省级文物保护单位，位于贵阳市花溪区燕楼镇。石刻刻于金山洞洞口西侧崖壁上，竖向楷书阴刻，所记为元代金竹府开发燕楼事。推测刻于元贞二年（1296）。

见龙洞摩崖

1983 年被列为贵阳市第二批市级文物保护单位，位于贵阳市双龙龙洞堡街道办事处龙水路社区见龙洞路。现存明嘉靖十九年（1540）李璋、唐英的诗碑二方和明万历二十九年（1601）贵州巡抚郭子章所题"见龙洞"摩崖。

相宝山摩崖

1983 年被列为贵阳市第二批市级文物保护单位，位于贵阳市云岩区宝山北路。相宝山寺为贵州唯一的曹洞宗道场，包括西峰和东峰两座相连的山峰。西山半山腰碧云洞上方石壁还镌有庆均书"相宝留云"，另一处为咸丰时贵州提督赵德昌书"黔阳半壁"，字大如斗，清晰显眼。

图云关摩崖

1983 年被列为贵阳市第二批市级文物保护单位，位于贵阳市双龙龙洞堡街道办事处机场路社区图云关森林公园内，清代石刻。图云关为古代贵阳南出驿道之首关，现留有康熙甲子春二月摩崖"黔南首关"和赵德昌《新修图云关·荩忠楼记》及七言律诗碑等石刻 6 块。

🔆 图云关摩崖

安家洞摩崖

2003 年被列为贵阳市第五批市级文物保护单位，位于贵阳市开阳县宅吉乡堰塘村，刻于明万历年间。洞内有摩崖石刻多方，且多为土司诗作，迄今保存尚好。

二屯岩摩崖

2015 年被列为贵阳市第七批市级文物保护单位，位于贵阳市花溪区高坡苗族乡石门村南，刻于明弘治十三年（1500）。该石刻呈横长方形，横向楷书双沟阴刻"永镇边夷"4 字，上款竖向楷书阴刻"洪边兵临"，下款竖向楷书阴刻"弘治庚申"。

一帆风顺摩崖

2015 年被列为贵阳市第七批市级文物保护单位，位于贵阳市清镇市新岭社区青山村。摩崖坐南朝北，竖向楷书阴刻"一帆风顺"4 字，由清镇知县吴镜澄题于清道光十五年（1835）。

灵应山摩崖

2015 年被列为贵阳市第七批市级文物保护单位，位于贵阳市花溪区高坡苗族乡新安村，刻于清道光十六年（1836）。其包括"同结善缘""永垂万古""旗石"连山碑，"灵应山""仙井""玉池""溪"字，"高山仰止""飞云岩"等摩崖石刻。

灵应山摩崖

生聚教训摩崖石刻

2015 年被列为贵阳市第七批市级文物保护单位，位于贵阳市花溪区花溪公园麟山东麓崖壁上。时任贵阳县县长、花溪公园肇兴者刘剑魂题于 1939 年，取意于春秋时期越王勾践亡国后的"十年生聚，十年教训"。摩崖距竖向行书阴刻"生聚教训"4 字。

万民沾恩碑

2015 年被列为贵阳市第七批市级文物保护单位，位于贵阳市乌当区喇平村寨中土地庙

万民沾恩碑

前左侧，立于清道光八年（1828）。碑为青石质，方首，额题"万民沾恩"4字，碑文阴刻楷书，共计1200余字，记贵筑县知县派员赴云南采购竹木修建贡院并处理贪污案事。

断案碑

2015年被列为贵阳市第七批市级文物保护单位，位于贵阳市乌当区新场乡大岗村，立于民国时期。断案碑为双面碑，青石方首，阳面直行阴刻楷书，记述了当地火神庙僧人与该村村民罗慧章等人因不沿袭祖人交纳租米入庙规约而发生纠纷一事，记刻于民国二年（1913）。阴面碑额题"万古流芳"，直行阴刻楷书，主要讲述阳面所记案件断案时处理公正，颂扬公正、行善之举，刻于民国十三年（1924）。

鹿窝永乐五年盟誓碑

2019年被列为贵阳市第八批市级文物保护单位，位于贵阳市息烽县鹿窝镇三友村。此碑刻于三友村一田边的石头上，右上阴刻"日"，左上阴刻"月"，二字各用一圆圈圈上，碑中部竖向阴刻"万古丛林"4字，左侧竖向阴刻"永乐五年正月盟誓"。

大林生态碑

2019年被列为贵阳市第八批市级文物保护单位，位于贵阳市白云区牛场布依族乡大林村，清光绪十九年（1893）立。碑为青石质，方首，碑上书"永垂万古""清光绪十九年二月二十四日立"等字样，字体为楷书、阴刻，共计528字，碑文所记为保护生态环境的乡规民俗。原立于寨中，后迁移至寨外道旁。

大林生态碑

下铺乡村民约碑

2019年被列为贵阳市第八批市级文物保护单位，位于贵阳市观山湖区金华镇下铺村，立于清咸丰元年（1851）。碑为白绵石质，方首，额刻"禁止碑"3字，碑文竖向楷书阴刻，记禁止在该地开石挖泥、砍柴割草、放牧牲畜等乡规。

龙门摩崖石刻

2019年被列为贵阳市第八批市级文物保护单位，位于贵阳市南明区龙洞堡街道办事处见龙路社区龙洞堡见龙桥对面的东面山崖上，刻于民国时期。摩崖大字为"龙门"两字，右面小字为"中华民国戊辰"，左面落款"胡羽高□"。

高峰山西来面壁摩崖

1982年平坝县人民政府将其被列为县级文物保护单位，位于贵安新区马场镇烂坝村高峰山。石刻坐西北向东南，自然岩石平面，青石质，从右至左横向楷书阴刻"西来面壁"4字，侧有竖向行书阴刻对联一副。

宅吉减粮碑

2002年被列为开阳县第三批县级文物保护单位，位于贵阳市开阳县宅吉乡堰塘村，立于清光绪七年（1881）。碑为青石质，方柱形，碑阳竖向阴刻"当今皇上万岁万万岁"；碑左楷书阴刻，记调补贵阳府开州正堂加三级记录三次梁为剀切晓谕照章减征事等事；碑右和碑阴刻各户减粮后应征银两及有关立碑事项。

青龙山摩崖

2003年被列为清镇市第一批县级文物保护单位，位于贵阳市清镇市青龙办事处青山村，刻于明代。现存摩崖两方，一为"忠孝神潭"，一为"仰之弥高"。

石关晓谕碑

2003年被列为清镇市第一批县级文物保护单位，位于贵阳市清镇市百花社区石关村，立于清乾隆二十八年（1763）。碑坐北向南，为青石质，方首形，额首阴刻"饮水思源"4字，碑文竖向楷书阴刻，记贵州总督部院摊派民夫之规定。

石关晓谕碑

高寨招民复业碑

2010年被列为花溪区第四批区级文物保护单位，位于贵阳市花溪区高坡苗族乡高寨村，立于清雍正九年（1731）。青石质，圆首，额题"碑记"，碑文楷书阴刻，记大平伐长官司招民复业事。

翁岗乡规民约碑

2010年被列为花溪区第四批区级文物保护单位，位于贵阳市花溪区党武街道翁岗村，立于清咸丰十一年（1861）。方首，额题"永垂不朽"4字，记禁止放火烧山、用药毒鱼、禁止打鱼以及相关的奖惩规定。

批摆晓谕碑

2010年被列为花溪区第四批区级文物保护单位，位于贵阳市花溪区高坡苗族乡批林村，立于清光绪七年（1881）。方首，青石质，额题楷书阴刻"永定章呈"，碑文竖向楷书阴刻，记对"批摆等处应纳余银事"进行规定并晓谕。

花溪放鹤洲摩崖石刻

2010年被列为花溪区第四批区级文物保护单位，位于贵阳市花溪区花溪公园麟山山脚南侧。横长形，横向楷书阴刻"放鹤州"。

西望山摩崖石刻群

2011年被列为息烽县第三批县级文物保护单位，位于贵阳市息烽县西山镇、鹿窝镇的西望山山脉。已查明分布于西望山脉的摩崖石刻共22处，有"西望山""无上乘""夫容障""鹿溪""松谷""雨花瀑""佛香湾""龙脊""天柱峰""天风岭""翠微巅""天门石"等。

新生活第一纪念林摩崖

2015年被列为云岩区第一批区级文物保护单位，位于贵阳市云岩区头桥路街道办事处双峰社区枣山路黔灵公园内，民国时期石刻。摩崖阴刻，从右向左横书，"新生活第一纪念林"，字

西望山摩崖石刻

迹保存较好，落款仅"中华民国"4字依稀可辨。

佛洞山摩崖

2018年被列为修文县第四批县级文物保护单位，位于贵阳市修文县六广镇新中村，刻于清道光二十三年（1843）。其呈长方形，竖排楷书阴刻，摩崖题名《佛洞山碑序》，记佛洞山寺修建经过、庙产、四至范围、修建人，以及佛洞山作为佛教寺庙祭拜圣地的盛况和周边环境。

手爬岩岩书

2018 年被列为修文县第四批县级文物保护单位，位于贵阳市修文县大石布依族乡大屯村，刻于清代。早期的岩书为红色矿物颜料，晚期的岩书为黑色墨汁，内容多为当地百姓为保佑儿子平安长大拜此石为保爷的记录。

节孝坊

高张氏节孝坊

2015 年被列为贵阳市第七批市级文物保护单位，位于贵阳市南明区油榨街街道办事处南岳路社区，建于清道光二十一年（1841）。形制为三间四柱四阿顶式石结构。

▲ 高张氏节孝坊

贾顾氏节孝坊

2015 年被列为贵阳市第七批市级文物保护单位，位于贵阳市南明区兴关路街道办事处营盘路社区，建于清同治十年（1871），形制为三间四柱，顶残缺。

大梨树刘左氏节孝坊

2019年被列为贵阳市第八批市级文物保护单位，位于贵阳市清镇市红枫湖镇民联村，建于清道光二十二年（1842）。坐东北向西南，为四柱三门二楼，白棉石牌坊，为旌表刘左氏之守节所立，现存三柱二门。

旧居旧址

王伯群旧居

1999年被列为贵州省第三批省级文物保护单位，位于贵阳市南明区大南门街道办事处护国路社区护国路，建成于1917年。原为中、西不同风格的两组建筑，中式建筑后被拆除，其西式建筑由长方形主楼和圆柱形塔楼组合而成，是贵阳市城区仅存的几座中西合璧的近代建筑之一。

赵以炯故居

1999年被列为贵州省第三批省级文物保护单位，位于贵阳市花溪区青岩镇赵状元街中段，清代建筑。赵以炯（1857—1906），字仲莹，青岩镇人，光绪十二年（1886）中状元。其故居坐南向北，为二进院落，有朝门、两厢、过厅、正房及泉井、花园等。

花溪桐埜书屋

2015年被列为贵州省第五批省级文物保护单位，位于贵阳市花溪区黔陶布依族苗族乡，始建于康熙初年，1985年重修。坐东向西，有朝门、影壁、正房、北厢房、草亭、荷花池和慧泉等。周渔璜，名起渭，号桐埜，黔陶骑龙人，曾任侍读学士、詹事府詹事等职。参与编修《贵州通志》《康熙字典》，著有《桐埜诗集》等。

桐埜书屋

贵州省银行旧址

2015 年被列为贵州省第五批省级文物保护单位，位于贵阳市云岩区中山西路街道办事处公园路社区中山西路，始建于民国三十年（1946），为当时官商合办的贵州省银行营业及办公大楼。建筑平面基本为矩形，坐北面南。

🚩 贵州省银行旧址（现为中国工商银行使用）

虎峰别墅

2015 年被列为贵州省第五批省级文物保护单位，位于贵阳市云岩区中山东路街道办事处民生路社区中山东路，为民国时期贵州省主席王家烈所建公馆。其主要建筑为砖木结构的中西混合式三层楼房，具有 20 世纪 30 年代中西合璧式建筑的典型特征。

鹿冲关天主教堂修道院旧址

2018 年被列为贵州省第六批省级文物保护单位，位于贵阳市云岩区黔灵镇茶店村鹿冲关路贵州省植物园内，始建于清咸丰四年（1854）。是法国传教士童文献在鹿冲关购地兴建的修道院。现有教堂一座，坐西向东，平房三栋，中间为花园，其中教堂为西式建筑，平房为中式建筑，原为神学院的学生宿舍。

客籍会馆

2003 年被列为贵阳市第五批市级文物保护单位，位于贵阳市开阳县龙岗镇，始建于清道光年间，先名关圣庙，后改为川主庙。1936 年，四川、两湖（湖南、湖北）、江西和江南（江苏、安徽）籍人士共同出资改建为客籍会馆。现存为一正一厅两厢组成的封闭四合院，坐北向南。

南明堂英式别墅

2003 年被列为贵阳市第五批市级文物保护单位，位于贵阳市南明区西湖路街道办事处南明堂社区南明东路，建于民国时期。由陶馥记营造厂厂主陶桂林设计建造，为两层楼花园式洋房，建筑为砖木结构。

周渔璜故居

2015 年被列为贵阳市第七批市级文物保护单位，位于贵阳市花溪区黔陶布依族苗族乡骑龙村，始建于明代，清代重修。宅院坐西向东，为四进院，现存朝门和正房，保存状况一般。

唐家大院

2015 年被列为贵阳市第七批市级文物保护单位，位于贵阳市乌当区水田镇竹林村蔡家寨中，清光绪时期云南巡抚唐炯家族出资修建。由正房、左和右厢房、祠堂、门楼组成一个四合院，现仅存正房、门楼及左厢房。

唐家大院

戴蕴珊别墅

2015 年被列为贵阳市第七批市级文物保护单位，位于贵阳市南明区中华南路街道办事处阳明路社区曹状元街，建于民国时期。有正楼一栋三层，后有右厢房和后楼相连，均为二层。

护国路民国建筑

2019 年被列为贵阳市第八批市级文物保护单位，位于贵阳市南明区护国路西侧，建于民国时期，为两层悬山顶小青瓦砖木结构，面阔两间，房屋上盖小青瓦，二层梁架为桁架结构，内为竹骨泥墙隔断。

中曹长官司旧址

1991 年被列为花溪区第一批区级文物保护单位，位于贵阳市花溪区黔陶布依族苗族乡半坡村，始建于清康熙年间，咸丰年间重建。旧址坐东向西，原有朝门、二门、两厢、正房等，现存正房、南厢等。

憩园

2000 年被列为花溪区第二批区级文物保护单位，位于贵阳市花溪区溪北街道办事处贵筑社区花溪公园内，建于民国二十九年（1940），俗称"东舍"。建筑坐西北向东南，两层楼，中西结合风格。1945 年，巴金下榻憩园并创作了中篇小说《憩园》。

底寨华氏四合院

2002 年被列为息烽县第二批县级文物保护单位，位于贵阳市息烽县西山乡柏香山村，建于晚清时期，系贵州实业家华之鸿在底寨修建的院落。院落为木结构四合院，由前厅、正厅和两侧的厢房组成。

石板摆勺李氏民居

2010 年被列为花溪区第四批区级文物保护单位，位于贵阳市花溪区石板镇摆勺村，建于清代晚期。现存建筑有朝门、正房、影壁和对厅。

顶方养心阁

2013 年被列为开阳县第三批县级文物保护单位，位于贵阳市开阳县云开街道顶方村，建于清末。为正房、两厢和照壁组成的四合院，2010 年因乡人民政府规划新建业务楼，整体搬迁到开阳县顶方新区。

花塔民居

2018 年被列为修文县第四批县级文物保护单位，位于贵阳市修文县谷堡镇花塔村，建于清代康熙年间，为一传统民间医馆。由一间堂屋、三间厢房组成。

建筑群

青岩古建筑群

2006 年被列为贵州省第四批省级文物保护单位，位于贵阳市花溪区青岩镇背街，清代建筑，包括慈云寺、文昌阁、万寿宫、龙泉寺。慈云寺位于青岩镇背街西侧，始建于清康熙年间，为两进院落，由山门、戏楼、两厢、钟鼓楼、大雄宝殿、灵官殿、两厢、观音殿等组成。文昌阁位于青岩镇东街，建于清道光年间，现存山门、对厅、两厢、正殿等，保存状况一般。万寿宫位于青岩镇西街北段西侧，始建于清乾隆四十三年（1778），有

🔺 青岩万寿宫

山门、戏楼、前殿、两厢、后殿等，抗日战争期间，此为浙江大学西迁办学点。龙泉寺位于青岩镇北街北段西侧，明万历年间迁于现址，清嘉庆三年（1798）重修，现存戏楼、二进大殿、大雄宝殿、纯阳殿。

四方河寨

2019 年被列为贵阳市第八批市级文物保护单位，位于贵阳市南明区后巢乡四方河村，建于明代。明万历年间，葛英奉命驻黔，购买水东头领阿孔之庄（今四方河）田地，建房聚居。现有以葛姓为主的四方寨。现保存较完整的民居院落共计 17 座，仍保持着明代建村时的基本格局。

🔺 四方河寨

关隘古道

雅关

1983 年被列为贵阳市第二批市级文物保护单位，位于贵阳市云岩区黔灵镇雅关村，建

于明代。雅关为古代贵阳通往四川的驿道必经之地，现存遗存为清代建筑，为石砌券洞门，两侧各有一段城墙与山崖相连。

下坝古道

2015 年被列为贵阳市第七批市级文物保护单位，位于贵阳市乌当区下坝镇下坝村，是明、清时期喇平宣抚司及当地村民集资修筑的通往省城之道。现存古道路段，沿普渡河及南明河下游两岸，途经上大山、普渡桥、营盘山、张家梁、擦耳岩等，青石与泥土路间杂并存。

下坝古道

省府路石板街

2019 年被列为贵阳市第八批市级文物保护单位，位于贵阳市云岩区中华中路街道办事处贵山社区省府路，民国时期修建。省府路西抵中华中路，东达蔡家街，马路中间铺的是旧石材，边上铺水桃红棉石。（图片见下页）

川黔驿道息烽段

2011 年被列为息烽县第三批县级文物保护单位，位于贵阳市息烽县永靖镇三田村，为清代遗址。驿道现存有两残段，一段从村民胡三平房侧至大风垭，另一段位于鸡扒坎。现存驿道沿山南北向分布，以石板铺成。清初，川黔古驿道改为由四川经遵义，过乌江渡入息烽，通扎佐达贵阳。

🏠 省府路石板街

川黔古道简家坡段

为宋元时期贵州到四川的交通商道，到清末已废弃，2013 年被列为开阳县第四批县级文物保护单位，位于贵阳市开阳县永温乡永亨村，是现存比较完整的石砌古道。

其他

定扒大沟

2015 年被列为贵阳市第七批市级文物保护单位，位于贵阳市乌当区水田镇定扒村，清乾隆年间修建。沟端点在定扒村三洞桥，主沟终点在三棵树，大沟主干渠一条，支渠 8 条，为石、泥砌筑沟渠，环绕定扒村灌溉农田。

新堡造纸作坊

位于贵阳市乌当区新堡布依族乡陇脚村白水河沿线一带，建于明洪武年间，盛于清乾隆年间。现存造纸作坊均为穿斗式木结构建筑，由水碾、纸甑、浸泡池、纸槽、纸床、木榨、纸焙等组成，土纸生产工艺考究，工序繁杂，2015 年被列为贵阳市第七批市级文物保护单位。

独山传统古村落

2016 年被列为修文县第三批县级文物保护单位，位于贵阳市修文县六屯镇独山村，于康熙年间迁入并定居。建筑采用干栏式，由木料建成，是穿斗式屋架结构，悬山顶盖黑瓦，一般是五进三开间。

二、珍贵文物

珍贵文物是指具有特别重要的历史、艺术、科学价值的代表性文物。这些文物包括国家一级文物、二级文物和三级文物，以及部分具有重要价值的一般文物。形态上为可移动文物。本部分收录的珍贵文物，主要为历史上各个时代的重要实物、艺术品、文献、手稿、图书资料等。

诰命、敕命文书

清康熙三十六年封周起渭为征仕郎、周妻马氏为孺人敕命

二级文物，数量1件，时间为1697年，保存状况基本完整，现收藏于贵阳市人民政府。

清康熙四十二年封周起渭父周国柱为征仕郎、母许氏为孺人、继母王氏为孺人敕命

二级文物，数量1件，时间为1703年，保存状况基本完整，现收藏于贵阳市人民政府。

清康熙四十二年封周起渭、周妻马氏敕命

二级文物，数量1件，时间为1703年，保存状况基本完整，现收藏于贵阳市人民政府。

清康熙五十二年封周起渭父、母、继母诰命

二级文物，数量1件，时间为1713年，保存状况基本完整，现收藏于贵阳市人民政府。

清康熙五十二年封周起渭为奉政大夫、周妻马氏为淑人诰命

二级文物，数量1件，时间为1713年，保存状况基本完整，现收藏于贵阳市人民政府。

清康熙五十五年封周起渭为通议大夫、周妻马氏为淑人诰命

二级文物，数量1件，时间为1716年，保存状况基本完整，现收藏于贵阳市人民政府。

封周起渭为通议大夫、周妻马氏为淑人诰命诏书

清康熙五十五年封周起渭父母、继母诰命

二级文物，数量1件，时间为1716年，保存状况基本完整，现收藏于贵阳市人民政府。

清康熙五十五年封周起渭祖父、祖母诰命

二级文物，数量1件，时间为1716年，保存状况基本完整，现收藏于贵阳市人民政府。

书画楹联

清杨芳草书"虎"立轴

二级文物，数量1件，时间为清道光十七年（1837），保存状况基本完整，现收藏于贵阳市文物保护中心。

清杨芳楷书横批

二级文物，数量1件，时代为清代，保存状况基本完整，现收藏于贵阳市文物保护中心。

清罗文彬小篆四屏堂

二级文物，数量1件，时代为清代，保存状况基本完整，现收藏于贵阳市文物保护中心。

清孙竹雅芙蓉锦鸡立轴

二级文物，数量1件，时间为清光绪六年（1880），保存状况基本完整，现收藏于贵阳市文物保护中心。

邵亭诗抄

二级文物，数量1件，时代为清代，保存状况完整，现收藏于贵阳市文物保护中心。

宋元归书传目录

二级文物，数量1件，时代为清代，保存状况完整，现收藏于贵阳市文物保护中心。

清郑珍篆书对联

二级文物，数量1件，时代为清代，保存状况完整，现收藏于贵阳市文物保护中心。

清高凤翰楷书字轴

二级文物，数量1件，时间为清光绪二十五年（1899），保存状况完整，现收藏于贵阳市文物保护中心。

杨芳草书"虎"立轴

清道人隶书对联

二级文物，数量 1 件，时间为清宣统二年（1910），保存状况完整，现收藏于贵阳市文物保护中心。

民国黔陶青花菩萨戏龙图瓶

二级文物，数量 1 件，时间为民国二十四年（1935），保存状况完整，现收藏于贵阳市文物保护中心。

现代宋吟可设色楚歌图轴

二级文物，数量 1 件，时间为 1950 年，保存状况基本完整，现收藏于贵阳市文物保护中心。

现代诸乐三设色荷花图轴

二级文物，数量 1 件，时间为 1962 年，保存状况完整，现收藏于贵阳市文物保护中心。

明万历丁亥刻本《词致录》十六卷

三级文物，数量 6 件，时间为明万历十五年（1587），保存状况基本完整，现收藏于贵阳市第一中学。

清康熙十四年刻本《震川先生集》三十卷别集八卷

三级文物，数量 17 件，时为清康熙十四年（1675），保存状况基本完整，现收藏于贵阳市第一中学。

清康熙周起渭撰癸未诗稿抄本册页

三级文物，数量 1 件，时间为清康熙四十二年（1703），保存状况基本完整，现收藏于贵阳市人民政府。

清刻本渔洋山人《精华录》笺注十二卷补注一卷

三级文物，数量 10 件，时代为清代，保存状况基本完整，现收藏于贵阳市第一中学。

现代宋吟可设色楚歌图轴

清莫庭芝书法横批

三级文物，数量1件，时代为清代，保存状况完整，现收藏于贵阳市文物保护中心。

清罗文彬篆书轴

三级文物，数量1件，时代为清代，保存状况完整，现收藏于贵阳市文物保护中心。

清唐炯行书横批

三级文物，数量1件，时代为清代，保存状况完整，现收藏于贵阳市文物保护中心。

清莫庭芝隶书对联

三级文物，数量1件，时代为清代，保存状况完整，现收藏于贵阳市文物保护中心。

清严寅亮行书对联

三级文物，数量1件，时代为清代，保存状况完整，现收藏于贵阳市文物保护中心。

清花杰行书片

三级文物，数量1件，时代为清代，保存状况完整，现收藏于贵阳市文物保护中心。

清黎庶昌信札片

三级文物，数量1件，时代为清代，保存状况完整，现收藏于贵阳市文物保护中心。

清孙竹雅梧桐轴

三级文物，数量1件，时代为清代，保存状况基本完整，现收藏于贵阳市文物保护中心。

清胡郯卿设色猫蝶图立轴

三级文物，数量1件，时代为清代，保存状况完整，现收藏于贵阳市文物保护中心。

清罗文彬篆书轴

三级文物，数量1件，时代为清代，保存状况基本完整，现收藏

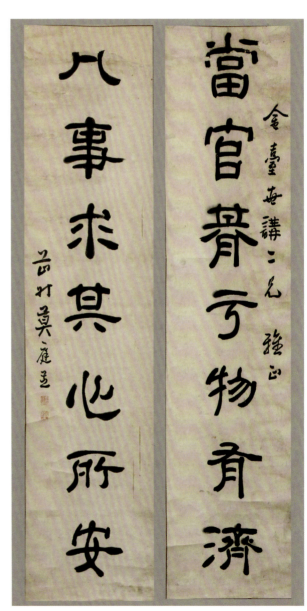

莫庭芝隶书对联

于贵阳市文物保护中心。

清孙竹雅墨竹轴

三级文物，数量1件，时间为清光绪九年（1883），保存状况残缺，现收藏于贵阳市文物保护中心。

清赵以炯行书对联

三级文物，数量1件，时代为清代，保存状况基本完整，现收藏于贵阳市文物保护中心。

千金集

三级文物，数量1件，时代为清代，保存状况完整，现收藏于贵阳市文物保护中心。

民国刘显世行书横幅

三级文物，数量1件，时代为民国，保存状况完整，现收藏于贵阳市文物保护中心。

民国任可澄七言对联

三级文物，数量1件，时代为民国，保存状况基本完整，现收藏于贵阳市文物保护中心。

章光恺设色秋风图

三级文物，数量1件，时代为民国，保存状况完整，现收藏于贵阳市文物保护中心。

民国任可澄七言行书对联

三级文物，数量1件，时代为民国二十八年（1939），保存状况基本完整，现收藏于贵阳市文物保护中心。

民国任可澄行书片

三级文物，数量1件，时

赵以炯行书对联

代为民国，保存状况基本完整，现收藏于贵阳市文物保护中心。

民国景筱南设色牡丹花卉立轴

三级文物，数量1件，时代为民国，保存状况基本完整，现收藏于贵阳市文物保护中心。

章光恺设色高秋画立轴

三级文物，数量1件，时代为民国，保存状况完整，现收藏于贵阳市文物保护中心。

民国吴稻庵行书轴

三级文物，数量1件，时代为民国，保存状况完整，现收藏于贵阳市文物保护中心。

民国姚华行书横幅

三级文物，数量1件，时代为民国，保存状况基本完整，现收藏于贵阳市文物保护中心。

唐炯对联

三级文物，数量1件，时代为民国，保存状况完整，现收藏于贵阳市文物保护中心。

章光恺设色石溪笔意山水立轴

三级文物，数量1件，时代为民国，保存状况完整，现收藏于贵阳市文物保护中心。

民国邱石冥花鸟图轴

三级文物，数量1件，时代为民国，保存状况完整，现收藏于贵阳市文物保护中心。

谢孝思水墨山水立轴

三级文物，数量1件，时代为中华人民共和国，保存状况完整，现收藏于贵阳市文物保护中心。

现代陈恒安草书片

三级文物，数量1件，时代为中华人民共和国，保存状况完整，现收藏于贵阳市文物保护中心。

谢孝思、刘淑华合作梅（未裱）

三级文物，数量1件，时代为中华人民共和国，保存状况完整，现收藏于贵阳市文物保护中心。

现代蒋梦谷设色山水轴

三级文物，数量1件，时间为1980年，保存状况完整，现收藏于贵阳市文物保护中心。

现代陈恒安草书横批片

三级文物，数量1件，时间为1983年，保存状况完整，现收藏于贵阳市文物保护中心。

章光恺设色钟声白云山水画立轴

三级文物，数量1件，时间为1987年，保存状况完整，现收藏于贵阳市文物保护中心。

章光恺设色秋风山月图立轴

三级文物，数量1件，时间为1995年，保存状况完整，现收藏于贵阳市文物保护中心。

孙竹荪水墨墨竹横幅

三级文物，数量1件，时代为中华人民共和国，保存状况完整，现收藏于贵阳市文物保护中心。

现代萧娴隶书对联

三级文物，数量1件，时代为中华人民共和国，保存状况完整，现收藏于贵阳市文物保护中心。

现代张云麓设色花鸟轴

三级文物，数量1件，时代为中华人民共和国，保存状况完整，现收藏于贵阳市文物保护中心。

现代萧娴行书对联

三级文物，数量1件，时代为中华人民共和国，保存状况完整，现收藏于贵阳市文物保护中心。

现代杨国勋设色《窦娥冤》戏剧人物画立轴

三级文物，数量1件，时代为中华人民共和国，保存状况完整，现收藏于贵阳市文物保护中心。

现代陈恒安草书片

三级文物，数量1件，时代为中华人民共和国，保存状况完整，现收藏于贵阳市文物保护中心。

章光恺水墨秋风山水图立轴

三级文物，数量1件，时代为中华人民共和国，保存状况完整，现收藏于贵阳市文物保护中心。

章光恺设色秋声山水图立轴

三级文物，数量1件，时代为中华人民共和国，保存状况完整，现收藏于贵阳市文物保护中心。

清刘昆山款竹箫

三级文物，数量2件，时代为清代，保存状况完整，现收藏于贵阳市文物保护中心。

陶瓷器具

清甲戌年徐树沅敬献三元宫乐善祠青花如意纹鼓形香炉

二级文物，数量1件，时间为清同治十三年（1874），保存状况基本完整，现收藏于贵阳市文物保护中心

东汉陶罐

三级文物，数量1件，时代为东汉，保存状况完整，现收藏于贵阳市文物保护中心。

唐长沙窑贴花褐彩执壶

三级文物，数量1件，时代为唐代，保存状况基本完整，现收藏于贵阳市文物保护中心。

金黑釉贴花龙纹陶罐

三级文物，数量1件，时代为宋（辽金时期），保存状况残缺，现收藏于贵阳市文物保护中心。

明酱釉塑龙纹陶罐

三级文物，数量1件，时代为明代，保存状况残缺，现收藏于贵阳市文物保护中心。

清嘉庆粉彩人物大瓶

三级文物，数量1件，时代为清代，保存状况完整，现收藏于贵阳市文物保护中心。

清光绪甲午年江右羊城弟子敬献万寿宫青花海水龙纹筒形香炉

三级文物，数量1件，时间为清光绪二十年（1894），保存状况基本完整，现收藏于贵阳市文物保护中心。

清三元宫青花筒形香炉

三级文物，数量1件，时代为清代，保存状况完整，现收藏于贵阳市文物保护中心。

民国黔陶青花龙纹瓶

三级文物，数量1件，时间为民国三十一年（1942），保存状况完整，现收藏于贵阳市文物保护中心。

民国黔陶青花龙纹瓶

民国钟记厂造青花龙纹黔陶瓶

三级文物，数量1件，时间为民国三十二年（1943），保存状况基本完整，现收藏于贵阳市文物保护中心。

钱币

战国燕明刀币

三级文物，数量2件，时代为战国，保存状况基本完整，现收藏于贵阳市文物保护中心。

西汉郡国五铢钱

三级文物，数量2件，时代为西汉，保存状况完整，现收藏于贵阳市文物保护中心。

郡国五铢钱

西汉新莽壮布钱

三级文物，数量1件，时代为西汉，保存状况完整，现收藏于贵阳市文物保护中心。

西汉新大泉五十铜币

三级文物，数量1件，时代为西汉，保存状况基本完整，现收藏于贵阳市文物保护中心。

汉货泉铜币

三级文物，数量2件，时代为东汉，保存状况完整，现收藏于贵阳市文物保护中心。

隋五铢钱

三级文物，数量1件，时代为隋代，保存状况完整，现收藏于贵阳市文物保护中心。

唐开元通宝铜币

三级文物，数量1件，时代为唐代，保存状况完整，现收藏于贵阳市文物保护中心。

唐乾元重宝铜币

三级文物，数量1件，时代为唐代，保存状况完整，现收藏于贵阳市文物保护中心。

北宋太平通宝铜币

三级文物，数量1件，时代为北宋，保存状况完整，现收藏于贵阳市文物保护中心。

北宋淳化元宝铜币

三级文物，数量1件，时代为北宋，保存状况完整，现收藏于贵阳市文物保护中心。

北宋至道元宝铜币

三级文物，数量2件，时代为北宋，保存状况基本完整，现收藏于贵阳市文物保护中心。

北宋咸平元宝铜币

三级文物，数量1件，时代为北宋，保存状况完整，现收藏于贵阳市文物保护中心。

北宋祥符元宝铜币

三级文物，数量1件，时代为北宋，保存状况完整，现收藏于贵阳市文物保护中心。

北宋天圣元宝铜币

三级文物，数量1件，时代为北宋，保存状况完整，现收藏于贵阳市文物保护中心。

北宋景祐元宝铜币

三级文物，数量1件，时代为北宋，保存状况完整，现收藏于贵阳市文物保护中心。

北宋熙宁元宝铜币

三级文物，数量3件，时代为北宋，保存状况完整，现收藏于贵阳市文物保护中心。

北宋元丰通宝铜币

三级文物，数量3件，时代为北宋，保存状况残缺，现收藏于贵阳市文物保护中心。

北宋元祐通宝铜币

三级文物，数量2件，时代为北宋，保存状况完整，现收藏于贵阳市文物保护中心。

北宋绍圣元宝铜币

三级文物，数量2件，时代为北宋，保存状况完整，现收藏于贵阳市文物保护中心。

北宋崇宁通宝铜币

三级文物，数量2件，时代为北宋，保存状况基本完整，现收藏于贵阳市文物保护中心。

北宋大观通宝铜币

三级文物，数量2件，时代为北宋，保存状况基本完整，现收藏于贵阳市文物保护中心。

北宋政和元宝铜币

三级文物，数量1件，时代为北宋，保存状况完整，现收藏于贵阳市文物保护中心。

北宋宣和通宝铜币

三级文物，数量4件，时代为北宋，保存状况基本完整，现收藏于贵阳市文物保护中心。

宣和通宝

金正隆元宝铜币

三级文物，数量1件，时代为金代，保存状况完整，现收藏于贵阳市文物保护中心。

南宋淳熙元宝铜币

三级文物，数量1件，时代为南宋，保存状况完整，现收藏于贵阳市文物保护中心。

南宋绍熙元宝铜币

三级文物，数量1件，时代为南宋，保存状况完整，现收藏于贵阳市文物保护中心。

南宋绍定通宝铜币

三级文物，数量1件，时代为南宋，保存状况完整，现收藏于贵阳市文物保护中心。

南宋淳祐通宝铜币

三级文物，数量2件，时代为南宋，保存状况完整，现收藏于贵阳市文物保护中心。

元大元通宝铜币

三级文物，数量1件，时代为元代，保存状况完整，现收藏于贵阳市文物保护中心。

元大中通宝铜币

三级文物，数量1件，时代为元末，保存状况残缺，现收藏于贵阳市文物保护中心。

民国贵州锑币

三级文物，数量3件，时代为民国，保存状况完整，现收藏于贵阳市文物保护中心。

田契

崇祯十七年李廷孝舍田执照（残）

三级文物，数量1件，时代为明代，保存状况残缺，现收藏于贵阳市文物保护中心。

嘉庆二十二年赵大明卖田契约

三级文物，数量1件，时代为清代，保存状况完整，现收藏于贵阳市文物保护中心。

道光元年宋刘氏卖田契约

三级文物，数量1件，时代为清代，保存状况残缺，现收藏于贵阳市文物保护中心。

道光二十一年宋正清、宋正洪卖地基契约

三级文物，数量1件，时代为清代，保存状况完整，现收藏于贵阳市文物保护中心。

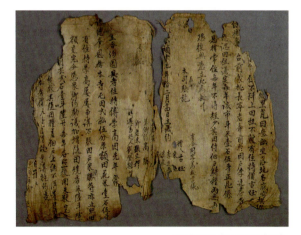

■ 李廷孝舍田执照（残）

其他物件

清铜鎏金阿难尊者像

三级文物，数量1件，时代为清代，保存状况完整，现收藏于贵阳市文物保护中心。

清铜鎏金迦叶尊者像

三级文物，数量1件，时代为清代，保存状况完整，现收藏于贵阳市文物保护中心。

清代铜爵

三级文物，数量1件，时代为清代，保存状况基本完整，现收藏于贵阳市文物保护中心。

明玉笔架

三级文物，数量1件，时代为明代，保存状况基本完整，现收藏于贵阳市文物保护中心。

民国援黔纪念皮盒

三级文物，数量1件，时代为民国，保存状况完整，现收藏于贵阳市文物保护中心。

三、历史建筑

历史建筑不属于文物，但有一定的保护价值，能够反映历史风貌和地方特色。本部分收录的历史建筑，是入选贵阳市人民政府先后公布的两批历史建筑名录中的建筑物。

贵州大学原农学院办公楼

位于贵阳市花溪区贵州大学南校区笃实路西侧，建筑面积1500平方米，建于20世纪40年代，2019年被列入第一批贵阳市中心城区历史建筑名录。

历史沿革：建筑坐落于贵州大学南校区，笃实路西侧，为原农学院行政办公楼。国立贵州大学第一任校长张廷休教授曾在此办公，现为贵大南校区医院。

价值特色：建筑以原老贵州大学校训"坚毅笃实"中的"笃实"进行命名，以充分体现建筑在贵州大学校园历史文化中的意义。见证了贵州大学的发展历程，充分体现了贵州大学历史文化的传承，也是贵州高校建设发展的里程碑。

贵州师范大学图书馆

位于贵阳市云岩区宝山北路180号，建筑面积14000平方米，2020年被列入第二批贵阳市中心城区历史建筑名录。

历史沿革：贵州师范大学图书馆前身是"国立贵阳师范学院图书室"，创建于1941年，地点在贵阳市雪涯路，1954年图书馆随校搬迁至风景优美的照壁山麓，1985年更名为"贵州师范大学图书馆"，现图书馆为20世纪90年代建筑。

价值特色：贵州师范图书馆建筑造型优美，系贵州省最早创建的高校图书馆之一，充分体现了贵州师范大学历史文化的传承。

第五章　非遗和老字号

非物质文化遗产（简称"非遗"）是指各族人民世代相传，并视为其文化遗产组成部分的各种传统文化表现形式，以及与传统文化表现形式相关的实物和场所。

老字号是指历史悠久，拥有世代传承的产品、技艺或服务，具有鲜明的中华民族传统文化背景和深厚的文化底蕴，取得社会广泛认同，形成良好信誉的品牌。

一、非遗文化资源

非遗是文化多样性中最富活力的组成部分，是人类文明的结晶和最宝贵的共同财富，承载着人类的智慧和历史的文明与辉煌。贵阳与贵安有着丰富的非遗文化资源。

民间传说与灯会

清镇瓜灯节（清镇市）

2009年被列入贵州省第三批省级非物质文化遗产代表性项目名录，主要流传于清镇市城关镇青龙街道办事处一带。瓜灯主要是用南瓜、金瓜雕刻而成，主要表现"五谷丰登""欢度中秋"等有吉祥意义的文字图案，现在的文字图案，增加了振奋民族精神和时代特征的内容。中秋佳节之夜，大街小巷提着瓜灯游玩的人络绎不绝，持灯人任随点评，呈现出一片祥和景象。

水东宋氏传说（贵阳市）

2019年被列入贵州省第五批省级非物质文化遗产代表性项目名录，主要在水东宋氏后

开阳禾丰布依族苗族乡马头村

裔聚居的开阳禾丰一带民众中口口相传，传承至今，内容丰富、情节生动、传承悠久、流传广泛等特征明显。在《旧唐书》《新唐书》《元史》《明实录》《明史》《清史稿》及明、清《贵州通志》，道光《贵阳府志》，民国《开阳县志稿》《贵定县志稿》等中都有记载，对研究贵阳古代史意义重大。

贵阳灯谜（贵阳市）

2019 年被列入贵州省第五批省级非物质文化遗产代表性项目名录，指写在彩灯上面的谜语，源于中国民间口谜，后经文人加工成为谜。贵阳当地的猜谜语、玩灯谜等文化习俗一直延续传承至今。一般由谜面、谜目、谜底三个基本要素组成。贵阳灯谜在清代就形成了"扣字严谨、凝练工巧、含浑典雅"的艺术特色，融南北谜风和少数民族文化艺术于一炉，历史文化价值大。贵阳灯谜现有主要传承人群 30 余人，有内部谜刊《甲秀清风》从 20 世纪 80年代刊行以来，从未中断。

贵阳灯谜活动

花灯戏（乌当区）

2019 年被列入贵州省第五批省级非物质文化遗产代表性项目名录，是由高灯、牌灯、斗灯、小灯等实物组成灯队，配合人物角色扮演，以锣、鼓、钹等乐器伴奏，在春节期间进行的一种民间娱乐以及祈愿的表演形式，是集宗教、民俗、戏曲、纸扎艺术于一体的民间文化现象和民间表演艺术。螺蛳花灯的唱腔、唱词、身板、动作特色鲜明，原真古朴，传承了传统戏剧精髓。其说唱内容广泛涵盖"孝、悌、忠、信、礼、义、廉、耻"八德文化。

棋子灯（乌当区）

2019 年被列入贵州省第五批省级非物质文化遗产代表性项目名录，灯具似"象棋棋子"，根据玩灯的道具和台上的"走动"而得名。道具是 32 盏同形灯具，造型独具风格，一条船载着一颗象棋棋子式样的灯笼，每盏灯分别写着中国象棋 32 枚棋的一个字样。跳"棋子灯"要经过"扎灯""开光""贺寨""跳灯"四个程序，其中"扎灯"是准备灯具、排练队伍；"开光"是敬神；"贺寨"是祈愿村寨、人户平安、六畜兴旺；"跳灯"是娱神娱己。

🏠 头堡棋子灯

马堡龙灯（乌当区）

2018 年被列入贵阳市第五批市级非物质文化遗产代表性项目名录，每年正月举行，以龙带灯，兼有花灯戏，既是传统春节的节庆活动，也是马堡屯民纪念先祖的传统习俗，是屯堡文化与地方文化融合的活化石。马堡龙灯主要流布于贵阳市乌当区羊昌镇小寨村，以马堡组为核心存续区。

传统戏剧

阳戏（贵阳）

由开阳阳戏、息烽阳戏、福泉阳戏和正安阳戏等一起组成的贵州阳戏，2021 年晋级为国家级非物质文化遗产代表性项目扩展项目。贵阳阳戏主要有两个流派：开阳县南龙阳戏和息烽县流长阳戏，均被列入国家级非物质文化遗产传统戏剧类项目。

开阳阳戏结合本地的花灯、龙灯戏，与当地的花灯、龙灯等形式的娱乐项目相融合，形成灯和戏的有机结合，不仅起到敬神的作用，还具有悦人的功能，极大地丰富了人民群众的精神文化生活。息烽阳戏因其文化底蕴深厚，古朴典雅，唱腔多变，被称为是戏剧的活化石，主要用于祛病、祝寿、迎娶、祈福、还愿，具有极高的民俗学价值、民间文学价值和欣赏价值。

🔺 阳戏（贵阳）

文琴戏（乌当区）

2007 年被列入贵州省第二批省级非物质文化遗产代表性项目名录，是以扬琴为主要伴奏乐器的、分角色坐唱的说唱艺术。其代表性传统剧目有《秦娘美》《搬窑》《三难新娘》《雷打张继宝》《花田错》等；反映现实生活的代表剧目有《过年》《回娘家》《太阳出来喜洋洋》《我的家乡在乌当》等。

🔺 文琴戏

花灯戏（花溪区）

2007年被列入贵州省第二批省级非物质文化遗产代表性项目名录，从清朝开始流传。其突出特征是手不离扇、帕，载歌载舞，唱与做紧密结合。明王朝"调北征南""调北填南"后，随着大量汉族移民的到来而逐渐传入贵州，并被一些少数民族吸收，经过一定的民族化改造，成为本民族的戏曲艺术形式。

花灯戏（开阳县）

2009年入选第三批省级非遗项目名录。它与邻县的花灯大同小异，属于黔北花灯剧种，其唱腔、道白、舞蹈、音乐伴奏等演出形式都有巴蜀文化的痕迹，以楠木渡镇最为典型，禾丰、双流、花梨一带的花灯稍有差别。

地戏（开阳县）

2009年入选第三批省级非遗项目名录。为明初当地周姓祖先周孟忠随军入黔时带入贵阳，后来子孙迁居羊昌，清代，周世甲由羊昌迁入禾丰扎坝塘，地戏随之传入，至今已有300多年历史。其主要唱驱鬼祛邪等内容，同时吸收了川剧、花灯戏等的一些唱腔和表演手法，表演时全部戴面具，具有原始古朴的艺术特征。

地戏（开阳）

息烽花灯戏（息烽县）

2015 年被列入贵州省第四批省级非物质文化遗产代表性项目名录。是流传于息烽县 10 个乡镇的一种传统的群众喜闻乐见的民间戏剧，起源于唐朝，风格多样，属于贵州北路花灯，分流长花灯和九庄花灯两大派。花灯演出之前必须扎灯，扎灯分黄道、黑道。灯分两种：一种神灯，敬神为主；一种愿灯，了愿为主。

息烽花灯

养龙司玩龙灯（息烽县）

2019 年被列入贵州省第五批省级非物质文化遗产代表性项目名录。养龙司龙灯的历史与龙媒天马有关。龙灯用篾条扎制，形态各异，有乌龙、白龙、鹅颈龙等，龙扎好后，扎一盏牌灯引路，牌灯上写龙神牌位，牌灯在前，龙灯在后。出灯之前要择吉，请坛师做法事开光，开光后按照固定的玩龙灯路线进行。一般正月初八的晚上出灯参龙青寺。养龙司龙灯必须到位于陇上的龙青寺去参菩萨，参菩萨后，寺内主持要撞钟击鼓，将一束红布挂在龙须之上，只有参了菩萨的龙灯，群众才接龙灯在家中玩跳。龙灯进来离去，主人放鞭炮迎送。

地戏（花溪大寨）

2019 年被列入贵州省第五批省级非物质文化遗产代表性项目名录。于每年的农历正月十五公演，以表演宋朝杨家将《杨六郎三下河东》为主要内容，其艺术表演刚中有柔，斗中有舞，对白以唱代言，演员戴各种彩色面具，穿各色长衫戏装，主帅和大将的面具饰有一对五尺羽，背牌都插有三角令旗五面。

地戏（花溪）

京剧（贵阳市）

2019 年被列入贵州省第五批省级非物质文化遗产代表性项目名录。又称京戏、平剧、国剧等，是中国最大的戏曲剧种，以西皮、二黄为主要腔调，被视为"国粹"。贵州京剧发端于 20 世纪初，1912 年乔玉琴带领南京班来到贵阳演出，京剧开始在贵阳发展，延续至今已百年之久。2005 年贵阳市京剧团被文化部授予"全国省级重点院团"称号，2009 年省市京剧院团合并为贵州京剧院。2011 年转企改制为贵州京剧院有限责任公司。近几十年演出了大量优秀剧目，如《布依女人》《魔侠吉诃德》《黔人李端棻》《王阳明龙场悟道》等，多部剧目获中宣部、文化和旅游部大奖，并多次到全国各地巡演和出国进行文化交流。

傩戏（息烽县）

2019 年被列入贵州省第五批省级非物质文化遗产代表性项目名录，明代开始传承在息烽县的一种古老的传统戏剧。其包括庆坛、过关、打保福等，主要通过武坛演出形式，为人了愿，达到请仙敬主、驱邪纳福的目的，它独具特色，除在个别仪式中戴面具外，一般不戴面具。

🔺 傩戏表演

花灯戏（观山湖区）

2019 年被列入贵州省第五批省级非物质文化遗产代表性项目名录。明初，朱元璋屯兵于贵州境内，原籍江南及中原一带的留守军士，从大年初一到元宵节因思念故土，在驻地"玩花灯"。花灯文化到明末清初最为盛行，清代咸丰年间陈氏家族将它传承下来。1964年百花湖竣工，大量的村民移民到此，随之也一起"玩花灯"，由此平堡花灯传承至今。平堡花灯戏从军营文化演变为地方文化，与地方风俗、生活、风土人情密切相关。

木偶戏（贵阳）

2019 年被列入贵州省第五批省级非物质文化遗产代表性项目名录，又称傀儡戏，是中国传统戏剧艺术之一。贵州的木偶艺术，主要流传在以石阡县为中心的黔东地区和以贵阳市为中心的黔中地区。20 世纪 70 年代，贵阳木偶戏剧团成立。贵阳木偶为中型杖头木偶，根据剧情的需要操纵木偶的手、眼、嘴、腿部、身形，根据剧中角色配音。贵阳木偶戏保留剧目有《孙悟空三打白骨精》《美人鱼》《猪八戒背媳妇》，哑剧《鹤与龟》，童话剧《不讲卫生的猪八戒》《孙悟空与小铃铛》等。

水龙节（清镇市）

2020 年被列入贵阳市第六批市级非物质文化遗产代表性项目名录，始于明朝时期。其目的是祭龙求雨，祈求五谷丰登、风调雨顺、消灾赐福、国泰民安。在端午节前一天晚上，组织者会发动童男童女在卫城玉皇阁举行仪式，唱求雨童谣感动上苍。卫城街上各家各户都会自发提前去井里挑水，在门前摆上水缸，将水缸装满，准备好水瓢、木盆等舀水泼水器具。

端午节当天，先在卫城的玉皇阁聚集，进行祭祀仪式、诵读祭龙文、起水、为龙点睛、放生、点龙活跃等程序后，在卫城各大街小巷进行游街。是一项地方文化韵味厚重的民间民俗。

花灯戏（贵安新区）

2020 年被列入贵阳市第六批市级非物质文化遗产代表性项目名录，属于我国传统民间小戏剧，由花灯歌舞发展而来，俗称灯夹戏、化戏等。跳花灯戏是党武民间最重要的春节文化习俗之一，每年初一亮灯，初二散花灯，初四请灯，初五、初九、十五跳灯，正月二十送灯。演员一般有丑角、旦角、小生、老旦等角色。由于花灯戏艺术只传男不传女，所以表演队里只有男性，戏里面的女性角色，都是男扮女装。

地戏（清镇市、贵安新区）

2020 年被列入贵阳市第六批市级非物质文化遗产代表性项目名录。是一种头戴木刻面具的民间戏剧，是中原民间傩文化与明朝军傩文化相融合的产物，充分展现了明朝贵州屯堡人内在的族群心态和宗教信仰，较完整地保留了原始古老的傩剧文化。

传统技艺

陶器烧制技艺（黑砂陶制作技艺）（清镇市）

2019 年被列入贵州省第五批省级非物质文化遗产代表性项目名录。黑砂陶原名砂器，其制作方式分为采料、粉碎、搅拌、沉淀、制坯、晾晒、焙烧、出炉、入库等几道程序，其中制坯造型是砂器工艺的重要环节。在地炉烧制过程中融入了胡正德研发的"熏烟渗碳原理"，"熏制"的砂陶，具有瓷化的特点，愈黑，愈亮。制品主要以民用的茶具、酒具、花器等为主，工艺品为辅。在制黑砂陶过程中集雕塑、绘画、美术等艺术于一体，具有一定的观赏性和收藏性。

🏠 犁倭镇黑砂陶

高台舞狮（开阳县）

2019 年被列入贵州省第五批省级非物质文化遗产代表性项目名录。舞狮表演分为高台舞狮和地狮两种，其中以用普通饭桌搭成的高台舞狮是整个舞狮活动的最大看点。队员身着黄色服装，腰系红色腰带，选择宽广平坦的地势，按脚朝下，桌面向上，依次将方桌一张一张地叠置成"一炷香"的高台，最上层的那张方桌脚向上，该桌面与下张桌面相吻合，所用桌子多时可达 12 张，最高可达 7 层。狮子从地面第一张桌子攀缘而上，登上最高那桌腿朝天的 4 脚，狮子的 4 肢要在这 4 条桌腿上站稳立牢，然后进行各种精彩的表演。

新堡香纸沟卧轮式水伞手工技艺（乌当区）

2009 年被列入贵阳市第二批市级非物质文化遗产代表性项目名录，主要是用于古法造纸、碾谷的生产用具。卧轮式水伞车的发明传说是鲁班的徒弟赵巧儿，主要是利用水依板的作用，使这种水车能在平坦的水流中带动石碾转动。水伞直径为 2 米，由六方组成，依次以 72 片水依板组合而成，水依板高 20 厘米，宽 20 厘米，所用木料为棕树板或枫香树、杉树板。

六桶海马明代造纸工艺（修文县）

2009 年被列入贵阳市第二批市级非物质文化遗产代表性项目名录。以构皮树的树皮为造纸的基本原料，加入抗粘的天然配料荨麻液，进行纸张的抄制，所生产的纸为"皮纸"，纸质绵软、抗拉性强，纸色微黄。海马的造纸技术基本保持了我国明代的造纸工艺，根据明代宋应星的《天工开物》记载，这种纸在明代叫"中夹纸"，其工艺流程、使用的原料与海马的造纸基本一致，是研究中国造纸史上不可多得的实证资料。

🔺 六桶海马传统造纸

窑上坪土陶制作工艺（开阳县）

2009 年被列入贵阳市第二批市级非物质文化遗产代表性项目名录。据记载，江昌绫（1752—1822）于清乾隆中期迁居今开阳县城关镇窑上坪，继承祖业以烧制陶器为生，世代相传。窑上坪陶器因为与福建瓷器一脉相承，到道光年间由于文人参与，彩陶工艺精湛并闻名贵阳，陶器行销贵阳市乌当、开阳、修文、息烽和黔南州龙里、贵定，以及遵义等县（区）。清咸同年间因受到战乱影响而一度停产，清末民国时逐步恢复；新中国成立后，人民政府接管并扩建成国营开阳县窑上坪陶瓷厂，规模最大时有上百个工人，直到 20 世纪 90 年代仍是贵阳地区著名陶器生产基地之一，现在窑上坪仅有 3 户人家在继续艰难维持这项纯手工制陶技艺。

金华翁井麻布制作技艺（观山湖区）

2009 年被列入贵阳市第二批市级非物质文化遗产代表性项目名录。制作技术包括取染料、纺线、织布、上色四大工序，其中包含 20 多道小工序。现在村民家中仍保留着原始的纺车、织布机、原材料的栽种技术等。麻布制作技术通过世代相传，传承至今。但由于麻布制作的时间长、原料一年只有一季，目前面临失传。

青岩镇纸扎工艺（花溪区）

2013 年被列入贵阳市第三批市级非物质文化遗产代表性项目名录。清末光绪年间由王明文从江西带入当地，至今已有 100 多年的历史。青岩纸扎工艺保留了传统制作工艺，程序繁多，主要有绘蓝图、选料、造型（骨架制作成型）、裱糊、装饰、龙衣、绘画、组装、成型 9 道工序。花溪区青岩镇纸扎工艺以扎龙为主，主要有舞龙和风筝龙，舞龙主要在逢年过节、喜事时进行表演。扎制的"八仙龙"色彩以金黄色为主，配有赤、橙、绿、青、蓝、紫六色，象征着青岩人的生活红红火火。

飞白书（南明区）

2013 年被列入贵阳市第三批市级非物质文化遗产代表性项目名录。飞白书创于东汉大学问家大书法家蔡邕，已有约 2000 年历史，在晋、唐、宋时期为上层文人中的八大传统书体之一，是集传统书画于一体的多种形飞书画。其传承人陈晋甫有 50 余年的实践经验，他用大小木板片蘸墨汁书写"飞白书"，黑有浓淡成立体，白有丝丝如飞舞，近看似画，远看似字，字中有画，画便是字，浮现出奇妙花纹展翔层影的艺术效果。2014 年，其作品《龙飞凤舞》获第八届"民族情"全国书画艺术大赛金奖，入编《中国书画名家典藏》并授予"中华文化和谐使者"称号。

回旋古乐（乌当区）

2013 年被列入贵阳市第三批市级非物质文化遗产代表性项目名录。俗称"打击乐"，又叫"斗乐""礼乐"。因其使用性能广泛，曲调多样，有板有点，变换交替，节奏明朗，旋律反复而得其名。古时"斗乐"常用于战斗、围猎等，后常见于佳节喜庆、丧葬祭祀等场面，演奏时乐声雄浑，节奏感强，催人奋进；"礼乐"则常用于歌会、宴会、婚礼、祝寿等场合，其旋律婉转，乐声轻柔低回，音韵优雅。

九嶷派古琴艺术（云岩区）

2015 年被列入贵阳市第四批市级非物质文化遗产代表性项目名录。古琴是中国最古老的弹拨乐器之一，历经数千年。从艺术价值看，九嶷派古琴艺术，风格英朗挺拔，清刚直率，法度严谨，对节奏要求严格。从文化价值来看，自进入贵阳之后，关崇煌先生整理曲谱，研习演奏和教学，教授学员百余人，组织和参与各类古琴雅集、文化交流不计其数，培养了众多古琴弟子和古琴爱好者，对古琴文化在贵州的传承传播起到了至关重要的作用。

面塑技艺

2018 年被列入贵阳市第五批市级非物质文化遗产代表性项目名录。泥人的制作在我国有广泛的分布，大江南北，流派众多，风格各异，经过一代代工匠的努力与创新，形成一种我国特有的民俗文化现象。做泥人的主要材料是泥料，各种黏土、瓷泥、面泥、纸泥、陶泥等，配以各种动植物胶及各种纤维，形成各种适宜制作不同类型题材的泥料。面塑的表现范围

不断拓展，形成了专业分类：大型的主要为宗教题材，小型的主要以民俗传说为主，其中集市摆摊的以面粉等为泥料制作的泥人最为大众所熟悉。

烙画（南明区）

2018 年被列入贵阳市第五批市级非物质文化遗产代表性项目名录。又称火笔画、火针刺绣、烫画，是以铁作笔，利用碳化原理，在木板、竹黄、葫芦、丝绢、布匹等材料上烙烫出图画。烙画起源于秦朝到西汉时期，兴盛于东汉宫廷，已有 2000 多年的传承。传承人陈国梁作品被选入《中国工艺美术大师精品集》。

细岩雕刻（清镇市）

2018 年被列入贵阳市第五批市级非物质文化遗产代表性项目名录。制作中，首先选料，用角磨机磨成所需规格板料，结合紫袍玉自然纹理，用铅笔勾勒出设计图案后，进行第一次定型雕刻；第二次大型推雕层次创作，采用浮雕中浅浮雕、中浮雕、深浮雕多种技法；第三次推雕将设计画好 90% 线条重新勾勒雕修完成，再运用旋转拖刀技法进行精雕细琢，最后打磨抛光。

石雕技艺（贵阳市）

2020 年被列入贵阳市第六批市级非物质文化遗产代表性项目名录。石雕工艺源远流长，世代传承延续至今。石雕技艺的六大工序：一是相石；二是设计，用毛笔在石料上勾画所要雕刻物体形状；三是出坯，根据设计进行大的粗雕；四是细雕，使作品基本成型；五是精雕，使作品润色出彩；六是打磨，使作品显示出石材特征。

剪纸（云岩区）

2020 年被列入贵阳市第六批市级非物质文化遗产代表性项目名录。剪纸技艺历史悠久，是我国民族民间的传统艺术文化，自古流传至今，经久不衰。剪纸以教学传承为主，手法有剪、刻、撕、剪刻并用等多种形式，作品的种类有单色剪纸、套色剪纸、粘贴剪纸、多色衬垫剪纸、染色剪纸及画与剪纸的融合等，在继承传统的基础上突破创新出新的技法。代表作品有《欢乐祥和图》《平凡人的不凡人生》《溢霞流彩绘人生》等。

竹编制作技艺（乌当区）

2020 年被列入贵阳市第六批市级非物质文化遗产代表性项目名录。贵阳市乌当区属亚热带季风气候，区内竹资源丰富，在自给自足的原生社会环境下，催生出众多竹编产品，也世代延续了这一技艺。竹编制品主要包含生活用品、农业用具两大类。大致可分起底、编织、锁口三道大工序。制作过程中全凭双手和一把刀徒手完成，经对竹子切丝、刮纹、打光、劈细等工序，将剖成一定粗细的篾丝编结起来制成。

草鞋制作技艺（乌当区）

2020 年被列入贵阳市第六批市级非物质文化遗产代表性项目名录。草鞋在中国起源很早，在橡胶、塑料等原材料没有出现以前，是一种生活必需品。在乌当区，布依族、苗族、汉族均广泛制作并穿草鞋。传统草鞋一般是一次成型，"打草鞋"的主要制作流程有木榔头捶打草秆、搓麻绳、套草鞋棒、搓成茎子、打鞋底、打鞋帮子，最后收口。

银饰制作技艺（云岩区、观山湖区）

2020年被列入贵阳市第六批市级非物质文化遗产代表性项目名录。①银饰制作技艺（云岩区）。大致分为六个步骤，第一步是熔银，将银料放在坩埚中加温，待银料全部熔化后冷却凝固；第二步是捶打，将热银锤打制成薄片、银条或银丝；第三步是拉丝，将银条做好尖头，用拉丝眼板拉丝；第四步是焊接，将图案焊接，并将银珠镶嵌在特定位置；第五步是錾刻，用小锤敲击金属錾子形成不同的纹理；第六步是编结，将各种银饰组件合成完整的银饰作品。采用炭火熔银，并创造性地在银饰外形镶嵌绣品，突破了素银的单调，丰富了品种。②银饰制作技艺（观山湖区）。主要有錾刻和编结两种。根据錾刻或编结工艺的需要，银匠先把熔炼过的白银制成薄片、银条或银丝，一件银饰少则需要10多道，多则需要30多道工序才能完成，包含铸炼、捶打、錾刻焊接、编结、洗涤等环节。錾刻工艺的银饰，银料多以实心的块或面材模压而成，呈现厚重的造型，在银片上錾刻精美的纹饰。编结工艺的银饰，银料是将银条拉丝而成，通过编丝呈现各式线状的纹饰，玲珑剔透。

■ 银饰制作

黔陶制作技艺（花溪区）

2020 年被列入贵阳市第六批市级非物质文化遗产代表性项目名录。采用传统的制作方法，制作工艺考究，工序繁杂。主要生产工序有备料、搅泥、过滤、揉泥、制坯、晾坯、修坯、绘画、上釉、入窑烧制等，其中绘画、入窑烧制为关键步骤。绘画用毛笔蘸上研磨好的彩料在陶坯作画，常见图案有花、草、鱼、虫、山水等，烧窑采用的是梯坎爬窑，有 5 至 13 洞不等，每洞爬窑相连，需在 1200~1300 度的窑中烧 30 个小时。其原材料为当地特产的天然无杂质的优质黏土。黔陶制作技艺等传承基础尚在，有大片优质黏土，保存较完整的梯坎爬窑 3 个，拥有一批完整掌握制陶工艺的传承人群。

广陵派古琴艺术（云岩区）

2020 年被列入贵阳市第六批市级非物质文化遗产代表性项目名录，是中国古琴流派之一，发源于江苏省扬州一带。贵州广陵派一支，主要分布于贵阳市云岩区、观山湖区，贵州毕节以及湖南省怀化市等地。广陵派古琴艺术目前由广陵派第 11 代传人刘汉昌、夫人熊仕惠及女儿刘怡为主要传承人。主要特征为一对一传授，琴艺与琴德融会贯通。广陵派之"清微淡远"，既指弹奏风格挥运细微，古朴淡远，亦指为人处世清净淡定，脱俗超然。其指法的"跌宕多变""刚柔相济"，也是体现了广陵派"音随意走，意兴妙和"的艺术风格。

古琴弹奏

京胡艺术（贵阳市）

2020 年被列入贵阳市第六批市级非物质文化遗产代表性项目名录。于清乾隆年间在胡琴基础上改制而成，由琴杆、琴筒、琴轴、琴码、琴弦和弓子等部件构成。京胡是京剧音乐艺术载体的重要组成部分，是京剧形成和声腔发展的重要标志。京胡艺术的改革与创新，促使京胡从伴奏走向独奏、协奏，从民间俗乐走向大雅。贵阳市京胡艺术结合了当地多彩的民族文化，创造了众多深入人心的唱腔名段及曲牌、独奏曲、协奏曲、组曲等。如《苗岭风雷》《布依女人》等唱腔极具贵州民族特色，其音乐成了贵州戏曲的代表符号。

印染技艺（贵阳市）

2020 年被列入贵阳市第六批市级非物质文化遗产代表性项目名录，又称蓝印花布印染技艺，原称"浇花布"，宋代称为"药斑布"，是一种碱剂防染法。其制作主要有制版、制作防染浆、印花、阴干、染色、去灰六步。原材料选用讲究，纯手工制作；工艺精细要求高，特别是防染浆要适度恰到好处，刻镂要圆滑流畅，打磨要平整；构图独特，讲究对称美、和谐美；图案丰富，纹样自然、协调、通顺、流畅，富有灵性和美感；方便灵活，可规模化生产，是当地居民的一种特殊审美。

印染技艺

染缬（贵阳市）

2020 年被列入贵阳市第六批市级非物质文化遗产代表性项目名录。是以青色花纹图案为主的传统印染系列工艺及其服饰制品的总称。现在的染缬，由其第四代传承人江华胜在祖传的基础上创新和发展而来。染缬的传统印染工艺主要有五种：夹缬、扎缬、蜡缬、织缬、拓缬。江华胜对祖传的"染缬"印染流程及其配方进行了多次的试验和改良，使得"染缬"在染布的固色、防腐、耐磨、亮度、色泽等方面有了较大改进，亮度、色泽的效果更加突出，层次灵动，变化自然，明净素雅，形成了别具一格的"青花瓷"韵味，每一件作品都是独一无二的创造。"染缬"具有极高的文化、生态、研究、使用以及经济价值。

染缬

京剧容妆技艺（贵阳市）

2020 年被列入贵阳市第六批市级非物质文化遗产代表性项目名录。京剧容妆，是一门专业性极强的传统技艺，担任着塑造戏曲人物造型的重任。200 多年来，经过京剧艺人的积累、创新，形成了生旦净丑各行角色的容妆技艺，主要为面部化妆和发式的梳挽、头饰的佩戴，有着比较固定的程序以及化妆用品。贵州的京剧院团在 60 多年里创作了多部誉满全国的优秀剧目，随着时代的变迁以及观众审美观念的变化，逐渐发展形成了贵州独特的京剧容妆技艺特征。旦角的化妆较为复杂，需要容妆师与演员共同完成。水化法：洗脸、上白粉、抹胭脂、画眉眼、涂口红、贴片子（先额上小片子，后两旁大片子，之后戴网子，勒水纱，梳大头）、戴头面、插花。油化法：洗净脸后，抹凡士林，再用棉纸抹去，留薄薄一层油，再将油白粉抹上，拍匀，再抹胭脂。生、净、丑的化妆程序大致相同。

木偶戏杖头制作技艺（云岩区）

2020 年被列入贵阳市第六批市级非物质文化遗产代表性项目名录。古称傀儡戏，是广泛流行于我国 20 多个省的艺术形式。木偶戏分杖头木偶、提线木偶、手袋木偶等，其中杖头木偶是中国木偶的主要五大流派之一，它作为一种较为成熟的戏剧形式呈现于唐宋时期，故有"百戏之祖"之称。木偶戏杖头制作技艺主要以中型杖头木偶制作为主，中型杖头木偶的身高一般在 80 厘米左右，木偶体重 3—5 斤。制作过程一般为木偶头型制作、头部机关安装、木偶身躯安装、命杆、手扦制作、木偶手制作、服装制作、化妆七个部分。其作品主要有大型神话木偶剧《孙悟空之三打白骨精》和大型神话木偶剧《美人鱼》、中型戏《猪八戒背媳妇》、小节目《萝卜回来了》、苗族题材的大型神话木偶剧《诺德仲与豹子精》等。

木偶戏杖头制作

🏠 双钩书法

双钩书法（云岩区）

2023 年被列入贵阳市第七批市级非物质文化遗产代表性项目名录。双钩书法，又名空心字，亦称变体字，属实用书法的一个种类，主要流存于民间。"双钩"乃书法术语，起源于六朝，盛行于隋唐，直至今日，依然备受推崇。双钩书法的字体呈空心状，酷似帖体，书写复杂，极考究功力，其笔法精细，若游丝萦绕、孤烟袅风，连绵不断，分布匀稳，风味有余，被世人称为"下真迹一等"。

剪纸（贵阳市）

2023 年被列入贵阳市第七批市级非物质文化遗产代表性项目名录。贵阳的剪纸艺术极具地域特色，也是民族文化的缩影，其题材多来源于本土少数民族文化及生活、风俗习惯、风土人情等，主要有剪、刻、撕、剪刻并用等多手法。在色彩的处理上，又分为单色剪纸、套色剪纸、粘贴剪纸、多色衬垫剪纸、染色剪纸等，主次分明，显得富丽绚烂，极大丰富了

🏠 剪纸

传统剪纸的表现力。贵阳剪纸以精致为美，讲究玲珑剔透，细腻写实，线条纤细流畅，巧妙运用了民间艺术构图形式，如随方就圆的布局、各式几何形的分割、图与图的因借、像与像的互用等，加上色彩的区分，使得剪纸作品有一种浓郁的形式美感。

茫父颖拓（花溪区）

2023 年被列入贵阳市第七批市级非物质文化遗产代表性项目名录。茫父颖拓由清末民初著名书画金石篆刻家、贵阳人姚茫父始创，至今 140 余年，其研习者至今已有五代传人。1957 年，郭沫若为这种艺术形式命名为"茫父颖拓"。茫父颖拓常用工具是毛笔，技法以点、擦、拓为主，创作特点是脱离原物进行"面临"或"背临"，不拘泥于紧贴原物一板一眼。茫父颖拓在美学、工艺装饰、历史研究和艺术研究等方面都有很高的价值。

古籍修复技艺（云岩区）

2023 年被列入贵阳市第七批市级非物质文化遗产代表性项目名录。古籍修复技术在唐代便已出现和运用，距今已有 1700 多年的历史，其历史与书籍发展史息息相关。贵州省约有汉文古籍 40 万册，还有很多水书、彝文、傩书等少数民族文献。古籍修复技艺是我国独特的传统手工技艺，主要用于书画、碑帖等的装饰和修复还原，是一项特殊技艺。修复古籍不仅要"整旧如旧"，保留文献的装帧风格，还要最大限度地保留历史信息。

古籍修复技艺

木雕技艺（清镇市）

2023 年被列入贵阳市第七批市级非物质文化遗产代表性项目名录。腊腮木雕源自江西流派，经 600 余年与贵州本土文化相交融。其工艺特点为造型凝练、刀法熟练流畅、线条清晰明快，呈现出含蓄、拙朴、写意等主要特征。刘吉武作为清镇腊腮木雕制作技艺的第 17 代主要传承人，不仅继承了家族世代传承的木雕制作技艺，还将其与现代美学相结合，运用于人物雕塑、手工木质衍生品、生活器物等制作。其雕刻作品主要原材料：楠木、黄杨木、紫檀、香樟木、柏木、崖柏，坡垒，黄金刺等。雕刻工具：打胚刀、修光刀、镂空刀、木锤等。木雕制作工序：构图、制板、掏底与锯板、打大胚、打细胚、修光、打磨、抛光打蜡。

传统饮食制作技艺

青岩玫瑰糖制作技艺（花溪区）

2009 年被列入贵州省第三批省级非物质文化遗产代表性项目名录。玫瑰糖香甜酥脆、甜度适中、不掺加任何防腐剂。玫瑰糖制作技艺成熟，工艺流程分为原料准备、熬煮、打浆、糖浆浓缩、拉糖、加馅料、裹芝麻等 7 大工艺。青岩古镇黄家玫瑰糖始于清康熙年间，系黄家祖传工艺，至今已有 300 多年的历史。黄家玫瑰糖制作要经过 13 道工序，用麦芽、糯米、玫瑰花及优质泉水精心熬制而成。现经黄家第 10 代传承人黄林声改进配方，使产品甜而不腻，香糯化渣，回味悠长。

青岩玫瑰糖制作——拉糖

西山虫茶制作技艺（息烽县）

2009 年被列入贵州省第三批省级非物质文化遗产代表性项目名录。虫茶又叫白茶、茶精、药茶、龙珠茶、老鹰茶等。贵阳地区的虫茶主要产于息烽县西望山西山村、田丰村一带。其工序主要是采摘白茶嫩叶、杀青、揉捻、二道炒、烘烤、倒入袋悬挂实现"生物转化"、昆虫化蝶飞走留下虫屎、筛选和烘烤等，前后大约需要两年时间。

雷家豆腐圆子制作技艺（云岩区、南明区）

2015 年被列入贵州省第四批省级非物质文化遗产代表性项目名录。雷氏世居贵阳，清同治时就以开豆腐作坊营生。雷氏之妻刘氏将自家的豆腐加入适量的秘制配料，拌匀后用油锅炸，因口感极佳，深受广大群众喜爱。雷氏后人不断创新，不仅在原材料上讲究品质，在制作过程中讲求色、香、味俱全。南明区雷家豆腐圆子，最早可追溯到清朝同治时期，1874年同治皇帝驾崩后，全国"禁屠"三天（不准杀生不准吃荤），雷万铨夫妇于是将豆腐捣成泥，加入盐、葱、香料等调料，充分拌匀后做成豆腐圆子，放入菜油锅中炸熟出售，面世即深受贵阳人喜爱。

雷家豆腐圆子

香酥鸭制作技艺（云岩区）

2019 年被列入贵州省第五批省级非物质文化遗产代表性项目名录。从清光绪年间传承至今。2015 年注册"但家香酥鸭"商标。制作过程为选鸭、净鸭、卤制、切块、油炸、抖勺、刷粉。工艺特点：一是秘制卤水；二是黄金比例切块；三是油温、火候得恰到好处。咬一口外皮酥脆，嚼一嚼肉质细嫩却小乏嚼头，麻而不木、辣而不燥，食之口齿留香，具有很高的食用营养价值和较高的历史文化价值。

红酸汤丝娃娃制作技艺（云岩区）

2019 年被列入贵州省第五批省级非物质文化遗产代表性项目名录。传承于清中晚期，其传人在原有的西红柿与红辣椒发酵的基础上，以调制的配料按特定比例再次进行熬制、融合，提升了红酸汤的果香味，口感纯正，并通过长期的坚持和不断的创新发展，讲求色、香、味、形、艺，逐渐成为贵阳及贵州省的知名小吃。

红酸汤丝娃娃

赖氏酿酒技艺（贵阳市）

2019 年被列入贵州省第五批省级非物质文化遗产代表性项目名录。是赖氏酒师于 20 世纪 80 年代初在贵阳市乌当区、遵义市仁怀市茅台镇，恢复重建恒兴酒厂（贵州老字号），按祖传工艺精心酿制的大曲酱香型白酒。赖氏酱酒是大曲酱香型白酒，固态发酵蒸馏酿制而成。

卫城八大碗烹饪技艺（清镇市）

2019 年被列入贵州省第五批省级非物质文化遗产代表性项目名录。八大碗包括清蒸蛋卷、绣球蹄筋、火夹楠片、鸡茸蹄筋、烧腰柳、镶蹄筋、盐菜肉、八宝饭。每一碗都是一道极具传统特色的风味美食，清蒸蛋卷具有独特口感，绣球蹄筋弹性鲜嫩，盐菜肉入口即化，八宝饭香滑可口，鸡茸蹄筋口感极佳，火夹楠片味美汤甘，烧腰柳嚼劲十足，其烹调手法皆为民间传统手艺，整个菜品都是以"蒸"为主，火温控制尤为严格。

卫城辣子鸡制作技艺（清镇市）

2019 年被列入贵州省第五批省级非物质文化遗产代表性项目名录。一般选用当地散养的土公鸡为原料，切块后倒入已炼好的油（菜籽油、少量猪油）中烹炒至鸡肉水分排干，大火快炒，等鸡色泽微黄后取出等候。把打好的糍粑辣椒加蒜粒姜粒和适量食盐放入锅内炼制，把炒好的鸡肉倒入铁锅中翻炒均匀，最后加入适量清水，微火煮数十分钟即可。

阳朗辣子鸡制作技艺（息烽县）

2019 年被列入贵州省第五批省级非物质文化遗产代表性项目名录。该技艺传承了 170 余年。现阳朗辣子鸡制作技艺主要分布在开阳阳朗和永靖大道东南道边。阳朗辣子鸡色泽鲜红，炧糯可口，很受南来北往顾客青睐。

息烽阳朗辣子鸡

开阳贡茶制作技艺（开阳县）

2019年被列入贵州省第五批省级非物质文化遗产代表性项目名录。开阳贡茶是在清代中期南贡茶基础上形成的独特地方名茶，兴起于清乾隆年间。开阳贡茶，采茶遵循古代南方传统，以每年农历三月初谷雨前采的雨前茶最佳。需经反复四次铁锅翻焙，再竹笼烘烤，再回锅提香，是李氏为适应新时代巾场需求新增的工艺。

赵司贡茶制作工艺（花溪区）

2007年被列入贵阳市首批市级非物质文化遗产代表性项目名录。起源于明清时期，清初作为上贡给皇帝的"贡茶"，鼎盛时期在清初至民国时期。赵司贡茶产于海拔1300米—1500米的山坡上，此茶氨基酸、咖啡碱、脂类儿茶素、硒等含量较高，且香气清高，滋味鲜爽，汤色极佳。采茶一年采2至3次，在春季（清明前后，称清明茶）和夏季。其制作过程为采集茶叶、筛选、用砂锅进行热炒，然后在簸箕里用手搓茶，小茶晒干即可。大茶还需在炕上烘干，再倒回砂锅炒，温度控制在36℃—37℃左右，取出晒干。茶种类有毛尖茶、一叶一心茶、二叶一心茶、三叶一心茶、粗茶（无心粗茶）等。

赵司贡茶

青岩刺梨酒米酒制作工艺（花溪区）

2007年被列入贵阳市首批市级非物质文化遗产代表性项目名录。花溪区青岩刺梨糯米酒酿造工艺是贵州省民间米酒酿造技艺的重要种类之一，主要用于保健解乏、待人接客、祭祀等。刺梨糯米酒属黄酒，生产工艺为淋饭法。古老的传统工艺用干刺梨和糯米一起蒸煮，拌入曲药入缸发酵，滤出酒汁饮用。酒中含有大量葡萄糖和淀粉细粒，黏度大，较稠浓。酿造该酒要经过浸泡原料、铁锅煮米（或甑子蒸米）、搅拌酒药、密封发酵、倒甑酿酒、刺梨泡制等多种酿造程序而成。

🔺 青岩刺梨酒米酒制作工艺

扎佐石竹蹄髈制作工艺（修文县）

2009年被列入贵阳市第二批市级非物质文化遗产代表性项目名录。发源于清代川黔古驿道上，清初，鄂尔泰推行"改土归流"，实行"纳米入盐"制度。扎佐成为川盐入黔的重要通道，来往的客商增多。为了迎接客商，当地的布依人发明了这种用猪肘制成的特色菜，当时主要用于接待来往的客商，流传至今。它以猪的新鲜蹄髈为主料，布依特色的酸菜为辅料，配以蜂蜜、白糖、盐、姜、酱油、丁香、山奈、草果、砂仁、白蔻、花椒、茴香、八角、葱等，通过烧、炸、煮等烹调手法制成。可吃火锅，也可直接做菜食用。

青岩豆制品制作工艺（花溪区）

2009年被列入贵阳市第二批市级非物质文化遗产代表性项目名录。青岩泡豆腐，于明代时开始出现，因便于保存，而深受人们喜爱。制作过程：先将黄豆打成浆后在锅中加热煮沸，后加入酸水，将豆浆制成豆腐；将豆腐切成正方形状的豆腐片，放入烘房内烘干；再用青岩特殊的砂石进行炒制，加入桐油，当砂石达到特定温度时，将豆腐片放入锅中进行翻炒，豆腐慢慢开始膨胀、变大，大约三五分钟后，便可以看见膨胀成形的泡豆腐。泡豆腐色泽呈淡黄色，口感清脆，吃法也多种多样。

🔲 青岩豆制品

朱昌酿酒手工技艺（观山湖区）

2009 年被列入贵阳市第二批市级非物质文化遗产代表性项目名录。朱昌白酒酿造技艺传于明初，一朱姓人随军进驻朱昌，发现朱昌气候宜人，水质很好，就在朱昌村青山老井旁盖了一处酒房，酿制美酒。后来，在朱昌白酒的基础上，当地人又进行改良，开发出朱昌窖酒，并获中国十大名酒的称号，20 世纪八九十年代，朱昌窖酒属于紧俏商品，大街小巷随处可见朱昌窖酒的销售点。朱昌酒最大的特征是中医药用酿酒技术的一次完美结合，使用中药材达 49 种。

卫城清明粑（清镇市）

2018 年被列入贵阳市第五批市级非物质文化遗产代表性项目名录。距今有百余年的历史，是清明节食用的一种食物，每逢这个节气，人们都会上山采摘野生的清明菜制作清明粑祭祖。清明粑馅心制作，需要用小火分别把苏麻、花生、白芝麻等炒熟炒香然后捣碎，放入玫瑰糖、红糖搅拌成引子备用；之后将切碎的清明菜与糯米粉加入适量的水用手揉成面团状。在包馅时，将引子放入揉成饼状的面团包好，并且将其压扁，然后放入平底锅中用煤火慢慢烙烤，火温控制 60 度至 80 度之间，用手不停地翻烤，待两面微黄，清明粑开始膨胀时即可。

青岩糕粑稀饭制作技艺（花溪区）

2018 年被列入贵阳市第五批市级非物质文化遗产代表性项目名录，主要分布青岩镇东街，是青岩古镇特色小吃之一。糕粑与稀饭原本是独立的两道餐点，经谢家后人在传承过程中不断研究开发，演变成如今的青岩古镇特色小吃。其口味甜糯，细滑无比，芳香清淡，甜而不腻，健脾生津，老幼皆宜。

青岩糕粑稀饭制作者

刘姨妈黄粑制作技艺（清镇市）

2020 年被列入贵阳市第六批市级非物质文化遗产代表性项目名录。原材料主要有糯米、黑糯米、粳米、小米、玉米、荞麦等，配料有冰糖、黄豆、板栗、五仁等，辅料有玉米叶、竹叶等。其制作过程分为备料、浸泡、磨浆、蒸制分装、包扎蒸制 5 个步骤。刘姨妈黄粑在承接传统生产工艺的基础上，开发出黑糯米、小米、五仁、熏肉、板栗、竹叶小黄粑等新、特、优品种，丰富了黄粑种类。

水井巷烧饼制作技艺（息烽县）

2020 年被列入贵阳市第六批市级非物质文化遗产代表性项目名录。水井巷烧饼分糖烧饼、肉烧饼，脆烧饼（脆饼）等品种。用料由精面粉、菜油、香葱、盐、芝麻、糖水，猪油等组成。肉烧饼、糖烧饼和盐烧饼制作经过和面、做生饼、烤制、起炉 4 个程序，掌握火候是制作烧饼的关键。在制作上，采用独特技艺和面制作，用上等炭和传统陶炉烤制，食之脆而清香，可口不腻。

糖画制作技艺（息烽县）

2020 年被列入贵阳市第六批市级非物质文化遗产代表性项目名录，主要分布在息烽永靖镇下阳朗水井湾和老厂一带，其中阳朗刘焕忠传承的糖画制作历史已有百余年。糖画制作技艺具有手工制作、传承久远、工序复杂的特征。传统制作糖画的工具主要有火炉、铜锅、铜瓢、铜勺、铜制起子、作画的青石板和供购买糖画者选择图案的转盘，其制作过程为熬糖、冷却、微火再熔、铜勺浇制、画图、冷却糖画 5 道工序。制作出来的糖画形式多样，既可以欣赏又可以作为美食，食之甘甜润喉。

糖画制作

怪噜饭制作技艺（观山湖区）

2020 年被列入贵阳市第六批市级非物质文化遗产代表性项目名录。怪噜饭制作技艺薪火相传，不断完善，经过精选原料清洗、配菜加工发酵、辣椒酱冲制、辣椒酱熬制、配菜熏制、原料精细改刀、原材精准配比、主辅料翻炒、调味装盘 9 个环节 18 道工序加工而成。怪噜饭历史悠久，在贵阳早有盛名，是贵阳城市饮食文化、名小吃中的重要代表，它的传承发展丰富了贵阳的"饮食名片"和"城市味道"。

花溪牛肉粉制作技艺（花溪区）

2020 年被列入贵阳市第六批市级非物质文化遗产代表性项目名录。主要有腌制酸莲花白、秘制汤料、熬制牛肉汤、卤制牛肉、制作牛肉粉 5 道工序。取生态养殖的高山黄牛为主料，通过煮、吊、卤、兑、泡等工艺熬制香醇汤汁，辅以酸莲花白、芫荽、香葱等食材，加入辣椒、花椒等佐料，充分拌匀，鲜香的牛肉与纯手工制作的软糯米粉妙搭味美，孕育出有层次感、令人回味无穷的美食。米粉爽滑微韧，汤味醇厚，辣烫鲜香。

花溪牛肉粉

烤鸡制作技艺（云岩区、南明区、花溪区）

2020 年被列入贵阳市第六批市级非物质文化遗产代表性项目名录。①烤鸡制作技艺（云岩区）：从初创至今，已走过 100 多年历史，在贵阳已成为家喻户晓的特色美食。老贵阳烤鸡沿用传统烤鸡技艺和现代工艺相结合，经 10 多道工序，佐以新鲜整鸡及 20 几种大料、健脾降火的中药熬制 6 小时的烧烤酱汁，辅以独家秘制的烤鸡蘸料精工制作而成。此外，与其他烤鸡相比，老贵阳烤鸡采用由优质菜籽油放入姜熬制冒泡冷却后的油，选用青杠炭，以炭火烘烤的方式对顺着鸡的结构肌理分解而成的鸡块进行烤制，这种生烤的方式能最大程度地保留肉质的鲜味及汁水。②烤鸡制作技艺（南明区）：起源于清朝末年，由李华娟的外婆创立，经过其母亲的继承，李华娟将其发扬光大，创立了"李氏华娟烤鸡"品牌。③烤鸡制作技艺（花溪区）工艺有 10 余道，刘老四夫妇在烤鸡制作中创新做法，将烧卤结合，使卤鸡干香入味，改善了卤水那种"水垮垮"的口感。

贵阳烤鸡

青岩张记双花醋制作技艺（花溪区）

2020 年被列入贵阳市第六批市级非物质文化遗产代表性项目名录。清光绪年间，曾氏老祖将制醋技艺带到青岩，主要原材料是籼米、麦麸，辅料有党参、黄芪、杜仲、菊花等

100 余味中药材，以及张记秘制的药曲。制作工序：一是醋母发酵（制作醋种），即选优质大米蒸煮至糊化，冷却后加入曲药拌匀、发酵；二是醋酸发酵，即将麸皮倒入木制发酵槽中，加入水及醋母拌匀后制成醋醅，进行醋酸发酵；三是淋醋，即醋醅倒入淋醋缸内，加入糊米茶，倒入前次制作时淋出的醋液浸泡，待醋液黑而发亮时淋出装入生醋缸；四是成品醋制作，即将沉淀后的半成品食醋入锅，进行高温杀菌，适时出锅过滤冷却。在双花醋生产过程中，需二次发酵，比通常的酿醋工艺增加一倍，花泡较多，故名双花醋。

▲ 青岩双花醋

谷子酒酿造技艺（乌当区）

2020 年被列入贵阳市第六批市级非物质文化遗产代表性项目名录。谷子酒是我国古老的传统酒种，是以稻谷为原料，以传统酒药（固态发酵工艺）为糖化发酵剂，经培菌糖化，在缸中发酵后，再经蒸馏而成的酒。其主要流程有稻谷漂洗、去瘪谷、浸泡、蒸谷、出甑、润水、复蒸、摊凉、拌曲、培菌糖化、落缸发酵、蒸馏、贮存。

豆制品制作技艺（云岩区、乌当区、观山湖区）

2020 年被列入贵阳市第六批市级非物质文化遗产代表性项目名录。①豆制品制作技艺（云岩区）的历史可追溯到清康熙年间（1662—1722），有 300 多年的历史。清代来往贸易的客商带来了水豆豉的原始制作方法，后经四川人改良制作工艺和添加调料配方后逐步形成了具有本土特色的豆制品制作技艺。②豆制品制作技艺（观山湖区）：位于贵阳市观山湖区金华镇翁贡村第十一组的骟牛坡，还保存着传统食品的制作技艺，特别是豆制品制作技艺还在家家户户完好保存。受到地域条件的限制，村民的日常饮食多以自制为主，豆豉、豆腐乳等豆制食品不仅为日常生活所需，几乎每家每户都是逢年必备，传统豆制食品更是村民餐桌上不可少的主菜和调味菜。③豆制品制作技艺（乌当区）：采用本地黄豆石磨推，酸汤点浆出豆腐。成品有水豆花、白豆腐、灰豆腐、豆腐熏干以及各种各样的豆腐加工品。偏坡灰豆腐是传统豆制品制作中的一种独特产品，它的制作沿袭了流传的豆腐制作技艺，大致可以分为选豆、浸泡、磨浆、沥浆、煮浆、打沫、点浆、凝浆、压榨、切块、灰浸到成品等12个步骤。

豆制品制作技艺

风肉制作技艺（贵阳市）

2020年被列入贵阳市第六批市级非物质文化遗产代表性项目名录。是中国特有的一种猪肉腌制食品，又名"风吹肉"，为腌制后挂于屋檐下自然风干的猪肉。风肉具有色、香、味、形"四绝"，是我国腌制食品中的代表。风肉分为"南风和北风"，"北风"主要分布于江苏一带，"南风"主要分布于浙江、湖南、贵州等地。风肉制作技艺工序包括选材、切配清理、配制腌料、腌制、晾挂发酵五大步骤，素有"一家煮肉百家香"的赞誉。

破酥包制作技艺（云岩区）

2020 年被列入贵阳市第六批市级非物质文化遗产代表性项目名录。破酥包是老三代贵阳人喜爱的物美价廉的美食，在追求面料破酥的工艺上一直以手工精细制作，这是至今不变的传统。"贾记"传统破酥包，破酥包之所以能够"破酥"，关键在面粉的发酵醒面和起酥工艺。"破酥包"选用的面粉必须是低筋的精白面粉，经过制老面、和面、发酵、制馅（制馅流程：选材、切配、调味）、醒面、兑碱、揉搓、擀面、制酥、成条、剂子、压皮、包馅、捏褶、上笼等近 20 道工序才能成品。

"贾记"传统破酥包

黔凤辣子鸡制作技艺（云岩区）

2020 年被列入贵阳市第六批市级非物质文化遗产代表性项目名录。贵阳辣子鸡的主要代表之一"黔凤辣子鸡"，原名为"坝上人家风味辣子鸡"，由易向程始创于 20 世纪 20 年代初。易向程是贵阳当时有名的厨子，炒制的辣子鸡最为有特色，香味悠长，时称"坝上易家辣子鸡"。后经易素华、周桂英、舒晓伟等一代代传承人不断改进和提升，将辣子鸡的炒制技艺传承弘扬，成为贵州本土原生态餐饮品牌的杰出代表。黔凤辣子鸡精选来自遵义的菜籽油和重量在五六斤的贵州土公鸡，配料中的糍粑辣椒选自花溪、大方和遵义。将鸡剁小和冷油同时下锅，缓慢加热，随后加入打制而成的糍粑辣椒、四川豆瓣、大粒红蒜、压扁的黄姜等，大火翻炒后再小火炖炒，约30分钟当生鸡炒至金黄色时，往锅里加适量白糖和酱油，继续烹炒5至8分钟，起锅时再加入定量食盐，炒匀后即可出锅食用。

丁家脆哨制作技艺（贵阳市）

2020年被列入贵阳市第六批市级非物质文化遗产代表性项目名录。丁家脆哨已有百余年历史，原材料取自于新鲜优质猪肉，配各种天然香料，融入地方特色配料，完全采用纯手工制作，经过精选原料、解冻、清洗、切丁、焯水、下锅、熬制、二次熬制、冷却、灭菌、包装10个环节19道工序加工而成，产品包括脆哨、小脆哨、精哨、小精哨、软哨、软哨片片，其风味独特，已成为贵阳当地的美食名片。

丁家脆哨

黔式月饼制作技艺（贵阳市）

2020年被列入贵阳市第六批市级非物质文化遗产代表性项目名录。清光绪年间，仁怀人郭子固因为家道中落，为养家糊口，精选食材，改良工艺，做出了受当地人喜爱的"千层白皮火腿月饼"，后被称为"黔式月饼"。黔式月饼制作技艺经过4代人的不断改良完善后已经非常成熟。该技艺分为精选原料、制作馅料、捏制馅球、压制月饼皮、制作月饼、烘烤6个步骤，每一个步骤都非常讲究。如精选研制1年以上的威宁跑山猪火腿，制作馅料要把肥瘦火腿肉控制在 2 ：8 左右，制作月饼收口要匀速且力道适中等。按照黔式月饼制作技艺制作出来的月饼以"一碰就掉渣"的酥层外壳和秘制火腿馅料为特色，纯手工制作。松脆沙软，甜中带咸。

肠旺面制作技艺（云岩区、南明区、观山湖区）

2020 年被列入贵阳市第六批市级非物质文化遗产代表性项目名录。肠旺面发源于清代，始于贵阳便宜坊，后经营肠旺面。肠旺面制作主要由面条、面码、清汤、辅料构成。面码的制作是肠旺面制作的最重要一步，其主要有四种面码：肥肠、血旺、泡哨、脆哨。其面条金黄，食不粘牙，辣而不猛，油而不腻，汤清味鲜，营养丰富，形成了面条脆韧、肥肠软糯、血旺滑嫩、脆哨酥脆、泡哨鲜香等特点，符合贵阳人的"鲜香、味重"的口味。

🔺 贵阳肠旺面

恋爱豆腐果制作技艺（云岩区）

2020 年被列入贵阳市第六批市级非物质文化遗产代表性项目名录。恋爱豆腐果得名是因为其周转灵便，吃法简单，价格便宜，逐渐成为贵阳街头风味小吃，更是青年男女难以割舍的家乡味。贵阳恋爱豆腐果香辣滑嫩，生津开胃，回味无穷。因生意兴旺，有很多人登门拜师学艺，从此豆腐果制作技艺在贵阳地区广泛传开，逐渐成为贵州特色小吃之一。

油辣椒制作技艺（云岩区）

2020年被列入贵阳市第六批市级非物质文化遗产代表性项目名录。清咸丰年间，寺厨刘焕新精于烹饪素食，尤其擅长将油制辣椒用于素食调味，他独创了刘氏风味辣椒的制作方法。其后人刘友良、刘文理继承和发扬了刘氏风味辣椒的制作技艺，辣椒炒制时火候进一步精控，完善了"三开三关"的温度要求。经第五代、第六代和第七代的完整传承，在贵阳及周边区域声名日隆，广受好评，逐渐成了贵阳记忆中的"饮食味道"。

老素粉制作技艺（云岩区）

2020年被列入贵阳市第六批市级非物质文化遗产代表性项目名录。老素粉是贵阳家喻户晓的主要食品之一，也是具有贵阳地方特色的传统美食。19世纪末20世纪初，贵阳花溪高坡一带的厨师刘步，将早上没有卖完而微微发酵的米粉用开水氽过，佐以刘氏风味辣椒、黑大头菜、泡酸萝卜，作为晚餐食用，家人极为喜爱。于是，刘步和妻子钟氏专门售卖这种微微发酵过的米粉，取名"老素粉"。刘氏老素粉的配料由酸粉、油辣椒、相关调味料三个部分组成，这种酸粉为贵阳独有。品相好的刘氏老素粉，颜色呈青灰白，粗细均匀，不沾不黏，食有劲道，入口满是酸爽和香气。刘氏老素粉特制的油辣椒，成就了刘氏老素粉味道中的灵魂。

贵阳小吃宴制作技艺（云岩区、南明区）

2023年被列入贵阳市第七批市级非物质文化遗产代表性项目名录。①贵阳小吃宴制作

贵阳小吃宴

技艺（云岩区）：小吃宴以贵州人爱吃的洋芋做成怪噜洋芋和洋芋粑，加入其他食材放入卤水中又可做成极具特色的贵阳卤锅；大米可做成香辣鲜香的怪噜饭，也可加工做成包饼油条、糕粑稀饭、牛肉粉、凉拌米豆腐；肉类小吃有烤鸡、青岩卤猪脚、铁签烤肉、鸡肉饼、贵阳卤锅等；此外，还有恋爱豆腐果与极具特色的泡胭脂萝卜、玫瑰红糖冰粉。这些贵阳小吃以口味丰富而著称，集甜、咸、辣、酸为一体，制作技艺却颇有讲究，配以独有的地域特产和当地独有的调味品，通过烤、炒、炸、煮、熬、卤、腌制、调拌、凉拌等有其独到之处的手法，形成了颇有特色的传统技艺和制作方法，将一桌小吃做得色、香、味俱佳。周氏小吃宴沿袭家传的手艺，制作得更加符合大众口味，做出的小吃口感层次丰富、色味俱佳，已传至第六代。②贵阳小吃宴制作技艺（南明区）：小吃宴制作技艺是彭氏家族百年的传承，以贵阳小吃宴以外的豆腐圆子和红糖引子粑等为代表，还有米豆腐、泡萝卜、糕粑稀饭、洋芋片、烤小豆腐、碗耳糕、冰粉等，共同形成了贵阳的地方小吃。贵阳小吃宴以其口味丰富而著称，集甜、咸、辣、酸于一体，口感上又有外酥里嫩、壳酥软糯、酸甜脆爽、甜而不腻等丰富的口感，使其有别于其他地区单一的小吃口味，形成了自己独特的风格。

茶艺（黔茶冲泡技艺，云岩区）

2023 年被列入贵阳市第七批市级非物质文化遗产代表性项目名录。贵州的冲泡技艺以高水温、多投茶、快出汤、茶水分离、不洗茶为主要特色。黔茶技艺泡的茶能快速激发茶香、浸出内含物质、易于辨别茶叶的异、霉、陈、烟、焦、酸等气，达到较好的色香味，以至茶汤更加鲜爽甘甜、不苦不涩而又有浓度和厚度。

贵阳宴（云岩区、南明区）

2023 年被列入贵阳市第七批市级非物质文化遗产代表性项目名录。①贵阳宴（云岩区，仟纳）。配置通常为四冷盘、八大菜、四座菜、荤素各一汤，下酒简盅、餐后点心等。选取的食材，主要以猪、鸭、鸡、鱼、羊为主，辅以当地特有的物产折耳根、酸菜、盐菜、辣椒、豆腐等，配合贵阳地区特有的调味品糟辣椒、卤料、油辣椒、小葱等，烹调手法上采用了煎、煮、炖、炒、炸、蒸、凉拌等多种方式。菜式主要分为炖菜、凉菜、蒸菜、炒菜、汤菜等，口味以辣香、鱼香、糊辣、红油、椒盐、酸辣等呈现。贵阳宴的菜品冷热搭配，荤素结合，营养均衡，甜咸适口，红而不辣，辣而不猛，香辣味浓，口感丰富。贵阳仟纳饮食文化有限公司是贵阳宴的主要传承载体，注册了"仟纳贵州宴"的美食品牌。②贵阳宴（云岩区，黔食荟）。配置通常为四冷盘、八大菜、四座菜、荤素各一汤，下酒简盅、餐后点心等。"兰书·黔食荟"是贵阳宴的传承载体，周兰书通过对黔菜酸道、辣道、香道的把握，制出的贵阳宴席充分结合贵阳当地的饮食习惯及特色食材，突显"黔菜"本土味道，彰显"黔地"饮食特色，淋漓尽致地展现出黔菜"鲜辣酸野，秀璞真美"的独有特点。③贵阳宴（南明区，黔城故事）。制作技艺是一个集体传承的技艺，包含煎、炒、炸、蒸等各种黔菜制作技艺。

贵阳宴

参菊糖果制作技艺（云岩区）

2023 年被列入贵阳市第七批市级非物质文化遗产代表性项目名录。基于张氏家族祖传秘方改进提高而成，其核心分布区域为贵阳市云岩区。张氏祖先把在当地森林中采集的纯天然草药，以传统工艺炮制出可缓解头晕、头痛、颈项板紧、疲劳、心悸、肢体麻木、胸闷、乏力等症状的参菊糖果。张氏后人传承了祖上创始的参菊糖果制作技艺，一脉相承，绵延至今。

广寒宫糕点制作技艺（云岩区）

2023 年被列入贵阳市第七批市级非物质文化遗产代表性项目名录。黔式糕点"广寒宫"老字号起源于 1939 年，传承至今，成为黔式糕点的著名品牌。其代表作品有荷花酥、燕窝酥、核桃糖、花生糖、萨琪玛、香草蛋糕和月饼。广寒宫商标在贵阳市民中广为人知。

老鸭汤制作技艺（云岩区）

2023 年被列入贵阳市第七批市级非物质文化遗产代表性项目名录。贵阳老鸭汤已传承五代。19 世纪末，杨氏高祖尝试用泡菜的方法制作了秘制酸萝卜，将其与老麻鸭一起炖煮，佐以生姜、食盐等配料，文火炖制两小时以上，酸萝卜的酸将老鸭的鲜美发挥到极致。这种方法炖制出的老鸭汤色泽鲜亮，口感饱满，瘦而不柴，入口即化，口感极佳。

糯食制作技艺（云岩区）

2023 年被列入贵阳市第七批市级非物质文化遗产代表性项目名录。贵州人喜食以糯米做成的糯食，糯米营养丰富，为温补强壮食品，具有补中益气，健脾止虚汗之功效。在长期的生活中逐渐出现了以糯米为主要食材的各类烹食方法，包括糯米饭、红糖糍粑及甜酒粑等美味糯食的制作。

牟氏制茶（南明区）

2023年被列入贵阳市第七批市级非物质文化遗产代表性项目名录。牟氏是在贵州具有代表性的家族传承的茶叶世家，自牟锡顺开始制茶销售以来，历经五代传承。牟氏制茶通过采茶、摊放、杀青、炒制、揉捻、搓团、提毫、干燥、筛末等工序，制作出贵州传统的尖茶。所制作的成茶外形条索紧细、卷曲，披毫，嫩绿隐翠，匀整；汤色：嫩绿明亮；香气嫩栗香，鲜爽；滋味鲜醇，甘爽；叶底多芽细嫩，嫩绿明亮，匀整。

牟氏制茶

玫瑰蜜制作技艺（花溪区）

2023年被列入贵阳市第七批市级非物质文化遗产代表性项目名录。青岩玫瑰蜜始于清末，是黄家祖传工艺，历经四代传承。后经数代传承改良，逐渐以原汁红糖取代麦芽糖，使产品甜而不腻，回味悠长，逐渐形成了黄老伯玫瑰蜜。玫瑰蜜制作技艺成熟，其工艺流程分为原料选择、原料处理、红糖制作、原料混合、发酵五大工艺。其材料选用严格，每年4—5月份玫瑰花期时，采摘清晨刚开放如杯状的新鲜带露重瓣玫瑰，其花瓣色艳肉厚，香气浓郁，是优质的可食用玫瑰，再辅以新鲜甘蔗熬煮出的原汁红糖，催发玫瑰香气。其制作考究，若高温发酵不到位，花瓣溶解不完全就会发酸发涩，须具备丰富制作经验，把控红糖和玫瑰汁的融合程度。

🏮 腊肉制作

腊肉制作技艺（乌当区）

2023 年被列入贵阳市第七批市级非物质文化遗产代表性项目名录。清朝光绪年间，当地的朱姓人家以养猪、卖鲜猪肉和加工农家腊肉为生。在朱家五代人的传承和发展下，不断改良腊肉制作的工艺，形成了独特的朱氏腊肉风味。2001 年，贵州五福坊食品（集团）股份有限公司在原贵州肉联厂的基础上改制成立，朱立卫将祖传的腊肉制作技艺带入了公司，并不断优化和改进，打造了"黔五福"牌腊肉。"黔五福腊肉"的制作过程经过"一选，二搓，三腌，四晾，五熏"五步，成品呈金黄色，肌肉呈红褐色，脂肪呈乳白色，极具标识性，闻之腊香扑鼻，食之肥而不腻、瘦而不僵，入口咸香、腊味十足、回味无穷。

乌江豆腐鱼制作技艺（观山湖区）

2023 年被列入贵阳市第七批市级非物质文化遗产代表性项目名录。乌江河鱼资源丰富，鱼鲜而肥，加之乌江久煮不老的豆腐，衍生出"乌江豆腐鱼"这道色香味俱全的地方名肴。贵阳是乌江豆腐鱼的主要传承地。乌江豆腐鱼属于黔菜系，有"中华一绝，黔北一技""贵

🏮 乌江豆腐鱼制作

州名菜"之称。此菜香鲜辣烫，色味俱佳。鱼与豆腐相合，鱼肉鲜美清香，豆腐雪白滑嫩，食之无渣，入口即化。贵阳的"江龙饭店"做出的乌江豆腐鱼极具代表性。乌江豆腐鱼制作技艺主要靠家族传承，历经五代，现已传承100多年。

陈氏烧坊酱酒酿造技艺（观山湖区）

2023年被列入贵阳市第七批市级非物质文化遗产代表性项目名录。清代，陈氏先人陈天酉在烧坊当学徒，后来成为茅台镇有名的酿酒师。1862年，陈天酉在茅台镇建立陈氏烧坊。陈氏烧坊因"酱香突出、酒体丰满、绵密有格、优雅细腻"，赢得无数爱酒人士的青睐，此后陈氏烧坊规模越做越大，最多时在镇上开了7家陈氏烧坊。陈氏烧坊以传统的酱香工艺、货真价实的酿造，成为平民化酿酒作坊的代表，为更多喜爱酱香酒、收入不高的市民群体提供了良好的选择。

▮ 陈氏烧坊酱酒酿造

糜家土酒曲制作技艺（清镇市）

2023年被列入贵阳市第七批市级非物质文化遗产代表性项目名录。"糜家土酒曲"地处清镇市暗流镇沙田村偏坡组，属亚热带季风湿润气候，山区气候特征明显，冬暖夏凉、气候宜人，自然资源丰富，并生长着多种中草药，为制作酒曲提供有利的条件。多年来，糜家土酒曲以本地的中草药为制作原材料，采集108味中草药制作而成，距今有120年的历史。

清镇冰粉制作技艺（清镇市）

2023 年被列入贵阳市第七批市级非物质文化遗产代表性项目名录。冰粉在清镇的历史已有上百年，最早的商业形态是将冰粉用大盆装盛，搭配花生、芝麻、红糖水挑担沿街叫卖。后来，清镇的冰粉名气渐起。何记冰粉、骆记冰粉的制作，不仅在选材上要求精细，在制作过程中详细到每一个步骤都具有其独到之处，整个过程纯手工制作，对细节要求极为严格，保证了冰粉独有的软香 Q 弹、清爽回甜。随着销售市场和生产规模的不断扩大，何记冰粉、骆记冰粉在承接传统生产工艺的基础上，开发出冰浆、冰粉热吃等新鲜、特别的优良品种，丰富了冰粉种类，产品由原来单一的品种发展成为风味多元化的系列食品。

庖汤（乌当区）

2023 年被列入贵阳市第七批市级非物质文化遗产代表性项目名录。陈家高祖陈阿娥清乾隆年间落户王岗，到陈远坤已传承 9 代，杀猪祭祀在其族谱里就有记载。王岗陈家的"庖汤"，讲究用"项圈肉"，也叫槽头肉。槽头肉切成坨坨炒，猪头用来下卤、做卤菜，大肠、粉肠、猪肝炒来吃，关键是火候。血旺也是"庖汤"的必备菜之一，或煮汤或凉拌。庖汤的最大亮点，一是新鲜，二是齐全。老辈人做"庖汤"，是肉、血、内脏分开做，分开装，因为腊月天冷，常常会把这些菜统统放进锅里煮着吃，也就成了今天庖汤的一锅煮。

武术

杨氏太极拳（南明区）

2019 年被列入贵州省第五批省级非物质文化遗产代表性项目名录。是太极拳的重要流派之一，为杨氏太极拳鼻祖杨露婵（1799—1872）祖师首创，距今已有 200 多年的历史，在贵阳已传承到第六代。杨氏太极拳（老架十三势大功架）的重要价值：一是内外缠丝圈的结合和对于内缠丝圈的强调；二是发二回劲；三是套路架势大方，缓慢流畅，动作柔和缓慢、舒展大方，刚柔内含，轻沉兼备；四是完整继承和体现修炼密传《班侯九诀》的古法与老架的行功走架。

俞派少林武术（云岩区）

2020 年被列入贵阳市第六批市级非物质文化遗产代表性项目名录。是少林武术体系中一个特殊的派别，以俞大猷的"刚柔"理论为指导而得名，形成"俞派少林拳"刚柔相济的特点。俞派少林拳是由明代抗倭名将俞大猷在少林寺开始传授的，又从少林寺流传下来。俞派少林武术主要内容有武术理论、拳术、器械、对练、内功绝技、伤科医学等六大类。武术理论包括德论、门规、传略、拳论、拳要、拳谱以及棍论、剑论等内容。拳术以 12 路潭腿为基础，有徒手套路 16 个、8 个中级套路，以及豹拳、虎拳、鹤拳、猴拳、龙拳、蛇拳、醉拳、金刚拳 8 个象形拳高级套路，也称上八路。各类兵器套路 30 余个，共有 5000 余个动作（含重复），是一种自成体系的北派少林拳，讲究刚柔并济。

黑虎拳（云岩区）

2023 年被列入贵阳市第七批市级非物质文化遗产代表性项目名录。是中国众多武术门派中的一个，是一项将踢、打、摔、拿、靠、跌、击、劈、刺等动作按一定规律组成徒手或持器械单练或对练的格斗功夫。1984 年，贵州黑虎拳随第五代传人工作调动传入贵阳，辈分已传至第七代。该拳有拳论、拳理、拳谚、拳谱及拳歌，共 36 个套路，拳 8 套，器械 17 套，对练 10 套，小武功 1 套。其特点为架小势

黑虎拳

低，长手矮桩，发力暴猛，易学实用，演练风格独特等。贵州黑虎拳在科学健身、历史研究、文学创作、艺术欣赏、经济建设等方面都存在价值，如用单练、对练、散打等肢体动作，配合快慢、起伏、松紧、节奏，眼神、吼声，劲力等，充分展示出黑虎拳武术技艺、中国传统文化韵味及中华民族的拼搏精神。

六合拳（云岩区）

2023 年被列入贵阳市第七批市级非物质文化遗产代表性项目名录。六合拳源于少林寺，于 20 世纪 40 年代末，从河北沧州传至贵州，结合西南地域文化特色，不断精研力践，加以发扬光大，并着力培养代表性传承人，现已传承至第五代。六合拳的表现形式，主要以武术套路的形式来展现拳架的含义，根据难易程度、技术标准等，有多套套路，还可根据需要进行创编，同时将拳术要旨借助武术器械表达，也有器械套路流传，招法以刁、捋、带、挑、崩、架、靠、劈、砸、踢、蹬、摔、拿为主，独门器械有拦马镢、单手钩、弹弓以围、拦、截、卡对方外盘为进攻方式，结构严谨、攻守兼备、刚柔相济、动静分明，精炼紧凑，实战性强健身性好。

小练拳（南明区）

2023 年被列入贵阳市第七批市级非物质文化遗产代表性项目名录。因其在练拳时，占地面积小、桩子矮，短小精干而得名。小练拳在贵州的流传是自刘仁纪带入贵州，刘仁纪在移居贵阳后，收徒授拳，传习范围主要在南明区、云岩区、观山湖区、清镇市等地。刘仁纪（铁肩和尚）在贵州青岩镇削发为僧，后入住贵阳东山寺庙为住持，传授"小练拳"。

小练拳

三生拳

小练拳从童子拜佛到收势共计 37 势，配合拳诀 13 句，形成完整功法。其基本特点为动作紧凑、手法灵巧、重心较低，特别重视下盘的稳定性，步法的灵活多变，以快打慢是其技击特色。

三生拳法（观山湖区）

2023 年被列入贵阳市第七批市级非物质文化遗产代表性项目名录。三生拳法由中国古代徒手技击内家拳术发展而来，发展至今，有 100 多年的历史。创始人为韩慕侠。整合形意拳、八卦掌、太极拳三拳合一拳术，守正创新而成，后传授给王之和。王之和经过几十年的学拳教拳传拳，在三拳合一固有本源条件下，依据拳理培育通背拳作为新元素，置换太极拳，守正创新三生拳法修炼，用学一个拳种的时间，获得多个优秀拳种的技术、技艺，提升学拳的效率和效果，理脏腑、通经络、调精神、利关节、强筋骨、壮体魄。

中医药诊疗法

德昌祥"龙凤至宝丹"制作技艺（修文县）

2019 年被列入贵州省第五批省级非物质文化遗产代表性项目名录。由妇科再造丸（采用三七、黄芪、当归、龟板等 42 味中药材）和杜仲补天素丸（采用杜仲、菟丝子、远志等 25 味中药材）两味药通过炮制、切片、粉碎、混合、泛丸等传统手工艺制成。制药过程中保存了中医制药技艺及传统炮制工艺，如油酥、醋炙、砂炒、麸炒、酒润、盐炙、甘草水浸、蜜炙等炮制工艺，最大程度地保存了各种中药原料的药性，其中以油酥三七、醋炙荷叶两项传统手工艺最为精湛。

杨氏消痔消疹膏制作技艺（云岩区）

2019 年被列入贵州省第五批省级非物质文化遗产代表性项目名录。创制于清朝中期，杨氏家族自清朝中期祖上便以行医为生，创始人曾在清乾隆年间任御医。其膏药外治疗法有简便、经济、见效快的优点，所制药膏采用贵州生长的黄连、地马蜂、地榆等药材。

丁氏妇科中医诊疗技法（贵阳市）

2019 年被列入贵州省第五批省级非物质文化遗产代表性项目名录。传承于清乾隆年间，是国家首批 64 家中医流派，全国十大中医妇科流派之一。传承人丁启后迁至贵阳，一直传承至今。"丁氏妇科诊疗法"以丁氏家族百年传世秘方为特色，内治、外治相结合的医疗手段，专业诊治多种妇科疾病，独创丁氏"盆炎清灌肠剂"中药导肠技法治慢性盆腔炎及痛症获国家发明专利。

白氏骨伤诊疗法（云岩区）

2019 年被列入贵州省第五批省级非物质文化遗产代表性项目名录。传承于清嘉庆时期，是将南派太极拳"正骨八法"的传统中医正骨与西医相结合创新出来的治疗正骨复位的特色诊疗技术。该疗法根据人体解剖学原理及生理特点，采用"动静结合，筋骨并重，内外兼治"的原则，讲究"摸、拔、接、捺"，结合针灸手法推拿，既减少了患者的治疗费用和精神负担，也避免了二次手术对患者的伤害。

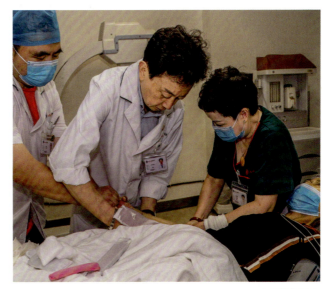

🏵 白氏骨伤诊疗

万应祛痛膏（云岩区）

2015 年被列入贵阳市第四批市级非物质文化遗产代表性项目名录。历经 240 余年，彭氏家族六代传人，是彭氏家族秘传的一种治疗人体痛症的外治膏方。它由动物药与植物药两部分配制而成，属外治法中的敷贴法、涂搽法相结合，主要用于治疗风湿痹症，即现代医学认为的骨质增生、椎间盘突出、肩周炎、风湿性关节炎、跌打扭伤等引起的痛症，以及癌性疼痛、痛风、痛经等辅助治疗的一种技艺方法。

🔲 万应祛痛膏

杨氏烫伤生肌油（云岩区）

2018 年被列入贵阳市第五批市级非物质文化遗产代表性项目名录。杨氏家族自清朝中期祖上便以行医为生，曾在清乾隆年间任御医，足迹遍布于现在的湖北、云贵川地区。 主方草药在高温煎制过程中，解决了部分药物存在微生物、轻微毒性等问题，由于制剂中采用硼砂、冰片为辅药，具有防腐、消毒、消炎的功效。不仅如此，在制作过程中不同于其他药油制作，在配比上有其特殊性，并且药渣可以继续利用。在治疗痛症方面不仅对烧烫火伤有良好效果，而且对治疗皮肤溃疡及褥疮等也有较好的效果。

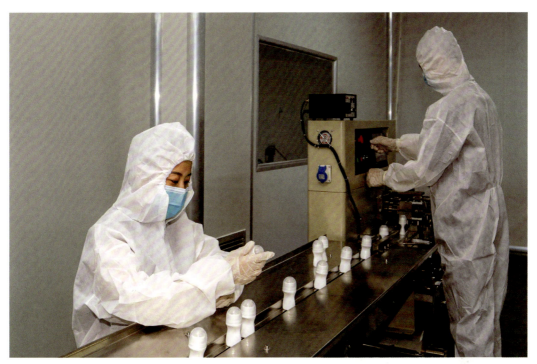

伸筋通腰贴（乌当区）

2020 年被列入贵阳市第六批市级非物质文化遗产代表性项目名录。伸筋通腰贴最早名为"消散膏"，有温经散寒、舒筋活络之功，用于治疗颈肩腰腿痛、风湿痹痛和骨质增生痛等，因组方中有贵州当地苗族聚集地惯用药材，针对人体因湿寒邪气入侵的各肢体疼痛症状，是泉氏家族膏药铺中的祖传膏药，用于治疗风湿骨痛、腰膝酸痛等病。随着现代化工艺的发展以及市场经济的需求，为了伸筋通腰贴更好地继承和发扬，在制作方法上加入了高分子材料，使得药物提炼更纯，药效更持久更有效。

温氏快速愈骨疗法（修文县）

2020 年被列入贵阳市第六批市级非物质文化遗产代表性项目名录。主要是运用正宗传统中医技法配合独创药物辅助治疗骨伤的特色诊疗技术，其特点是能够在极短的时间内使稳定性骨折患者达到生活自理的治愈程度，非稳定性骨折患者在经过正规医院手术后进行快速的康复性治疗。通过针对性地使用温氏快速愈骨疗法独特的"三透疗法"一泡、二拔、三吃药，使患者能够在极短时间内治愈骨伤。其中的"温氏三透法"以及其独创的两个内服外泡方剂，都是传统中医药的精华沉淀，对于研究中医的传承和发展具有重大的研究价值。

高氏梅花针火灸烤疗法（清镇市）

2023 年被列入贵阳市第七批市级非物质文化遗产代表性项目名录。是清镇市卫城镇高氏一族在继承和发展中国传统医学梅花针疗法的基础上，用于治疗风湿病的一种技艺，对风湿病的风痹、湿痹、寒痹、热痹、风湿寒痹等有独特和明显的效果。高氏风湿梅花针火灸疗法继承和发展了《黄帝内经》天枢篇和素问篇中梅花针治风湿的疗法，通过几代人的传承发展，丰富了中华传统医学对风湿疗法的方法和技艺，创新性地将梅花针和火灸疗法相结合，是中医诊疗实践的一次大胆的创新。

周氏痹症特色疗法（贵阳市）

2023 年被列入贵阳市第七批市级非物质文化遗产代表性项目名录。将治疗处方与苗医药相结合，以刺血疗法、截根疗法及拔罐疗法为主，根据病患具体情况辅以刮痧疗法，结合内服风湿愈痹丸或根据不同病症加服的汤药，从而治疗风湿类痹症。

🔲 周氏痹症特色疗法传承人

冯氏中医挑治疗法（云岩区）

2023 年被列入贵阳市第七批市级非物质文化遗产代表性项目名录。通过专制针具在人体体表特定的部位挑断皮内丝状纤维、组织、体液等病根而达到治疗疾病的目的。挑治部位多在背部，一般有三种，即选点挑治、穴位挑治和区域挑治，此外还有以痛为腧、按脊髓神经节段分布挑治点等部位选择法。

中医尺肤诊断法（南明区）

2023 年被列入贵阳市第七批市级非物质文化遗产代表性项目名录。是一种通过审、扪、摸、循、按两手尺肤、掌指、经脉、指甲的色泽形态变化，用以诊断人体的脏腑、经络、气血病变的传统中医诊断方式。将尺肤、掌指、爪甲、骨、脉、筋、肉、皮毛为诊断对象，以尺肤分配脏腑形身定病位，审尺肤、掌指、经络、爪甲色泽形态变化，配合寸口脉搏定病性，色脉尺合参，综合地、多层次地、最大限度地获取人体反映于尺肤体表的生理病理信息，从而充分辨证。

郭氏蜂针疗法（南明区）

2023 年被列入贵阳市第七批市级非物质文化遗产代表性项目名录。又称蜂针疗法、蜂毒疗法、蜂蜇疗法，是利用马蜂尾部蜇针蜇刺人体穴位达到治疗疾病目的的一种民间中医疗法。该方法的应用历史悠久，因其对诸多疾病具有独特的疗效而经久不衰，一直沿用至今。

🐝 郭氏蜂针疗法

八卦腹针（花溪区）

2023 年被列入贵阳市第七批市级非物质文化遗产代表性项目名录。为贵阳民间流传的针灸疗法，至今传承已有上百年历史，起初只是出现腹针。长期以来，针灸其实极少在腹部行针，后来发现腹部是人体脏腑最多，最密集，经络最集中，最广泛的地方，可谓脏腑是生命活动的根本。利用腹部的经络调理人体的脏腑，是可以达到疗法显著和适应症广泛的效果。

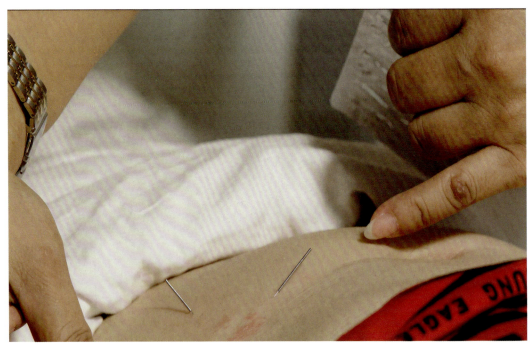

▲ 八卦腹针

段氏骨关节病复合疗法（清镇市）

2023 年被列入贵阳市第七批市级非物质文化遗产代表性项目名录。是采用多种民族民间特色疗法复合而形成的对骨关节疾病的系统治疗方法。本法最早由段氏祖上在云南镇雄习得，段氏家族在长期的应用实践中不断丰富和完善，最终形成现在别具一格、内涵丰富、享誉一方的特殊疗法。其对类风湿性关节炎具有突出疗效。

张氏烫伤药制作技艺（息烽县）

2023 年被列入贵阳市第七批市级非物质文化遗产代表性项目名录。是息烽民间中医传承的经验方药，清代中期就在今息烽县小寨坝镇大寨村居住的张氏家族中传承，主要分布在息烽县城和小寨坝镇大寨村。张氏烫伤药的制作方法主要采用新鲜草药穿心莲、敷木、刺楸根熬制成膏，配合中药汤剂和药粉服用，治疗烫伤、烧伤。药物具有生长肉芽快、止痛快、药贴不粘衣物等特点。

表2　非遗项目代表性传承人名单^①

级别	序号	批次	姓名	民族	项目
国家级 （1人）	1	第一批（1人） 2007年	罗守全	布依族	皮纸制作技艺
省级 （20人）	1	第三批（4人） 2012年	刘正远	汉族	阳戏
	2		李德玉	汉族	文琴戏
	3		黄晓亮	汉族	阳戏
	4		黄国林	汉族	清镇瓜灯节
	1	第五批(16人) 2020年	胡德怀	汉族	贵阳灯谜
	2		侯丹梅	汉族	京剧
	3		刘伯勋	汉族	木偶戏（贵阳木偶戏）
	4		罗孝贤	布依族	地戏（花溪大寨地戏）
	5		黄云武	汉族	傩戏
	6		池庆升	汉族	杨氏太极拳
	7		袁明俊	汉族	高台舞狮
	8		胡宗亮	汉族	皮纸制作技艺
	9		胡正德	汉族	陶器烧制技艺（黑砂陶制作技艺）
	10		周　杰	汉族	红酸汤丝娃娃制作技艺
	11		张礼俊	汉族	张氏配穴法
	12		赖世强	汉族	赖氏酿酒技艺
	13		丁丽仙	汉族	丁氏妇科中医诊疗技法
	14		白贵春	汉族	白氏骨伤诊疗法
	15		杨成迪	汉族	杨氏消痔消诊膏制作技艺
	16		刘　莉	汉族	德昌祥"龙凤至宝丹"制作技艺

① 非遗项目代表性传承人在不同级别中出现同一人时，本表中以级别最高的进行统计。

续表

级别	序号	批次	姓名	民族	项目
市级 （49人）	1	第一批（1人） 2009年	朱兴华	汉族	棋子灯
	1	第二批（4人） 2012年	许丽荣	汉族	青岩花灯戏
	2		2012年	汉族	青岩玫瑰糖制作工艺
	3		罗忠元	布依族	大寨地戏
	4		黄文松	汉族	地戏
	1	第四批（1人） 2016年	胡祖文	汉族	皮纸制作工艺
	1	第五批（11人） 2019年	黄小琴	汉族	木偶戏
	2		王隆刚	布依族	花溪大寨地戏
	3		刘明松	苗族	青岩花灯戏
	4		陈国梁	汉族	烙画（宣纸烙画）
	5		李培秀	汉族	青岩豆腐品制作技艺
	6		卢蕾	汉族	雷家豆腐圆子制作技艺
	7		黄家英	汉族	卫城清明粑
	8		胡家文	汉族	细岩雕刻
	9		李永念	汉族	开阳绿茶制作技艺
	10		雷鸣	汉族	雷家豆腐圆子制作技艺
	11		王迅	汉族	德昌祥"龙凤至宝丹" 传统中药制作技艺
	1	第六批（32人） 2022年	刘汉昌	汉族	广陵派古琴艺术
	2		但顶全	汉族	但家香酥鸭制作技艺
	3		舒晓伟	汉族	黔凤辣子鸡制作技艺
	4		钟雯君	汉族	油辣椒制作技艺
	5		贾洪梅	汉族	破酥包制作技艺
	6		钱雨	回族	中型杖头木偶艺术
	7		黄昕	汉族	肠旺面制作技艺
	8		何礼勇	汉族	杨氏太极长拳
	9		邬忠芬	汉族	怪噜饭制作工艺
	10		潘锦	汉族	银饰制作技艺

续表

级别	序号	批次	姓名	民族	项目
市级 （49人）	11	第六批（32人） 2022年	黄渊秀	汉族	青岩玫瑰糖制作技艺
	12		刘　立	土家族	赵氏贡茶制作技艺
	13		刘娟娟	汉族	烤鸡制作技艺
	14		龙德国	布依族	花溪区青岩刺梨酒米酒 制作工艺
	15		文桂平	汉族	黔陶制作工艺
	16		胡光林	汉族	螺蛳花灯
	17		赖世强	汉族	赖世酱酒酿酒技艺
	18		丁立贵	汉族	马堡龙灯
	19		吴茂云	布依族	刘姨妈黄粑制作技艺
	20		田培贤	汉族	水龙节
	21		王达靖	汉族	地戏
	22		刘玉新	汉族	地戏
	23		温新民	汉族	温氏快速愈骨疗法
	24		刘焕忠	汉族	糖画制作技艺
	25		陈秀国	汉族	水井巷烧饼制作技艺
	26		明清河	汉族	花灯戏
	27		张明玮	汉族	京胡艺术
	28		冯冠博	回族	贵州京剧
	29		曾丽滨	汉族	京剧容妆技艺
	30		张婷婷	穿青人	印染技艺
	31		左　迪	穿青人	石雕技艺
	32		江华胜	汉族	染缬

二、老字号文化资源

老字号所传承的独特产品、精湛技艺和经营理念，具有不可估量的品牌价值、经济价值和文化价值。老字号承载着中华民族的优秀文化，是新时期开展诚信兴商、弘扬商业文明的核心内涵和宝贵财富。

医药业

同济堂

商标名称为同济堂，所属企业为贵州同济堂制药有限公司，被列为中华老字号。同济堂是一家集科研、生产、销售、种植为一体的高新技术药业。以同济堂制药有限公司为中

同济堂

心，分别成立了贵州同济堂制药有限公司制药二厂、贵州同济堂药品配送有限公司、贵州同济堂药房连锁有限公司、贵州同济堂中药饮片有限公司、贵州同济堂文化传播公司五个全资子公司。

德昌祥

品牌名称、商标名称为德昌祥，品牌所属企业为贵阳德昌祥药业有限公司，2012年被列为第一批贵州老字号，归属区域为修文县。贵阳德昌祥药业有限公司前身"德昌祥药号"成立于1900年，1938年成立德昌祥制药厂，1967年更名为贵阳中药厂，2000年改制重组，成立贵阳德昌祥药业有限公司。经过一个多世纪的创业发展，德昌祥已经发展成为一个规模化、现代化、高成长的药品制造企业。德昌祥是贵州省高新技术企业和贵阳市农业产业化重点龙头企业，多个产品被评为贵州省名牌产品，"德昌祥"商标2007年被评为贵州省著名商标，2008年被评为贵州省"十佳著名商标"，2009年公司拳头产品妇科再造丸获"贵阳市20个药业品牌产品"称号。

德昌祥

神奇

商标名称为神奇，2021年被列为第四批贵州老字号。品牌所属企业贵州神奇药业有限公司是一家集研制、生产、销售中成药和化学药为一体的具有多类别产品和专利的制药企业，成立于 2002 年。2011 年，在贵州省工商行政管理局主办的评选活动中，公司被评为"贵州优秀民营企业"。贵州企业联合会、贵州企业家协会在贵阳联合发布了 2019 贵州民营企业 100 强名单，贵州神奇药业有限公司排名第 20。2020 年 12 月，入选"抗击新冠肺炎疫情先进民营企业"表扬名单。2022 年 5 月，入选首批贵州省"法治文化建设示范企业"名单。

白志祥

品牌名称、商标名称为白志祥，品牌所属企业为贵阳白志祥骨科医院，2023 年被列为第六批贵州老字号，归属区域为云岩区。白志祥是贵阳本土医疗品牌，历史已近百年。"白氏正骨"已被列为贵州省非物质文化遗产。白志祥骨科医院结合现代医学，开创了具有现代人文关怀的中西医无痛正骨技术，以科技影像学的多角度验证、传统生物力学的多样化固定方式，形成了独特医疗体系，科学地为患者提供最佳治疗方案。

老来福

品牌名称为老来福，2023 年被列为第六批贵州老字号，归属区域为花溪区。品牌所属企业国药集团贵州大健康产业发展有限公司成立于 2015 年，注册地为贵阳市经济技术开发区贵惠大道。

酿酒业

赖永初

品牌名称、商标名称为赖永初，品牌所属企业为贵州赖永初酒业有限公司，2010 年被列为第二批中华老字号，归属区域为南明区。赖永初酒是贵州赖永初酒业有限公司旗下品牌，始于 1992 年，是贵州省著名商标，其优质酱香型白酒尤为知名，是集产、供、销于一身的综合性白酒知名企业。20 世纪 80 年代初，赖永初之子赖世强重建"恒兴酒厂"于茅台镇，秉承家传生产工艺及独特配方，恢复原"赖茅"酒的生产；1992 年在贵阳独资创办"贵州赖永初酒业有限公司"，为纪念"恒兴酒厂"创始人赖永初，将所生产的产品注册命名为"赖永初"酒。

回归赖酒

品牌名称，商标名称为回归赖酒，品牌所属企业为贵州回归赖酒有限公司，2012 年被列为第一批贵州老字号，归属区域为南明区。

贵

商标名称为贵，品牌所属企业为贵州贵酒有限责任公司，2012 年被列为第一批贵州老字号。2009 年贵阳酒厂改制成功，2010 年正式更名为贵州贵酒有限责任公司，生产酱香型和浓香型两种不同风格的系列产品。主要产品"贵阳大曲酒""黔春酒""贵酒"，曾先后获贵州省名酒、轻工部优质产品、国家优质产品、国家优质产品，以及国际奖等省、部级以上的金、银奖牌 30 余枚。

王丙乾

商标名称为王丙乾，品牌所属企业为贵州荣和黔水坊酒业有限公司，2012 年被列为第一批贵州老字号。黔水坊酒业起源于荣和烧坊，是茅台酒历史上的三大烧坊之一，始创于 1879 年，1981 年王茅第四代传人王启龙在原荣合烧坊的基础上恢复生产酱香型白酒，是一家有着文化渊源的酱香型白酒企业。2008 年成立贵州荣和黔水坊酒业有限公司，注册地在贵阳市观山湖区。

雄正酱香酒

商标名称为雄正酱香酒，品牌所属企业为贵州雄正酒业有限公司，2022 年被列为第五批贵州老字号。1998 年仡佬族酿酒技艺非遗传承人张再彬继承祖业，开始酿制和推广仡佬族传统技艺的酱香酒，并成立云岩雄正酒业经营部。2000 年，公司开发的大众消费白酒品牌"老土人家"销售额突破 2 亿元。2008 年正式成立"雄正酒业"，开始提升酿酒技艺，扩大酿造规模，并尝试高品质酱香酒酿制。2012 年在贵阳奥体中心举办五万人的"佬土世家群星演唱会"，从此开启"佬土世家"产品品牌。2018 年仡佬族酿酒技艺被列入省级非物质文化遗产，是继茅台之后，茅台镇第二家以酿酒技艺入选非物质文化遗产的企业。2021 年由"仡佬族酿酒技艺非遗传承人"张再彬推出亲调产品"雄正酱香酒"。

筑春

品牌名称为筑春，品牌所属企业为贵州筑春酒业有限责任公司，2023 年被列为第六批贵州老字号，归属区域为南明区。贵州筑春酒厂始建于 1956 年，已有近 60 年的酿造历史，是贵州省酒类行业国有企业之一。企业主要酿制生产"贵州筑春""筑春老酒""筑春大酱"等系列白酒。"筑春"酒获首届中国食品博览会金奖，并在第五届全国评酒会荣获国家质量奖银质奖。

筑春酒

饮食食品业

味莼园

商标名称为味莼园，所属企业为贵阳味莼园食品股份有限公司，2012 年被列为第一批贵州老字号。味莼园始建于 1934 年。是贵州省首家获得"国家诚信管理体系"证书企业，获 ISO9001 质量体系认证、美国 FDA 品质认证，是国家质量免检产品、贵州老字号品牌，"味莼园"系列产品在贵州市场占有率高达 80% 以上。

雅园

品牌名称、商标名称为雅园，品牌所属企业为贵州雅园饮食娱乐有限责任公司，2017年被列为第二批贵州老字号，归属区域为云岩区。雅园酒家位于北京路，创建于1987年，是贵州老字号酒楼。招牌菜是脆皮黄金鸡、食皇咸猪𦟌、赛螃蟹等。

刘老四

品牌名称、商标名称为刘老四，品牌所属企业为贵州刘老四新食品有限公司，2020年被列为第三批贵州老字号，市级非物质文化遗产，归属区域为经开区。

但家香酥鸭

品牌名称、商标名称为但家香酥鸭，品牌所属企业为贵州龙承子秀贸易有限公司，2021年被列为第四批贵州老字号，归属区域为云岩区。

贵阳云岩雷家小吃

品牌名称为雷家豆腐圆子，商标名称为雷家，品牌所属企业为贵阳云岩雷家小吃，2014年成立。2021年被列为第四批贵州老字号，归属区域为云岩区，是省级非遗代

表性项目名录。

黔凤

商标名称为黔凤，品牌所属企业为贵州黔凤食业有限公司，2021年被列为第四批贵州老字号。贵阳辣子鸡的主要代表之一"黔凤辣子鸡"，原名为"坝上人家风味辣子鸡"，始创于20世纪20年代初，2020年成立贵州黔凤食业有限公司。

甘记罐罐鸡

品牌名称、商标名称为甘记罐罐鸡，品牌所属企业为贵阳甘记罐罐鸡餐饮管理有限公司，2021年被列为第四批贵州老字号，归属区域为南明区。2019年成立贵阳甘记罐罐鸡餐饮管理有限公司。

丁家脆哨

商标名称为丁家脆哨，已经有100多年的历史，品牌所属企业为贵州丁家脆哨特色食品有限责任公司，于2015年成立，2021年被列为第四批贵州老字号。

丁家脆哨

元顺坊

品牌名称、商标名称为元顺坊，品牌所属企业为贵州元顺坊食品有限责任公司，2022年被列为第五批贵州老字号，归属区域为南明区。贵州元顺坊食品有限公司是一家具有十年创办历史的本土企业，以生产贵州特色风味的毕节汤圆和京味水饺为主，曾获贵州特产大典名优小吃荣誉。公司在不断发展和创新中，注重员工的成长与培养，众志成城携手打造贵州本土拳头产品。

贵顺成

商标名称为贵顺成，品牌所属企业为贵州贵顺成食品厂，2022 年被列为第五批贵州老字号。2019 成立贵州贵顺成食品厂，注册地为贵阳市经济技术开发区。

丁姨妈

品牌名称为丁姨妈臭豆腐，商标名称为丁姨妈，品牌所属企业为清镇市丁姨妈臭豆腐，2022 年被列为第五批贵州老字号，归属区域为清镇市。丁姨妈原名丁槐，20 世纪 70 年代末以做酸汤豆腐为生，80 年代初期，在祖母汤贵芬处寻得对酸汤豆腐的加工方法，做出一款微臭、口感细腻、锅巴香脆的爆浆臭豆腐。2010 年成立清镇市"丁姨妈臭豆腐"品牌。

陈氏烤鸡

品牌名称、商标名称为陈氏烤鸡，品牌所属企业为贵阳云岩陈建元烤鸡未来方舟店，2022 年被列为第五批贵州老字号，归属区域为云岩区。于 2019 年成立，是从事餐饮业为主的企业。

陈氏烤鸡

黔五福

品牌名称、商标名称为黔五福，品牌所属企业为贵州五福坊食品（集团）股份有限公司（以下简称"五福坊集团"），2022 年被列为第五批贵州老字号，归属区域为乌当区。五福坊集团源自 1959 年，2001 年 5 月在原贵州肉联厂的基础上改制成立，2016 年 5 月在新三板挂牌上市。五福坊集团是农业产业化国家重点龙头企业、全国农产品加工业示范企业、全国主食加工业示范企业、贵州省农业产业化重点龙头企业、贵州省十大农产品加工示范基地、贵州省信贷诚信企业、贵州省首批农产品食品加工高成长企业。

黔五福产品

金黔灵

商标名称为金黔灵，品牌所属企业为贵州金杨油脂有限公司，2022 年被列为第五批贵州老字号。公司于 1990 年成立，注册地为贵阳市白云区。

好 1 多

品牌名称、商标名称为好 1 多，2022 年被列为第五批贵州老字号，归属区域为南明区。品牌所属企业贵州好一多乳业股份有限公司是国家、贵州省和贵阳市三级农业产业化重点龙头企业，创建于 2001 年，致力于从"领鲜每一天"到"领先每一天"的中国好鲜奶事业，是一家专注于奶牛饲养、饲草种植加工、优质乳制品研发、生产及销售的乳制品企业。公司旗下拥有国际先进水准的万头进口奶牛标准化规模养殖基地、智能化的乳品加工生产示范基地和销售总部，先后研发"好1多"牌屋顶盒鲜牛奶、酸牛奶，鲜奶冰淇淋等近30个产品投放市场，占据贵州屋顶型鲜奶高端市场的主要份额。"好1多"是贵州首家通过ISO9001：2000质量管理体系和HACCP食品安全管理体系双认证的乳品生产企业，拥有国际认证质量管控体系和先进智能的乳品生产线，先后荣膺"全国扶贫就业先进企业""全国守合同重信用企业""国家奶牛标

好1多

准示范场""全国农产品加工示范企业""全国优质、卫生、安全食品生产企业""贵州省十大著名商标""贵州省名牌产品"等荣誉。

刘维兰老素粉

品牌名称、商标名称为刘维兰老素粉，2022年被列为第五批贵州老字号，归属区域为云岩区。2014年成立贵州刘维兰餐饮管理有限公司。

刘维兰老素粉

黄果树蜂园

品牌名称、商标名称为黄果树蜂园，品牌所属企业为贵州夫子蜂蜂业有限公司，2017年成立。2022年被列为第五批贵州老字号，归属区域为贵安新区。

周记留一手特色烤鱼

品牌名称为周记留一手特色烤鱼，商标名称为周记留一手、周老大留一手，品牌所属企业为贵阳市南明区周记留一手特色个体烤鱼，2022年被列为第五批贵州老字号，归属区域为南明区。周记留一手烤鱼源于重庆传统名菜，经周记留一手烤鱼在贵阳近20年的潜心研究、发展、改良，形成了有别于其他烤鱼的独特口味和经营方式。注重现杀炭烤，浇上用周记留一手专用秘制酱汁炒出的底料，放上土豆、洋葱和西芹等时令蔬菜。上桌后用烤盘文火炙烤，表皮酥香鱼肉依然鲜嫩入味，酱香咸辣。2010年成立贵阳市南明区"周记留一手特色个体烤鱼"品牌。

南门口

品牌名称，商标名称为南门口，2022年被列为第五批贵州老字号，归属区域为南明区。2015年成立贵阳中欣兴餐饮管理有限责任公司。

老干妈、陶华碧

品牌名称为老干妈，商标名称为老干妈、陶华碧，品牌所属企业为贵阳南明老干妈风味食品有限责任公司，2022年被列为第五批贵州老字号，归属区域为南明区。1984年，陶华碧推出了别具风味的佐餐调料，1996年批量生产后迅速成为全国的销售热点。老干妈是

老干妈

国内生产及销售量最大的辣椒制品生产企业，主要生产风味豆豉、风味鸡油辣椒、香辣菜、风味腐乳等 20 余个系列产品，畅销国内外。

辣之凰

品牌名称、商标名称为辣之凰，2022 年被列为第五批贵州老字号，归属区域为修文县。2009 年成立贵州穗豪食品有限公司。

乡下妹、乡下妹食品

品牌名称为乡下妹食品，商标名称为乡下妹、乡下妹食品，2022 年被列为第五批贵州老字号，归属区域为云岩区。品牌所属企业贵州乡下妹食品有限公司成立于 1994 年，先后开发了香辣系列、拌饭拌面系列、辣椒面（粉）系列、发酵豆制品系列、酸汤火锅底料系列等 5 大系列上百个单品，产品已覆盖全国，并远销到欧美等海外市场。公司主要荣誉有科技部《国家级星火项目》执行企业、科技部国家级"创新基金"项目执行企业、《贵州酸汤调味料》地方标准主要起草单位、贵州省科技厅省级"创新基金"项目执行企业、"贵州省名牌"、"全国食品工业优秀龙头食品企业"、"贵州省著名商标"、"贵州省农业产业化经营重点龙头企业"、"贵州省食品十大品牌"等。

春秋、春秋茶

品牌名称为春秋，商标名称为春秋、春秋茶，品牌所属企业为贵阳春秋实业有限公司，归属区域为南明区，2022 年被列为第五批贵州老字号。"春秋红宝石"是牟小玲在 2011 年创制成功的红茶创新型产品，盘花颗粒的外形成为中国首创。2013 年"一种珠形红

春秋茶

茶的造型方法"发明专利获准通过，同年，她的研究成果《贵州珠形茶关键技术研究与应用》获贵阳市人民政府颁发的科技进步一等奖。2014 年"春秋一品香"绿茶获得"第十届国际名茶评比"金奖，2018 年 9 月"银宝石"绿茶获"第十二届国际名茶评比"金奖、"深圳市斗茶大赛"绿茶类状元等。

黔名

品牌名称、商标名称为黔名，2022 年被列为第五批贵州老字号，归属区域为南明区。2012 年成立品牌所属企业贵阳市南明区飞雪迎春茶叶经营中心。

黔灵、宝茗堂

品牌名称为黔灵，商标名称为黔灵、宝茗堂，2022 年被列为第五批贵州老字号，归属区域为南明区。2009 年成立品牌所属企业贵州中煜科技有限公司，注册地为贵阳市南明区。

贵州饭店

商标名称为贵州饭店，2022 年被列为第五批贵州老字号。品牌所属企业贵州饭店有限责任公司成立于 2004 年，先后获贵州省脱贫攻坚先进集体荣誉称号和 2022 年省级文明旅游示范单位。

飞龙雨

品牌名称为飞龙雨，品牌所属企业为贵州飞龙雨实业集团有限公司，主要从事饮用水生产。2023 年被列为第六批贵州老字号，归属区域为乌当区。贵州飞龙雨实业集团有限公司成立于 2011 年，注册地为贵阳市乌当区水田镇三江村。

山花

品牌名称、商标名称为山花，品牌所属企业为贵州南方乳业有限公司，2023 年被列为第六批贵州老字号，归属区域为清镇市。山花隶属贵阳三联乳业有限公司，由原贵阳山花乳

山花

业有限公司（乌当奶牛场）、贵阳三利乳业有限公司、花溪奶牛场三家企业于2001年4月组建而成，旗下"山花"品牌由原贵阳山花乳业有限公司创立于1953年，至今已有60年历史。

贵州省医月饼盛意

品牌名称为贵州省医月饼盛意，2023年被列为第六批贵州老字号，归属区域为南明区。贵州省人民医院于2010年4月全资设立了贵州盛意饮食有限公司，并由该公司全资控股。于2018年3月成立品牌所属企业的贵州盛意食品有限公司，由贵州盛意食品有限公司全资控股，2019年8月又成立贵阳观山湖盛意食品有限公司，月饼为这三个公司的主打产品。

徐家脆哨

品牌名称为徐家脆哨，2023年被列为第六批贵州老字号，归属区域为南明区。品牌所属企业贵阳市南明区徐家脆哨个体经营店成立于2012年，注册地为贵阳市南明区青云路。

陈氏烤鸡

品牌名称为陈氏烤鸡，2023年被列为第六批贵州老字号，归属区域为南明区。品牌所属企业南明区陈萨陈氏烤鸡食品店成立于2021年，注册地位于贵阳市南明区云关乡云关村南明区工业园区。

刘姨妈

品牌名称为刘姨妈，为2023年被列为第六批贵州老字号，归属区域为清镇市。品牌所属企业清镇市刘姨妈风味食品厂成立于2001年，注册地位于贵阳市清镇市虎场坝。

刘姨妈黄粑

燕楼鸡哈

品牌名称为燕楼鸡哈，商标名称为马家和燕楼鸡哈，2022年被列为第一批贵阳老字号，归属区域为花溪区。品牌所属企业贵阳花溪燕楼马家和鸡哈豆腐火锅店成立于2013年。

贵州龙海洋皇宫

品牌名称为贵州龙海洋皇宫，商标名称为贵州龙，2022年被列为第一批贵阳老字号，归属区域为南明区。品牌所属企业贵州龙海洋皇宫餐饮有限公司成立于1998年，注册地为贵阳市南明区箭道街。

金芦笙

品牌名称、商标名称为金芦笙，2022 年被列为第一批贵阳老字号，归属区域为南明区。品牌所属企业贵州金芦笙特色产品开发有限公司是以经营特色主题酒店、专营黔菜和黔味小吃，以及贵州民族工艺精品的综合性服务企业。获中华餐饮名店、"中华名小吃""贵阳八大名小吃代表店""贵阳十佳餐饮名店""贵州省十佳黔菜馆""贵阳市餐饮业名牌企业"等荣誉称号。

香堤雅

品牌名称、商标名称为香堤雅，2022 年被列为第一批贵阳老字号，归属区域为南明区。品牌所属企业贵阳南明香堤雅茶艺馆成立于 2004 年，注册地为贵阳市南明区。

仟纳

品牌名称、商标名称为仟纳，2022 年被列为第一批贵阳老字号，归属区域为南明区。品牌所属企业贵阳仟纳饮食文化有限公司是一家以经营新派特色黔菜为主的餐饮企业，成立于 2000 年。2011 年以来多次被评为贵阳市"服务业名牌企业"，并且获称"中国黔菜名店""贵阳市十佳餐饮企业""贵阳八大名小吃代表店""贵阳老字号""重信用守合同"单位，2014 年获"贵阳市餐饮业名牌企业"荣誉。

仟纳·贵州宴

叶老大阳朗辣子鸡

品牌名称为叶老大阳朗辣子鸡，商标名称为叶老大阳朗，2022 年被列为第一批贵阳老字号，归属区域为息烽。品牌所属企业息烽叶老大阳朗辣子鸡品牌由叶兴林于 1996 年创办。叶老大辣子鸡是贵州息烽最具特色的地方名小吃，已经成为息烽阳朗当地的一大特色食品。

🏮 叶老大辣子鸡企业大门

陈排骨

品牌名称、商标名称为陈排骨，2022 年被列为第一批贵阳老字号，归属区域为清镇。品牌所属企业清镇市站街陈排骨食行成立于 2000 年。制作陈排骨火锅，必须选用大猪身上的仔排，先将猪排洗净，砍成小块，放入锅中油炸，待脂肪的芳香溢出，再将排骨捞出待用。油辣椒制作，是将花椒、大蒜、姜片一同翻炒。炒好了油辣椒，把炸过的排骨全部倒入，让排骨吸收辣椒的香味，加入秘制调料、水，然后放入高压锅中，用压力帮助排骨和油辣椒中的香气分子彻底释放，几分钟即可出锅。

娘家

品牌名称为娘家，商标名称为娘家米，2022 年被列为第一批贵阳老字号，归属区域为云岩区。品牌所属企业贵阳娘家米汤饭店餐饮管理咨询有限公司，创建于 2001 年，公司秉持"心在平常、味贵家常"的经营理念，以贴近大众口味的菜肴，贴近大众消费的价位，怀旧的米汤特色，赢得了广大顾客的青睐与信任，目前，娘家已在贵阳开办了4家连锁店。

杨丫老鸭汤店

品牌名称为杨丫老鸭汤店，商标名称为杨丫，2022年被列为第一批贵阳老字号，归属区域为云岩区。品牌所属企业贵阳云岩杨丫老鸭汤店成立于2004年，注册地为贵阳市云岩区。

扎佐蹄髈

品牌名称为扎佐蹄髈，商标名称为扎佐，2022年被列为第一批贵阳老字号，归属区域为修文。品牌所属企业修文县扎佐镇思味餐馆成立于2005年，注册地为贵阳市修文县。

扎佐蹄髈

鱼水湾

品牌名称、商标名称为鱼水湾，2022年被列为第一批贵阳老字号，归属区域为南明区。品牌所属企业贵阳市南明区鱼水湾个体火锅店成立于2013年，注册地为贵阳市南明区兴关路。

巧八角

品牌名称、商标名称为巧八角，2022 年被列为第一批贵阳老字号，归属区域为白云区。品牌所属企业贵州恒之味食品有限公司成立于 2018 年，注册地为贵阳市白云区尖山路。

广寒宫

品牌名称、商标名称为广寒宫，2022 年被列为第一批贵阳老字号，归属区域为云岩区。品牌所属企业贵阳广寒宫商贸有限公司成立于 2014 年。

广寒宫

金必轩

品牌名称、商标名称为金必轩，2022 年被列为第一批贵阳老字号，归属区域为花溪区。品牌所属企业贵阳市花溪区金必轩庭院餐馆成立于 2017 年，注册地为贵阳市花溪区。

丝恋

品牌名称为丝恋，商标名称为丝恋红汤丝娃娃，品牌所属企业为贵阳丝恋友仁贸易有限公司，成立于 2014 年。2022 年被列为第一批贵阳老字号，归属区域为云岩区。丝娃娃为贵州独有的趣味小吃，在传统丝娃娃制作技艺上进行了提升与改良，把较难入味的海带丝、豆腐丝、蕨菜、土豆丝等，进行精心预制，让这些小菜变成单独尝尝都赞不绝口的精美凉菜。

非遗传人丝恋创始人周大厨独家秘制酸汤，在贵州传统的民族风味上加以创新，以贵州本土盛产的当季西红柿为主料，辅以数种蔬菜慢火熬制，咸酸爽口，开胃滋补。

丝恋

服务业

阿嘛

品牌名称、商标名称为阿嘛。品牌所属企业为贵阳阿嘛摄影有限公司，2012 年被列为第一批贵州老字号，归属区域为云岩区。彭氏四兄弟（广东人）于 1937 年创办，20 世纪 40 年代名声最响，"电影皇后"胡蝶到贵阳曾为该馆题写招牌。1948 年蒋介石来筑时令该馆派人为其拍照。1956 年公私合营，1966 年改为国营，拍摄设备齐全，以彩照、黑白照著称，专门为团体、会议和中央、省、市、区领导活动拍摄大型会议纪念照，同时对个人开展服务。"文化大革命"中，该馆曾更名为"东风照相馆"。2007 年成立贵阳阿嘛摄影有限公司。

三八理发

品牌名称为三八理发，2022年被列为第一批贵阳老字号，归属区域为云岩区。品牌所属企业贵阳云岩三八理发店成立于2002年，注册地为贵阳市云岩区。三八理发店原名叫"红梅"理发店，20世纪60年代初，周恩来总理和夫人邓颖超出访东南亚，经过贵阳到此店理发，看到店里的员工都是女性，时任全国妇联副主席的邓颖超笑着说，这里都是女性同胞，为什么不叫三八理发店？之后，店名改为三八理发店。

电线电缆

玉蝶

商标名称为玉蝶，品牌所属企业为贵阳电线厂有限公司，2012年被列为第一批贵州老字号。玉蝶控股集团，由内迁贵州的上海电线电缆生产企业与建于1958年的贵阳电线厂，经2008年企业改制后组建。玉蝶控股集团下属的贵阳电线厂有限公司是贵州省最大的电线电缆生产企业，被列为全国线缆行业28家重点骨干企业之一，被国家统计局评为中国500家最大电气机械及器材制造企业之一，根据国家行业布局被定为全国三大铝导线生产基地之一。玉蝶控股集团下属的贵阳电线厂有限公司是贵州省线缆行业中最早的贵州省名牌产品及贵州省著名商标。公司生产的玉蝶民用电线，占据贵州省市场份额50%以上，已成为贵州省用户最为信赖的首选电线品牌。

🔴 玉蝶控股集团车间

编后

按照中共贵阳市委、市人民政府对贵阳贵安文化资源开展摸底排查的工作要求和市政协党组的安排部署，由贵阳市政协文化文史和学习委员会、贵阳市文化和旅游局、贵阳市文物保护中心组织编撰的《贵阳特色文化资源信息辑录》正式出版了。编撰该书的目的是让广大读者快速、全面了解贵阳贵安拥有的特色文化资源，进一步增强文化自信，助力文化贵阳建设，为"强省会"和贵阳贵安的经济社会高质量发展提供精神动力。

本书的编写工作得到市政协党组的高度重视，市政协主要领导多次了解工作进展，帮助解决遇到的困难和问题。本书邀请濮振远、郑荣晴、周儒凤、邓亚丽、朱梅等同志参与撰写及审稿工作，陈季贵、徐海燕、刘炳辉、唐成权、覃伟、徐其飞、肖劲、陈德祥、李乾荣、钱信祥、陈世福、邓勇、何显文等同志进行图片拍摄、征集及后期处理等工作。贵州省民族宗教事务委员会、贵阳市档案馆、贵阳市住房和城乡建设局以及各县（市、区）文物部门等单位为本书的编撰提供了支持与帮助，丰富了本书内容。本书在编辑过程中，郑林生、金颖若、张明、张诗莲、徐强、袁萍等专家学者对本书给予精心指导和支持。在此，对关心本书出版的各位领导、专家学者、编撰人员以及有关单位同志表示衷心的感谢。

由于编者水平有限，本书在资料搜集、整理和编撰上难免存在疏漏之处，衷心希望广大读者予以指正。

编者

2024 年 12 月